国家出版基金项目
NATIONAL PUBLICATION FOUNDATION

"十三五"国家重点
图书出版规划项目

图解 下册

中国古代服饰文献

主编————谢大勇

副主编————周　锦　郑　嵘

岳麓书社·长沙

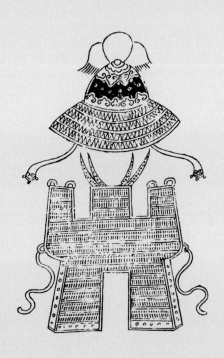

八

甲胄军戎

假如说中国古代的历史是一部战争的历史，可能也不过分。可以说中国古代历史不是在战争中，就是在备战之中。『国虽大，好战必亡；天下虽安，忘战必危。』这就是国人对战争的态度。

引言

　　明末清初，著名学者顾祖禹用尽平生心血撰写了古代中国历史地理、兵要地志专著《读史方舆纪要》。该书从数百种史籍中广征博引、旁搜远绍，上自黄帝与蚩尤战于涿鹿之野，下至明代的土木堡之变、倭寇入侵，共计古代大小战例6192次，是所有涉及中国古代战争各类典籍中最为详尽的一部著作。6000多次意味着中国古代历史上平均每年都会发生战争。假如说中国古代的历史是一部战争的历史，可能也不过分。可以说中国古代历史不是在战争中，就是在备战之中。"国虽大，好战必亡；天下虽安，忘战必危。"这就是国人对战争的态度。

　　要说哪种服装与生产力联系最紧密，那非甲胄莫属。《墨子》："古者羿作弓，杼作甲，奚仲作车，巧垂作舟。"在甲骨文中有"甲"有"胄"，可是没有"铠"字，说明铠甲产生于冶炼技术使用之后。或许最初的甲胄不过是使用木牌、兽骨之类的材质。我们说人们使用工具和制造用具一定是从最简单易得的材料中选取，弓箭盾牌、兜鍪甲胄也不例外，兽皮、兽骨、木片、藤条都属于就地取材。在希腊克里特岛曾经发现过距今3000年的迈锡尼文明时代的野猪牙制成的头盔。湖北江陵出土的战国木胎皮甲，也证明《周礼·考工记·函人》"函人为甲，犀甲七属，兕甲六属，合甲五属"并非虚言。在这里"属"是一种制造皮甲的工艺规格，郑玄注"谓上旅下旅札续之数也"，是说犀甲用七节甲片连缀而成。

　　然而随着科学技术的发展和生产力的提高，人们不断打造更具有杀伤力的兵器，最初的竹、木、石箭镞逐渐被金属所替代。在矛与盾的较量中防护用具也不断升级，金属铠甲受到了人们的重视。

然而令大多数人想不到的是铠甲的材料并非越坚硬越有利，明代《武备志》载："南方用旧绵花作盔，以水湿为利。"作者进一步分析道："南方地形险陷，固多用步。步驰难以负重，天雨地湿，铁甲易生锈烂，必不可用矣。倭夷、土贼率用火鋭神器，而甲有藤有角，皆可着用，但铅子俱能洞入，且体重难久。今择其利者，步兵惟有缉甲（绵纸甲）。"在这里古人熟知以柔克刚的招数，展示了中国人的聪明才智。

在古代军费开支极大，造成沉重负担，仅铠甲一项就耗费大量人工和材料。从铠甲的制造、仓储、分发等环节，我们可以了解到关于古代社会结构、生产工艺、制造水平的许多信息。《黑龙江外记》载："旗营官例皆自备盔甲，其掌之有司，以时分给兵丁者。齐齐哈尔铁甲八百副，棉甲八百领；墨尔根铁甲三百三十六副，棉甲四百领；黑龙江铁甲五百二十副，棉甲六百领；呼兰铁甲一百五十二副，棉甲三百领；呼伦贝尔棉甲一千领，盔头一千九百九十六个。棉甲从征领之；铁甲盛京侍郎点验时一陈，余惟贮库不动。"

打造铠甲必须是官家，《五代会要》曾记载"敕禁诸道不得擅造器甲"。朝廷有专门造铠甲的工匠，铠甲也有一定的形制。可是由于战争规模的扩大，战袍的制作也扩充至民间，连宫女也不能例外。

《坚瓠集》载：开元中颁赐边军纩衣，制于宫中。有兵士于短袍中得诗曰："沙场征戍客，寒苦若为眠。战袍亲手作，知落阿谁边。蓄意多添线，含情更着绵。今生已过也，重结后身缘。"兵士以诗白于帅，帅进之。玄宗命以诗遍示六宫，曰："有作者勿隐。"一宫人自言万死，玄宗深悯之，遂以嫁得诗人，仍谓之曰：我与结今生缘。边人皆感泣。由此可知铠甲也有绵战袍，是可以由民间缝制的。

我们将根据宋代曾公亮、丁度所编修的《武经总要》和明代茅元仪所撰的《武备志》梳理出相关内容呈现给大家。

随着火药的发明和火器的使用，直到清代中期以后，铠甲基本上成为阅兵典礼上的摆设。

近代西方列强用坚船利炮敲开了我们的国门，同时也让我们从"唯我独尊"的梦中惊醒，开始睁开眼睛看世界。这一时期我们尝试与国际接轨，例如中国本无近代西方的"国旗"的概念，1881年9月，李鸿章经清廷批准，将黄龙旗改为长方形。黄龙旗，即黄底蓝龙戏红珠图，是中国清末采用的中国国旗，亦是中国官方正式确立的第一面国旗。从这个时候开始我们走上追求富国强兵之路，这一点在军服的改制上尤为突出。

19世纪60年代，清政府试图通过发展造船工业创建近代海军以防御西方列强的海上入侵。光绪十四年（1888），北洋舰队正式成立，但在中日甲午战争中全军覆灭。宣统元年（1909），清政府提出重振海军的计划，指派贝勒载洵、广东水师提督萨镇冰为筹办海军大臣，设立筹办海军事务处，将南、北洋统一分为长江和巡洋舰队。同年七月，载洵上奏拟定海军长官旗式及军官章服标志。这就是现存故宫博物院的《海军旗式及章服图说》。

1901年9月，清廷下达编练新军的谕令，全国新军编练正式开始。1903年12月4日清政府设练兵处，为编练新军的总机关，由袁世凯具体操办。

> 于京师特设总汇之处，随时考查督练，以期整齐，而重戎政。着派庆亲王奕劻总理练兵事务，袁世凯近在北洋，着派充会办练兵大臣，并着铁良襄同办理。

1904年练兵处、兵部会奏朝廷，"参仿八旗官员之秩序，旁采各国军营之规则"，制定新军等级。从此，中国军队便开始实行军衔制。袁世凯、载涛等人在《练兵处奏定陆军营制饷章》中，专设"军服制略"一项，明确提出改革军服的方案，方案可概括为以下五点：

一是"窄小适体，灵便适宜"；

二是"敌人远视，官兵莫分；军队相逢，尊卑各判"；

三是军服颜色要"视线愈远，愈不能真""使（敌）人不能远望瞄击"；

四是军帽要"前檐稍宽，取蔽风日，以便瞄准命中"；

五是"肩头列号，自官长以至兵目，各按等级次第，分设记号，务使截然不紊"。

1905 年奕劻、袁世凯等奏定《陆军衣制详晰图说》，改旧有军衣衣制，以图文的形式说明新建陆军军衣采用的符号，分清军内等级。

1909 年为配合清末禁卫军制度的建立，由载涛、毓朗向宣统皇帝递呈奏折。这是继《陆军衣制详晰图说》之后，晚清政府权力中心在军事事务上又一次主动的近代化推进。《服制章记说略》《禁卫军服制章记图式及说略》是在晚清禁卫军创办编练过程中，建立服饰形制的关键文件。同时期有关图集还有《奏定爵章图说》和《驻华各国服制旗章》。

以上五部文献是研究清末军事体制的演进和军服改革的重要史料，我们可以比较清晰完整地看到这一时期中国军服逐渐脱离旧有形制与世界逐步靠拢的近代化步伐。

太平天国时期的《贼情汇纂》是由清人张德坚对当时湘军缴获的大量太平天国文献整理编辑而成的，具有很高的史料价值。因其内容主要涉及太平天国军服着装，因此也编入这一篇章。

《武经总要》[宋]

说人

曾公亮（999—1078），北宋著名政治家、军事家、思想家，《武经总要》的编纂者之一。字明仲，号乐正，泉州晋江（今福建泉州）人。

天圣二年（1024），曾公亮登进士第，仕仁宗、英宗、神宗三朝，历官知县、知州、知府、知制诰、翰林学士、端明殿学士、参知政事、枢密使、同中书门下平章事等，累封鲁国公。卒年八十，获赠太师、中书令，配享英宗庙廷，赐谥"宣靖"。为昭勋阁二十四功臣之一。

曾公亮为刑部郎中曾会次子，他自少时起就颇有抱负，且器度不凡，《宋史·曾公亮传》记载："公亮方厚庄重，沉深周密。"乾兴元年（1022），曾公亮受父命奉表晋京祝贺宋仁宗登基，仁宗任命其为大理评事，但他立志从正途登官，不愿以斜封入仕，故未赴调。

庆历八年（1048）仁宗下诏求言。曾公亮上疏条陈六事，都是针对当时积弊所发的改革建议。他关心国计民生，为官清廉，是个有作为的封建官吏。由于政绩卓著，因而得了宋仁宗的器重。《宋史》给予曾公亮如下的评述："公亮静重镇浮，练达典宪，与韩琦并相，号称老成。升之自为言官，即著直声。"

曾公亮是颇受朝廷重视的三朝老臣。仁宗曾当面赐给曾公亮金紫衣，说："朕自讲席赐卿，所以尊宠儒臣也。"宋英宗即位，任他为中书侍郎兼礼部尚书，不久兼任户部尚书。宋神宗即位后，曾公亮加职门下侍郎兼吏部尚书。

曾公亮不但善于政事，而且十分重视边防和军事建设，历仕仁宗、英宗、神宗三朝，在其五十余年政治生涯中，从知县直至同中书门下平章事（宰相），为政有声，崇仁守正，识度精审，练达治体，深谙兵法。

曾公亮平生著作很多，除参加编撰《新唐书》二百五十卷外，见于记载的还有《英宗实录》三十卷、《元日唱和诗》一卷、《勋德集》三卷、《演黄帝所传风后握奇阵图》和《武经总要》。由此曾公亮得以跻身政治家、思想家和军事家的行列。

丁度（990—1053），字公雅，开封（今河南开封）人，祖籍恩州清河（今河北邢台清河县）。北宋大臣、训诂学家，为《武经总要》的另一位编纂者。

大中祥符四年（1011），丁度登"服勤词学科"进士，授大理寺评事，累官至端明殿学士。庆历六年（1046），升任枢密副使。庆历七年（1047），官拜参知政事（副相）。

《宋史》有传曰："度性淳质，不为威仪，居一室十余年，左右无姬侍。然喜论事，在经筵岁久，帝每以学士呼之而不名。"由于长年为仁宗讲解经史，仁宗常称他为"学士"而不喊他的姓名。《宋史》记载："度强力学问，好读《尚书》，尝拟为《书命》十余篇。"

正是丁度的勤奋好学、博文广记，让他在宋仁宗朝重修《集韵》时得以领衔。《集韵》是宋代编纂的按照汉字字音分韵编排的书籍，共十卷。号称共收 53525 字，比《广韵》多收了 27331 字，一度被认为是中国古代收字最多的字书。《集韵》之所以会被误点成五万多字，原因是韵书按韵来编排字，而汉字有多音字的现象，同一个字的不同读音，韵书就列在不同的韵部，同一个字可以多次出现。所以按字头一算，字数就多了很多。

学问之余，丁度对当时的军事形势格外关注，《宋史·丁度传》记载：刘平、石元孙败，帝遣使问所以御边。度奏曰：

> "今士气伤沮，若复追穷巢穴，馈粮千里，轻用人命以
> 快一朝之意，非计之得也。唐都长安，天宝后，河、湟覆没，

> 泾州西门不开，京师距寇境不及五百里，屯重兵，严烽火，虽常有侵轶，然卒无事。太祖时，疆场之任，不用节将。但审擢材器，丰其廪赐，信其赏罚，方陲辑宁几二十年。为今之策，莫若谨亭障，远斥堠，控扼要害，为制御之全计。”
>
> 因条上十策，名曰《备边要览》。

《宋史》又载：

> 时西疆未宁，二府三司，虽旬休不废务。度言：“苻坚以百万师寇晋，谢安命驾出游以安人心。请给假如故，无使外夷窥朝廷浅深。”从之。累迁中书舍人，为承旨。……又言：“契丹尝渝盟，预备不可忽。”因上《庆历兵录》五卷、《赡边录》一卷。

可以说，《武经总要》是宋仁宗知人善用，以及两位编纂者珠联璧合之作。

说书

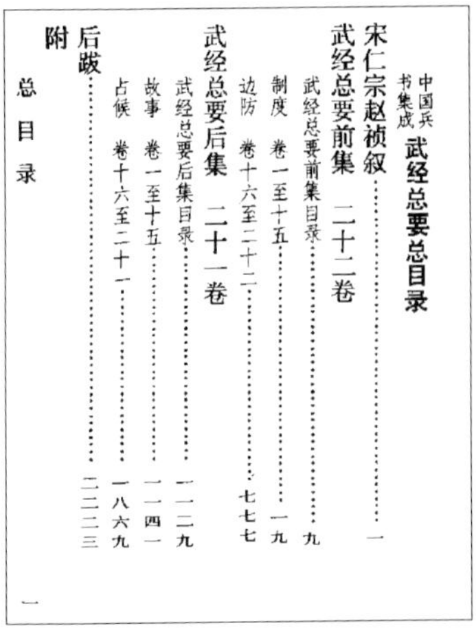

中国兵书集成 武经总要总目录

宋仁宗赵祯叙……一

武经总要前集 二十二卷

武经总要前集目录……九

制度 卷一至十五……一九

边防 卷十六至二十二……七七七

武经总要后集 二十一卷

武经总要后集目录……一一二九

故事 卷一至十五……一一四一

占候 卷十六至二十一……一八六九

后跋……二二二三

附 总目录

一

图 1 《中国兵书集成》书影

《武经总要》是我国第一部官修兵书，宋仁宗康定元年（1040）至庆历四年（1044）历时五年编纂而成，号称为中国古代一部军事科学的百科全书。是书共四十三卷，分前后两集，“前集备一朝之制度，后集具历代之得失”（《四库全书总目 · 子部 · 兵家类》）。该书包括军事理论与军事技术两大部分，具有较高的学术价值。

《武经总要》共四十三卷，前集二十二卷，包括《制度》十五卷、《边防》七卷。《制度》部分不仅摭采宋代与前代的兵法、军事条令之类，介绍宋时的战术、战阵、训练、军队编制、装备等情况，还首次附有大量的武器、阵列等插图，是全书的精华。《边防》部分介绍北宋北部、西北部、西南部等的边境地理，还有辽、西夏等的民族、地理概况。后集二十一卷，包括《故事》十五卷，《占候》六卷。《故事》部分仿效唐朝杜佑的《通典》，分门别类，摘录旧史所载的前代各种战例。《占候》部分介绍天文、气象等对战事的影响。此本还附有《百战奇法》一卷，《行军须知》两卷。（图1）

《武经总要》是北宋封建王朝用国家力量来编辑的一部大型综合性兵书，也是我国第一部官修兵书。它对于军事组织、军事制度及用兵选将、步骑训练、行军宿营、古今阵法、战略战术、武器装备的制造和使用、军事地理、历代用兵实例、阴阳星占等各个方面都有所论述。《武经总要》不但是研究宋代军事史的重要资料，而且由于该书保存了唐代的兵法、军事条令等，对研究唐代军事史也有参考价值。其《边防》部分对研究契丹、党项及西南少数民族等历史，也有重要的资料价值。

《武经总要》记载了丰富的古代科学资料，尤其是首次比较全面具体地记载了古代各种武器装备的制造技术，所记载的北宋时期武备上使用的各种长短兵器、远射兵器和防御武器的说明及附图，生动地勾画出了自南北朝、隋、唐、五代传袭而来迄宋更有发展的武器形象的轮廓。又如我国古代四大发明，本书就详细记载了其中的两种。一种是指南鱼（图2）。磁性指南在我国发源甚古，汉代王充《论衡》中已出现指南杓，西晋崔豹的《古今注》中也提到过指南鱼，但如何制作，未有详载。《武经总要》第一次详细记载了制作方法：

> 鱼法用薄铁叶剪裁，长二寸，阔
>
> 五分，首尾锐如鱼形，置炭火中烧之，

图2 指南鱼之记载

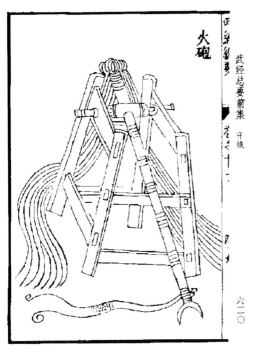

图3　火炮图

候通赤（以铁钤钤鱼首出火，以尾正对子位，蘸水盆中，没尾数分则止，以密器收之，用时置水碗于无风处，平放鱼在水面，令浮其首），当南向午也。

这是人类历史上第一次记载的用地球磁场进行人工磁化的方法。

另一种是火药配方。火药虽然在唐代已经发明，但最早明确记载火药配方的是《武经总要》的《前集》卷十一和卷十二中，记述了三个火药的配方：毒药烟球法，用十三种药料，捣合为球；蒺藜火球法，含有十种药料；火炮（图3）火药，含有十四种药料。另外还记载了另一种火药武器——火箭，即《前集》卷十二记载的"放火药箭者，如桦皮羽，以火药五两贯镞后，燔而发之"。

《武经总要》在科学技术史，尤其是军事技术史上占有十分重要的地位，对于我国古代文化史的研究也有着重要作用。

《武经总要》于庆历四年（1044）经宋仁宗核定后首次刊行。

靖康元年（1126）金占领开封时，《武经总要》的原本丢失了。南宋绍定四年（1231）借由一些副本又曾重刻。但两宋刊本今均不得见。现存较早的版本是明弘治、正德间据宋绍定本重刻本。此本遇"宋帝""本朝"字样提行，庙讳痕迹仍有保留，可以看作是宋本复刻，1959年中华书局曾将此本前集影印出版。明弘治十七年（1504）李赞刻本、明嘉靖刻本、明金陵书林唐富春刻本、明万历三十六年（1608）庄重抄本等明刻明抄本都是善本。现存版本中唯以《四库全书》本和以此本为底本影印的《四库全书珍本初集》本最劣，此本的重要问题是内有缺页，妄事连缀；擅改原著中的"北房""匈奴"等文字；抄写错误；插图失真。我们所采用的是明万历二十七年（1599）刊本。

元丰年间另一部汇集了古代中国军事著作精华的教科书《武经七书》也在宋神宗的诏命下问世了。《武经七书》也称《武学七书》，是中国古代官方校刊颁行的一部著名的兵书选本，也是中国历史上的第一部军事教科书。

值得探讨的是，为何被后人称为"弱宋"的时代，却接连产生了对后世影响极大的两部兵书呢？宋代不是典型的施行重文抑武政策的朝代吗？难道把"兴文教，抑武事"（《续资治通鉴长编》）的祖训忘到脑后边去了？说到重文抑武的原因，无非是太祖赵匡胤靠掌握禁军起家，发动"陈桥兵变"，黄袍加身，因此深知掌握军队的重要。所谓抑武并不代表不重视军事，而是主要表现在对

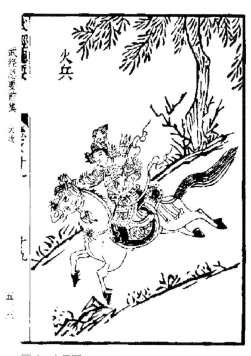

图4　火兵图

武将的限制，利用"将从中御"的治军原则，巧妙地把兵权一分为三。

《武经总要》的编纂反映了宋朝至仁宗时军事思想的变化。众所周知，宋初为防止武臣夺权，以"安内"为首，实行以文制武、"将从中御"的治军原则。仁宗朝编纂《武经总要》时，距宋朝立国已有八十多年，距北宋亡国也还有八十多年，可谓"人到中年"。重文抑武造成的直接后果就是战场上宋军屡遭败绩，况且宋朝面对的不是骚扰边地希冀割地赔款的强盗，而是野心勃勃企图入主中原的霸主。就在编纂《武经总要》的前两年，即宝元元年（1038），党项首领元昊称帝，建都兴庆府，史称西夏。面对如此严峻的形势和血的教训，宋朝廷开始否定宋太祖以来的军事思想，认识到"国事在戎，设营卫以整其旅"（宋仁宗《武经总要序》）。为此宋仁宗大力提倡文武官员研究历代军旅之政及讨伐之事，并组织编纂出中国第一部大型兵书《武经总要》。仁宗皇帝亲自核定后，又为此书写了序言。

宋仁宗赵祯是宋朝在位时间最长的皇帝，又有包拯、范仲淹、欧阳修等得力大臣，针对北宋日益严重的统治危机，赵祯于庆历三年（1043）任用范仲淹等开展"庆历新政"。可以说《武经总要》这部书是仁宗励精图治的一个信号。改革虽然因反对势力庞大旋即中止，却对后来的王安石变法起到了投石问路的先导作用。

说图

《中国版画史略》载：

> 在正德（公元 1506 至 1521 年）中，刊出了一部附有大量插图的军事学书《武经总要》，它是明代有关军事图书的总汇。明代出版的军事学图书，几乎都附有插图，但大半都是出自此本。《武经总要》的图版，详明简净，

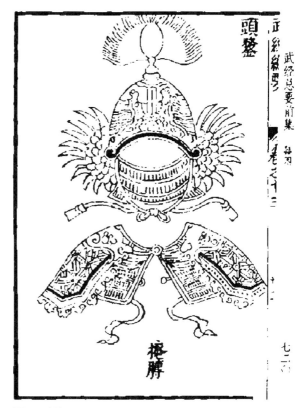

图5　头鍪

极合实用。

⋯⋯⋯⋯⋯

　　《武经总要》，是一部图版真实严整的插图书，非但代表着明代前期版画图籍的风格，同时也是我国古代战斗武器的记录文献。在这一部军事学书里面，保留下来一些重要的军事科学技术和武器发展中的时代面貌。

《武经总要》在《器图》中开宗明义：

　　古称工欲善其事，必先利其器。盖士卒犹工也，兵械犹器也。器利而工善，兵精而士强，势则然矣。故曰：兵不精利，与空手同；甲不坚密，与袒裼同；弩不及远，与短兵同；射不能中，与无矢同；中不能入，与无镞同；斗

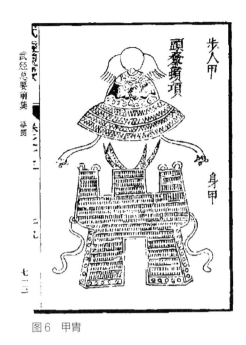
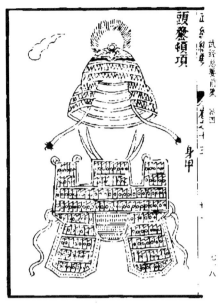

图6　甲胄　　　　　　　　　　图7　甲胄

而不勇，与无守同。其法五不当一，然则五兵者，三军所
以恃而为勇也，可不谨乎？历代异宜，形制有异，今但取
当世兵械，绘出其形，以纪新制云。

关于甲胄，《武经总要》介绍说：

> 有铁皮纸三等，其制有甲身，上缀披膊，下属吊腿，
> 首则兜鍪顿项。贵者铁，则有锁甲，次则锦绣缘缯里。马装，
> 则并以皮，或如列铁，或如笏头，上者以银饰，次则朱漆，
> 二种而已。

甲胄（图6—8）是重要的军事装备，因而备受重视，《武经总要》
有明文规定：

> 失去衣甲器械者，斩。主将见而不收，从违制之罪。
> 及故毁弃军装，或盗卖器械、军装而诈称失去者，亦斩。
> 大军在路遗落器械、衣物，皆须移在道傍，令收后人
> 收候下营处，召主分付。如他人妄认及隐匿者，斩。收后

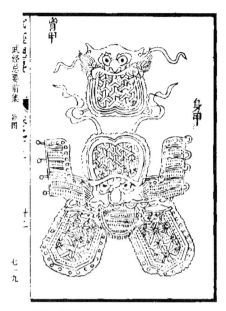

图8　甲胄

人不收者，杖一百。

我国使用甲胄的历史非常久远，《墨子》载："古者羿作弓，杼作甲，奚仲作车，巧垂作舟。"明末清初张岱的《夜航船》记载："蚩尤始制革为甲，禹制函甲。"

发明甲的杼是夏朝第七任王，是少康的儿子。相传少康带领儿子杼，攻打东夷。由于东夷人擅长射箭，杼的军队遭到东夷人弓箭的抵挡，损失惨重，无法前进。退回国都后，他发明用兽皮制作的甲，兵士穿上甲之后，战斗力大大增强，东夷人弓箭优势不复存在，身穿铠甲的夏人终于灭绝了东夷。按照中国古代传说，甲无论是由与黄帝争雄的蚩尤所发明，或者说是由夏朝少康之子杼所创制，都与中国历史从部落联盟到国家创建的阶段特征相吻合。那段时间社会动荡、战争频繁，在氏族时代的原始战场上，战斗的氏族勇士们为了抵御矢石矛斧的攻击，就借鉴自然界中长有甲壳的生物的启示，制作保护自己躯体的防护工具，于是原始的甲胄就出现了。

我们说人们使用工具和制造用具最早一定是选取最简单易得的材料，最早的铠甲主要是由藤条、兽皮等动植物材料制成，兽皮和藤条都属于就地取材。因为当时最厉害的武器就是弓箭，虽然在马家窑遗址发现了我国最为古老的青铜刀，可是作为兵器并不普及，那时候的箭镞更多地使用尖锐的竹木，其强度与藤条、兽皮两者旗鼓相当。

宋代范成大在《桂海虞衡志》则详细记载了少数民族使用甲衣的情况：

蛮甲，惟大理国最工。甲胄皆用象皮，胸背各一大片，如龟壳，坚厚与铁等。又缀联小皮片为披膊、护项之属，制如中国铁甲，叶皆朱之。兜鍪及甲身内外，悉朱地间黄黑漆，作百花虫兽之纹，如世所用犀毗，器极工妙。又以小白贝累累络甲缝，及装兜鍪，疑犹传古贝胄朱绶遗制云。

黎兜鍪，海南黎人所用，以藤织为之。

《史记》曰："楚人鲛革、犀兕所以为甲。"

西周时期我国开始了铁器时代，虢国玉柄铁剑是其标志。由于铁制武器较竹木更为尖锐，因此就出现过多层的皮革甲用以抵御金属武器的攻击。《周礼·考工记·函人》载："函人为甲，犀甲七属，兕甲六属，合甲五属。犀甲寿百年，兕甲寿二百年，合甲寿三百年。"这里"属"指甲片札续之数，皮革坚韧则札长而属少。函人就是专门制作甲胄的工匠。

当时由于严格区分了制革、锻革、钻孔等工艺规范，因此制作的甲胄密致坚牢、穿着合体，利于作战，能够有效地抵御戟、戈、矛等青铜兵器的打击。

"自相矛盾"这个成语说明了古代战争的两个主要元素就是进攻与防御。保护功能本来就是服装的重要功能之一，在甲胄上这种功能得到了集中体现，古代的甲胄是冷兵器时代最主要的防护服装。铁兵器的出现和大规模运用在军事技术史上是一件划时代的大事。面对锋锐的铁制兵器，急需有相应的与之抗衡的新式防护装具。《战国策·韩策》中有关于"铁幕"的记载，所谓铁幕，《史记·索隐》"谓以铁为臂胫之衣"，也就是铁甲。《韩非子》亦言："矢来无乡，则为铁室以尽备之。"《留青日札》言："铁室，即今浑身铁甲，言如室之蔽身也。"《吕氏春秋·贵卒篇》明确记载："赵氏攻中山，中山之人多力者曰吾丘鸠，衣铁甲操铁杖以战"。

战国时期的铁制铠甲拉开了我国2000多年使用金属铠甲历史的序幕。秦代是我国从练甲、皮甲胄到铠甲的过渡时期，大规模使用铠甲是汉代以后的事情了。随着火药的发明和火器的使用，清代中期以后，铠甲基本上成为阅兵典礼上的摆设。清末操练新军，改穿新式军服，金属铠甲才慢慢地退出历史舞台。

何为甲胄？甲又名铠，《释名·释兵》曰："铠，犹垲也。垲，坚重之言也，或谓之甲。"《说文解字》则言："胄，兜鍪也。"即古代战士戴的头盔。秦汉以前称胄，后叫兜鍪。

甲骨文没有铠字，有甲有胄，从文字学可以联想到甲胄从藤条、兽皮到金属的渐进步伐。

甲，甲骨文作 十，像纵横交叉的握柄。有的甲骨文又作 田 = 十（"十"为"又"的变形，握柄）、十口（口，抵御矛枪的硬牌），表示可持握的护牌。金文 田 承续甲骨文字形 田。有的金文 甲 将挡牌"口"写成半开放型 ○，表示可以插套的护牌或铠衣。篆文 甲 误将金文的 十（"十"）写成 丁（"丁"），同时将半开放的挡牌 ○ 写成 ○（"勹"）即"人"，表示穿在人身上、用皮革或金属制成的护身铠衣。

胄，甲骨文 = （顶端有竖管、可以插羽毛或缨饰的头部金属护罩）、月（"冃"，冒的本字，帽子），表示一种保护头部的特殊金属帽子，顶端竖管有羽毛，标志首领地位。"胄"的造字本义为古代的首领或统帅的金属头盔。金文 加 ○（"目"），将甲骨文的 月（"冃"）明确写成 （"冒"）。篆文 胄 基本承续甲骨文字形 ，误将甲骨文的皇冠形象 写成 （"由"）。

假如要说哪一种服装与生产力联系最紧密，那非甲胄莫属。我们可以想象，在古代频繁的领土扩张和兼并战争中，任何一个国家都要靠军队来维护社会安宁和领土完整，谁的军队装备先进谁就在一定程度上赢得主动。所谓"好钢使在刀刃上"，因此矛与盾是同时得到发展的。

魏晋之时，中国的铠甲又出现了一些新的种类。三国之时曹植的《上先帝赐铠表》中云："先帝赐臣铠：黑光、明光各一领，两当铠一领，环锁铠一领，马铠一领。今代以升平，兵革无事，乞悉以付铠曹自理。"于是这个时期出现了一个新名词"具装"（图9—10），

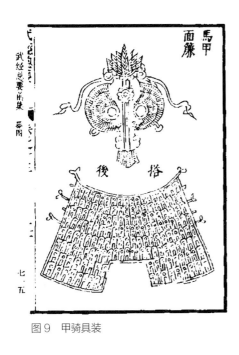

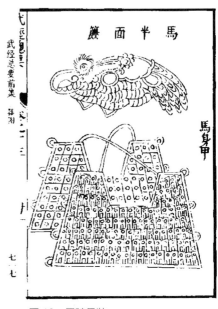

图9　甲骑具装　　　　　　　　　　图10　甲骑具装

《晋书·桓伊传》载："谨奉输马具装百具、步铠五百领，并在寻阳，请勒所属领受。"《南史·柳元景传》亦载："魏多纵突骑，众军患之。安都怒甚，乃脱兜鍪，解所带铠，唯着绛衲两当衫，马亦去具装，驰入贼阵。"自此以后"甲骑具装"被用来泛指全副武装的骑兵部队。

　　由于兵种的不同，铠甲也有许多种，《北征录》道：

　　　　《周礼》有函人之职，《司马法》有甲士之制，晁错以
　　　五同论兵甲、弩矢，马燧以短长三制造铠衣。士皆所以避
　　　锋镝、全肢体、称大小、便进趋也。然造甲之法，步军欲
　　　其长，马军则欲其短；弩手欲其宽，枪手则欲其窄。其用
　　　不同，其制亦异。

　　该书把铠甲分为人甲制、马甲制、马军甲制、弩手甲制。据《唐六典》载：

　　　　甲之制十有三，一曰明光甲，二曰光要甲，三曰细鳞甲，
　　　四曰山文甲，五曰乌锤甲，六曰白布甲，七曰皂绢甲，八

日布背甲，九曰步兵甲，十曰皮甲，十有一曰木甲，十有二曰锁子甲，十有三曰马甲。

这些不同种类的铠甲，既有长期征战总结改进之物，也有战事频发取长补短之物。

例如锁子甲便是一例。《晋书·吕光载记》中这样记载道：那种铠，"铠如连锁，射不可入"。吕光得胜之后带回了大量这种铠甲。这种铠甲由钢铁的环连环相套所制成，比较轻便；可是制作技术繁复，属于比较稀有而名贵的铠甲。

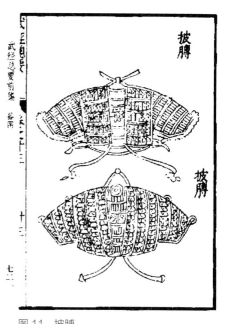

图11 披膊

钢丝连镮甲，古西羌制，其制度即今大铁丝圈，如钱眼大，镮炼如贯串，形如衫样，上留领口，如穿，自上套下，枪箭极难透伤。（《武备志》）

有研究表明锁子甲发端于欧洲，通过西域传播而来。《唐书·西域传》载开元之初康国向中国贡锁子甲。

宋代的铠甲坚固程度达到了顶峰，可是火药的发明也使铠甲的制造发生了停滞的现象。

宋代的铠甲虽然已经十分完备，却未能挽救北宋的命运。原因是多方面的，例如重文轻武的体制体系，例如冗官、冗兵、冗费的沉重负担。貌似先进的宋代在武器装备上并不如同大家所了解的那么精良，宋仁宗年间，北宋在陕西遭遇了三次大败，不得不用银子换取边境安宁，与西夏签订了"庆历和议"。西夏历来给人以政治野蛮、文化及经济生产落后的印象，为何能取得如此胜利呢？在隋唐以前开凿的榆林窟中的一幅壁画揭开了谜底。这是一幅反映当地日常冶铁劳作的《锻冶图》，画作上两个铁匠持锤锻打，另一个工匠推拉着高大的双扇风箱。这是当时先进的鼓风设备，为西夏较为高超的金属冶炼和武器铸造技术打下了基础。北宋名臣田况不禁叹息道：西夏的盔甲"坚滑光莹，非劲弩可入"。反观北宋的状况，北宋名臣贾昌朝就说过宋军的兵器"多诡状，造之不精"。另有大臣张方平也说："精好堪用之器，十无一二。"或许这才是历史的真相。

此外，"靖康之难"让我们忘不掉那个"诸事皆能，独不能为君耳"的宋徽宗。有人将南唐李煜与北宋赵佶比较一番，宋徽宗简直是李煜的翻版。同样的文采风流，同样的无奈登基，同样的亡国之君。李煜有"春花秋月何时了，往事知多少"的感叹，赵佶有"家山何处？忍听羌笛，吹彻梅花"的悲鸣，连悲催的心境也何其相似。可事实上南唐后主接手的是一个基本上没胜算的残局，宋徽宗面对的却是一个基本不会完败的盘面，以宋代政治、经济、文化、科技全面领先世界的优势，虽然外扩不足，起码自保有余。结果却自导了一出悲切的历史剧。

说到宋代历史，不容忽视的就是都城的东移。虽说西安到洛阳大约三百公里，西安到开封直线距离也就是五百公里，以如今的高铁速度充其量也就是三个小时的路程，可是在古代中国这五百公里的迁移则改变了天下格局。我国的帝都有一个从西北向东北的迁移转换过程，具体说就是以西安为重心的关中平原向以北京为核心的华北平原的转移。宋以前是西北主导天下的格局，南北的交通主要倚仗"秦直道"；宋以后是东北主导天下的变化，南北通道是现在还在使用的太行山以东的一马平川的河北大通道。清代赵翼在《廿二史札记》中说：

> 地气之盛衰，久则必变。唐开元、天宝间，地气自西北转东北之大变局也。秦中自古为帝王州，周、秦、西汉递都之。符秦、姚秦、西魏、后周相间割据，隋文帝迁都于龙首山下，距故城仅二十余里，仍秦地也，自是混一天下，成大一统。唐因之，至开元、天宝，而长安之盛极矣！盛极必衰，理固然也。是时地气将自西趋东北，故突生安

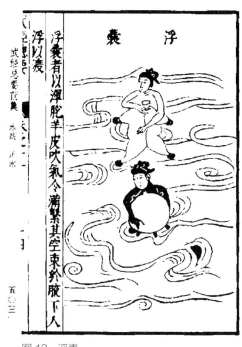

图 12　浮囊

史以兆其端。

　　宋高祖定都开封，而于此前二十二年契丹人已经把北京作为五京之一立为"南京"。北大历史学教授称，北京一直以来——从统一的秦汉以来一直到唐代——都是一个边陲城市，是北方的苦寒之地，在长城脚下。北京再繁华也不过就是幽州，更早一些这一带只做过西周一个诸侯国——燕国的都城。是南下的游牧民族开始把北京建为都城，自此过去以东西方向为主的征战变为以南北方向为主的对峙。把开封和北京作为都城，这既是当时军事斗争的焦点和重心的反映，也是游牧民族地理意识和视野所致。农耕民族以黄河流域为活动区域，视西安、洛阳为中心；游牧民族的活动范围要广阔得多，要想夺取中原，北京就显得极其重要。《元史》载霸突鲁曾对忽必烈说：

　　　　幽燕之地，龙蟠虎踞，形势雄伟，南控江淮，北连朔漠，
　　且天子必居中，以受四方朝觐，大王果欲经营天下，驻跸
　　之所，非燕不可。

图 13　明版《武经总要》胸甲

长久以来，人们对于文献记载的"浑脱帽"难于理解，唐张鹭《朝野佥载》道："赵公长孙无忌以乌羊毛为浑脱毡帽，天下慕之，其帽为'赵公浑脱'。"

在《武经总要》这本书中恰有一幅浑脱图可用以助于理解。浑脱就是用整张剥下的动物的皮制成的革囊或皮袋。《续资治通鉴长编·宋神宗元丰四年》载："其济渡之备，军中自有过索、浑脱之类。"《草木子·杂俎》则说："北人杀小牛，自脊上开一孔，遂旋取去内头骨肉，外皮皆完，揉软用以盛乳酪酒渲，谓之浑脱。"因此长孙无忌的所谓"赵公浑脱"应该是用动物某个部位完整剥取的皮而制作的皮帽。

服饰作为历史中的一种文化现象，基本走势与历史轨迹同步。我国早期服饰发展与民族融合的步伐也基本合拍，军戎甲胄如此，民间服饰也是如此。后来成为官服之一的圆领衫，也并非汉族固有服装。汉族服饰的特点是"辫发右衽，上衣下裳"，战国以后出现了深衣。两晋时代民族融合加剧，迁徙频繁，西安又是西部大都会，于是诸如某些首饰如项圈、耳环这些"舶来品"，有些随佛教而入中土，有些随商旅沿着丝路而来。我们熟知的《木兰辞》本是北朝民歌，其中"当窗理云鬓，对镜贴花黄"的习俗被汉民族拿来使用，到了唐代就有了"贴花钿"的化妆术。宋代则盛行簪花之风，以后这种妩媚之风渐行渐远，到了清朝代之以"留头不留发，留发不留头"的血雨腥风。

　　铠甲有一整套严格的工艺，先将铁制成铠片，然后打札、粗磨、穿孔、错穴，并裁札、错棱、精磨；甲片加工完毕后，用皮革条编缀成甲，有些里面还要挂衬里。对于图13、14这两幅图，两本书所录的胸甲图应来源于同一本书——宋版《武经总要》，却出现了四处不同。有甲胄爱好者对图13提出疑问，认为胸甲下端左右两边相互对应的一枚扣子和一枚扣衽实际上根本扣不到一起，肯定穿不上身。经过与明代《武备志》中类似的图相比对，可以发现明版的《武经总要》简化了许多。正确的胸甲图应该如下图（图14）所示，两边均为扣衽，这样就可以使得身甲上的两条带子过双肩与胸甲上的两个扣眼穿连起来，形成两裆。有兴趣的读者可以深入研究。

　　《武经总要》是一部军事著作，说到军事，中国的战争大多为南北的对峙以及征战，说起来还真与服饰有些关系。古代中国许多战争都是自北向南展开，气象学家竺可桢先生于1972年所作的《中国近五千年来气候变迁的初步研究》中说："十二世纪初期，中国气候加剧转寒。这时，金人由东北侵入华北代替了辽人，占据淮河和秦岭以北地方，以现在的北京为国都。"

　　温度对战争走势确有影响，例如二战时苏德战争。德军围攻莫斯科时的失败原因除了红军的抵抗，还有冻伤使德军战斗减员非常严重。平均温度下降1度，农作物的收获线就往南退一百多公里。

图14　《武备志》胸甲

迫于生计，北方的游牧民族此时多向南方发动战争，以获得更大的生存空间。

可是并非所有的南下都发生在气候变冷的时候，由此有一种理论，就是"环境人口容量"，来解释这种情况。如果 11 世纪时，生活在南西伯利亚的一个蒙古部落只有二十五个人，低于人口容量的下限（三十人），那么不论是暴风雪还是极寒，都不会让他们挨饿，因为单位土地上的食物足够他们生存。反过来，如果这个部落人口突破了五十人，那么即便是收成最好的年份，还是有人会吃不饱，那就更别说还有遭遇极端气候的情况。如果蒙古草原上人口膨胀太快，人们仅仅凭借当地的畜牧资源就无法生存了。说到底是人口与环境的紧张关系造成了战争。关于蒙古部落起源的《蒙古秘史》在开头部分，有很多篇幅提到了一种独特的生计活动，如成吉思汗祖先之一的豁里剌儿台·蔑儿干"由于豁里·秃马惕地区自相禁约，不得捕猎貂鼠、青鼠等野兽，感到烦恼"。《北史》有关于室韦部落"夏则城居，冬逐水草，多略貂皮""皆捕貂为业，冠以狐貂，衣以鱼皮"的记载，《隋书》也有类似记载。他们为什么要捕貂为业？《旧唐书·室韦传》《新唐书·回鹘传》分别有"遣使贡丰貂""岁内貂皮为赋"的记录。他们并不是为了自己吃肉，而是为了貂皮，这些貂皮也不是自用，而是"进贡"。因为进贡可以交换粮食、金属、食盐等生活必需品，进而促进人口增长。而一旦貂皮需求下降或者粮食减产，增长的人口为了维持生计就向南方统治者发动战争。"老夫聊发少年狂，左牵黄，右擎苍。锦帽貂裘，千骑卷平冈。"苏轼作此诗的背景是西夏犯北宋，苏轼可曾想到，他在山东高密"老夫聊发少年狂"时穿戴的"锦帽貂裘"其实正是战争的导火索之一。

参考文献:

[1] 毕沅.续资治通鉴[M].标点续资治通鉴小组,校点.北京:中华书局,1957.

[2] 蒙古秘史[M].策·达木丁苏荣,译.呼和浩特:内蒙古人民出版社,2007.

[3] 房玄龄.晋书[M].北京:中华书局,1974.

[4] 范成大.桂海虞衡志[M]//沈莹,等.临海异物志(及其他三种).北京:中华书局,1991.

[5] 郭味蕖.中国版画史略[M].北京:朝花美术出版社,1962.

[6] 韩非.韩非子[M].高华平,王齐洲,张三夕,译注.北京:中华书局,2010.

[7] 华岳.北征录[M]//刘定之,等.否泰录(及其他四种).北京:中华书局,1991.

[8] 吕不韦.吕氏春秋[M].张双棣,张方彬,殷国光,陈涛,译注.北京:中华书局,2007.

[9] 李林甫,等.唐六典[M].陈仲夫,点校.北京:中华书局,1992.

[10] 刘熙,毕沅.释名疏证[M].北京:中华书局,1985.

[11] 刘昫.旧唐书[M].北京:中华书局,1975.

[12] 李延寿.北史[M].北京:中华书局,1974.

[13] 李延寿.南史[M].北京:中华书局,1975.

[14] 欧阳修,宋祁.新唐书[M].北京:中华书局,1975.

[15] 司马迁.史记[M].韩兆琦,译注.北京:中华书局,2010.

[16] 宋濂.元史[M].北京:中华书局,1976.

[17] 脱脱,等.宋史[M].北京:中华书局,1977.

[18] 温陈华.从武经总要(图解)看铠甲结构及铠甲制作简述[EB/OL].http://blog.sina.com.cn/s/blog_be9c8a9e0102xa29.html.2017

[19] 许慎,徐铉,等.说文解字[M].上海:上海古籍出版社,2007.

[20] 竺可桢.中国近五千年来气候变迁的初步研究[J].考古学报,1972(01):15—38.

[21] 张经纬.是严寒造成了历史上的北方民族南下吗[M]//张经纬.从考古发现中国.北京:社会科学文献出版社,2019.

[22] 郑玄,贾公彦.周礼注疏[M].彭林,整理.上海:上海古籍出版社,2010.

[23] 赵翼.廿二史札记[M].曹光甫,校点.上海:上海古籍出版社,2011.

《武备志》[明]

说人

茅元仪（1594—1640），字止生，号石民，又署东海波臣、梦阁主人、半石址山公，归安（今浙江吴兴）人，文学家茅坤之孙。

如果历数明代文武兼备的人才，茅元仪应该名列其中。由于《明史》没有立传，故此茅元仪并不为人所熟知。钱谦益的《列朝诗集小传》是研究茅元仪必不可少的材料之一。钱谦益是由明入清的著名文人、学者。《列朝诗集小传》是钱谦益编写《列朝诗集》时为所选作家写的小传，共收录明代约两千个诗人的小传。在这些诗人中，既有名流大家，也有许多未见经传的小人物，经作者搜摭考订，保存了许多重要文献。《列朝诗集小传》曰：

> 止生好谭兵，通知古今用兵方略，及九边阨塞要害。口陈手画，历历如指掌。东事急，慕古人毁家纾难，慨然欲以有为。高阳公督师，以书生辟幕僚，与策兵事，皆得要领。尝出塞相视红螺山，七日不火食，从者皆无人色，止生自如也。高阳谢事，止生亦罢归。先帝即位，经进《武备志》，且上言东西夷情、闽粤疆事及兵食富强大计。先帝命待诏翰林。寻又以人言罢。己巳之役，高阳再出视师，半夜一纸，催出东便门，仅随二十四骑，止生腰刀匹马以从。四城既复，牒授副总兵，治舟师，略东江。旋以兵哗下狱，遣戍漳浦。东事益急，再请募死士勤王，权臣恶之，勒还不许。蚤夜呼愤，纵酒而卒。

万历二十二年（1594）八月四日，茅元仪出生于一个书香门第。祖父茅坤是著名的文学家，他评选的《唐宋八大家文钞》在当时和后世有很大影响。父亲茅国缙官至工部郎中。在家庭的熏陶下，茅元仪自幼勤奋好学，博览群书。他喜读兵、农之作，成年后又熟谙用兵方略，对长城沿线的"九边"关塞都能口陈手绘、了如指掌。

正当茅元仪踌躇满志、立志报国之年，东北建州女真族崛起，其首领努尔哈赤于万历四十四年（1616），在赫图阿拉（今辽宁新宾）建立后金政权，自称金国汗，建元"天命"。此后明与后金之间战火纷飞，战乱屡起。茅元仪于国难战乱之时、王朝内忧外患之际无比焦急忧愤，因而著书立说，刻苦钻研历代兵法，将多年搜集的战具、器械资料及治国平天下的方略，辑成《武备志》，于天启元年（1621）刻印。茅元仪在《武备志》自序开篇即说：

> 国家自受命以来，承平者二百五十载，士大夫无所寄其精神，杂出于理学、声歌、工文、博物之场。而布衣在下，不得显于时，亦就士大夫之所喜而为之。不如此则不得附青云而声施也。至介弁之流亦舍其所当业而学士大夫之步。何也？人不能以己所不知者知人，而喜以同己所知者为贤。故朝野之间莫或知兵。

其忧国忧民之意跃然于纸上。

正是这部兵书使得茅元仪名声大振，得到朝廷器重，随大学士、兵部尚书孙承宗督师辽东，与同僚鹿善继、袁崇焕、孙元化等人一起，在山海关内外考察地形，研究敌情，协助孙承宗作战，抵御后金的进攻，并到江南筹集战舰，加强辽东水师，提高明军的战斗力。茅元仪也因功被荐为翰林院待诏。

后来茅元仪在宫廷争斗中几经沉浮，于天启六年（1626）告病南归。两年后朱由检继位，茅元仪即赶赴京城，向新帝进呈《武备志》。崇祯二年（1629）冬，后金骑兵直扑北京，孙承宗再度受命督师。茅元仪等数十骑，护卫孙承宗，从东便门突围至通州，击退了后金军的进攻，解了北京之危。茅元仪因功升至副总兵。

书香门第的才子，因"纸上谈兵"而得到提拔任用，以一介书生取得军功晋升副总兵，是茅元仪人生最富有传奇色彩的浓墨重笔。

"年少西吴出，名成北阙闻。下帷称学者，上马即将军"是茅元仪一生的写照。后人评价道，茅元仪一生历书斋、鞍马、囹圄、佛寺、戍所，然时时不忘庙堂，入眼却是江河日下，难免英雄气短，遂"蚤夜呼愤，纵酒而卒"。"凡鸟偏从末世来"，尽管茅元仪有改变"朝野之间莫或知兵"状况之心，有"有文事者必有武备，此三代之所以为有道之长也。自武备弛，而文事遂不可保"之见，有"惟富国者为能强兵"之识，无奈"东胡一日起，士大夫相顾惶骇"，明王朝气数已尽。这是茅元仪的悲剧，也是封建王朝的悲剧。

从现有资料看，茅元仪无疑是天才少年。据《武备志》出版说明载，《武备志》成书于万历四十七年（1619），天启元年（1621）刻成。成书时作者年仅二十五岁，如果说《武备志》历时十五年而辑成，那么倒推十五年，那时茅元仪不过是十岁的孩子。这虽说传奇也令人生疑，事实果真如此吗？是史料不详还是后人浮夸呢？我们推测只有两种可能，其一是茅元仪因受家庭影响，自幼喜爱兵书，《明史》载其祖父曾任广西兵备佥事，雅好谈兵，有过平瑶、抗倭等领兵打仗的经历。茅元仪著述自序也称，七岁学为诗，十一岁学为制举文，十三岁为诸生，学为古文词，暗地留心古兵戎、屯田、漕运等知识；十六岁在杭州孤山"快雪堂"读书，十七岁就读金车山，十八岁游学北京国子监，十九岁下第长安后迁居南京，二十岁游吴越，秋复归。按照茅元仪自述，并未提起编纂兵书之事，后人有可能将这段自幼的兴趣爱好与著书立说混为一谈了，毕竟这两段经历有相通之处。

其二就是《武备志》的编纂时间根本没有十五年，《武备志》傅汝舟序言道："兜鍪之下有生人，诗书之间有帅气。辑于万历末季，成于新天子龙飞天启之元年。臣子谭兵之日，正是主上销兵之时。"按此推算，万历末季当为1620年之前，天启元年是1621年，这两年当是《武备志》编纂而成、刻书刊印的时间。而万历四十四年（1616）后金崛起于白山黑水之间，"堕名城，系旄倪，蹂抚顺，逼沈阳，衄宿将"（张师绎序），或许后金政权的建立激发了茅元仪编纂兵书的壮志，其兴师攻明的举动又促进了编书的步伐。从其"述而不作"的方式来看，对于自幼喜爱兵书并"通知古今用兵方略"的茅元仪来说，完成编纂五年时间足矣。

那么又是谁让人们有了十五年成书的印象呢？其实就是为《武备志》作序的宋献。他在文中明确写道："凡十五年而毕志一虑，则始于万历己未，竟于天启辛酉。"然而既然始于明万历己未年（1619），竟于天启元年（1621），何来十五年之有？假如说茅元仪用功十五年，也只能说从其"破先人之藏书垂万卷，而四方之搜讨传借不与焉"（宋献序）之日算起。宋献在计算此书卷册时出现计算错误："曰《兵诀评》十八卷，曰《战略考》三十一卷，曰《阵练制》四十一卷，曰《军资乘》五十五卷，曰《占度载》九十六卷，合为二百四十卷。"总数显然多了一卷。实际情况是《战略考》三十三卷，《占度载》九十三卷，与其他合为二百四十卷。此外宋献说"其柝目一百八十有六"，而顾起元序则认为"自兵诀至占度凡为部者五，为目者一百八十有四，为卷者二百有四十，为言者二百余万"，如此看来宋献之序还是有不确之处。

茅元仪能够在明末武备废弛、大敌当前时刻"益愤发，思有所寄其公忠，退而志武备"，绝非偶然，从《武备志》数家序言之中我们可以稍微理出头绪。傅汝舟序载："鹿门氏今防风茅元仪其孙也，茅子壮年志四方。"茅元仪出身望族，自其祖父茅坤开始，祖孙三代有十人出仕，十一人著书立说，统计光绪《归安县志》可知这十一人有著作一百零三种，一千九百五十五卷。茅元仪少年聪颖，性好读史，旁及兵农。"归安茅君止生，缵其大父鹿门先生、父二岑先生之业，既彬彬然以文学世其家矣。"（顾起元序）而且茅元仪极具同情之心："茅止生童子时散家粟数万石赈荒，义声闻天下。"（李维桢序）同治《湖州府志》记载：

> （元仪）少孤，雄杰异常儿。万历三十六年，湖大饥，
> 太守陈幼学集议赈荒，群公嗫嚅莫敢应。元仪垂髫奋袖，
> 请尽倾困廪赈国人。

茅元仪之所以对兵书情有独钟也是有其家庭影响的，宋朝苏麟
有诗云："近水楼台先得月，向阳花木易为春。"顾起元在《武备志序》
中说：

> 鹿门先生当嘉靖中感倭变，究极兵家之学，其书多秘
> 诸枕中，君自少得而私习之，比长而志在四方，蒿目时事
> 所至，访其奇材剑客，与之讨论而肆习，故于兵家者言，
> 得以批其肯綮而探其潭奥。

其中嘉靖倭变应是指嘉靖三十四年（1555）的历史惨剧。来自
日本仅有五十三人的倭寇从浙江绍兴上虞县登岸，洗劫浙、皖、苏
三省，攻掠杭、严、徽、宁、太平等州县二十余处，直逼留都南京
城下，横行八十余日，杀死杀伤官兵四五千人。《明史·外国传三·日
本》里的记载用了大量的动词：

> 突徽州歙县，至绩溪、旌德，过泾县，趋南陵，遂达
> 芜湖。烧南岸，奔太平府，犯江宁镇，径侵南京。

《明世宗实录》记载："引弓射之，贼悉手接其矢，诸军相顾愕贻，
遂俱溃。"

这股倭寇攻打南陵县城时被总共四个县的官兵包围，明军放箭，
倭寇个个能手接飞矢，除了明军弓软无力，倭寇的武艺之强确然无
疑，难怪明军愕然后一起崩溃。此事极大地刺激了茅氏家族，茅坤
自此搜集兵书，元仪学而习之，常思"振长策而销乱萌"（顾起元序）。

白寿彝先生在《中国通史纲要》中将《武备志》与谈迁的《国榷》、
陈子龙的《皇朝经世文编》相提并论，认为"在明熹宗和崇祯皇帝时，
出现了三部历史书的巨编"，并且指出这三部书"都是看到明皇朝
危局，想有助于挽救危局之用"。

说书

依兵家之见，一切历史都是战争史。张师绎在《武备志序言》中道：

> 予尝谓宓牺八卦皆兵符也，河图洛书皆兵数也，金木水火土皆兵资也，耰锄弧矢皆兵器也，井田狩猎皆兵法也，风雅颂皆兵中之铙歌露布也，樽俎坛坫笾豆大房皆兵事之坐作进退周旋上下也。

从某些角度看，中国历史就是一部战争史。明末清初，著名学者顾祖禹用尽平生心血，撰写了古代中国历史军事地理著作《读史方舆纪要》。该书从数百种史籍中广征博引、旁搜远绍，上自黄帝与蚩尤战于涿鹿之野，下至明代的土木堡之变、倭寇入侵，共计古代大小战例6192次。这本书是所有涉及中国古代战争的各类典籍中最为详尽的一部著作。6000多次，意味着中国古代历史上平均每年都会发生战争。说中国古代的历史是一部战争的历史可能也不过分。可以说中国古代历史不是在战争中，就是在备战之中。据该书记载，在当今中国版图范围内，先秦时期共有战争661次（从周平王东迁算起），平均每年约1.2次；秦汉时期有战争682次，平均每年1.6次；魏晋南北朝时战事最多，共有1677次，平均每年有4.6次；而隋唐五代时期，由于安史之乱、藩镇割据和五代更迭，战事亦不少，共1411次，平均每年3.7次；至宋辽金夏，虽然几个政权分立，但相对稳定，不像魏晋南北朝那般动乱异常，故战争只有620次，平均每年约2次；而元明时期，有两

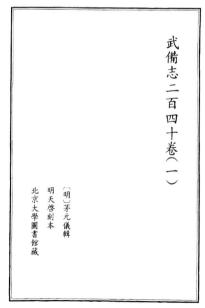

武备志二百四十卷（一）

〔明〕茅元仪辑
明天启刻本
北京大学图书馆藏

图1 《武备志》书影

次大范围农民起义，又因明代多边患，倭寇频繁入侵，所以战争次数亦达 1141 次，平均每年有 3 次之多。上述六个时段中，以战争总数及每年的平均数而言，魏晋南北朝时期列第一，隋唐五代时期第二，元明时期第三，宋辽金夏时期第四，秦汉时期第五，先秦时期第六。

傅汝舟《武备志叙》言道：

> 兵者，圣人不得已而用之，帝悯天下之腥血，特命真人授之一割，以造太平也。夫不得已而用之，必得已而不自已之日，乃能图之。不然临饥索耕，临衣索织，有是理哉？天下生民久矣，乃武而乃文，黄帝不五十二战得天下，安能衣冠制度，作天子乎？虞不诛四凶，何以重华？武不悬独夫，何以大定？儒家曰此以仁义用甲兵者也。

因此"《书》曰惟事事乃有其备，有备无患，况于武乎"（宋献语）。

《武备志》被白寿彝先生称为"军事学的百科全书"，是中国古代字数最多的一部综合性兵书。全书文字二百万有余，并有插图七百三十八幅。《武备志》体系宏大，条理清晰，体例统一。《武备志》由兵诀评、战略考、阵练制、军资乘、占度载五部分组成。五门又分为一百八十多个子目，将二千余种各朝的军事著作分门别类，每类之前有序言，考镜源流，概括内容，说明编纂的指导思想和资料依据。

《武备志》对明代军事记载最为详尽，表现了要加强武备、富国强兵的思想。郎文晀在给此书作序时，以医药比喻此书编排：

> 首兵诀者，如医之探腑脏，论脉理也。次战略者，如医之举旧案，宗往法也。次阵练者，如医之辨药性，讲泡制也。次军资者，如医之分寒温，定丸散也。终占度者，如医之考壮弱，断死生也。

这是对此书最形象的比喻和评价。《武备志》的编辑、刊行，对改变明末重文轻武、武将多不知兵法韬略、武备荒废的状况有极大的现实意义。茅元仪在自序中也分析了明代士大夫不习兵事的原

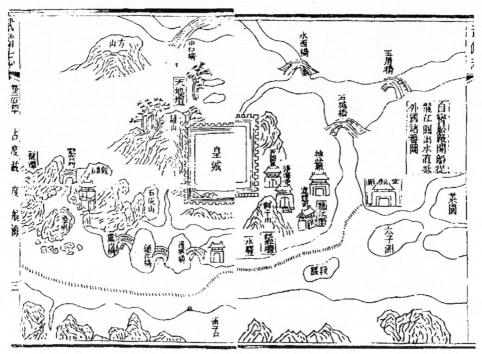

图2 《武备志》自宝船厂开船从龙江关出水直抵外国诸番图（局部）

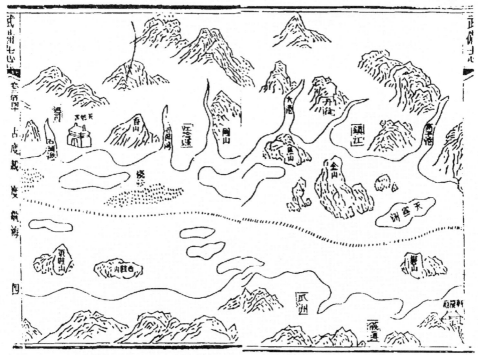

图3 《武备志》自宝船厂开船从龙江关出水直抵外国诸番图（局部）

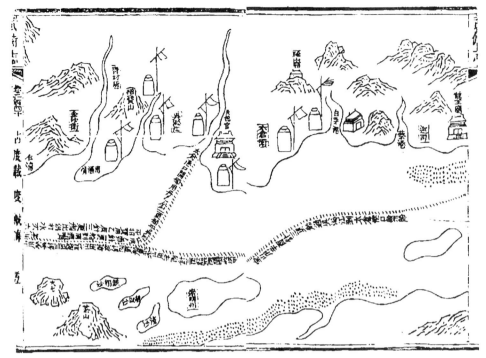

图4 《武备志》自宝船厂开船从龙江关出水直抵外国诸番图（局部）

因，李维桢在《武备志序言》中总结道：

> 其自序云，士大夫不习兵之故有五，易而自玩，狭而
> 自用，震而自弃，惰而自窘，昧而自陷。深中膏盲（肓）之疾。

特别要强调的是，《武备志》辑录了许多古代其他书中很少记载的珍贵资料，《郑和航海图》就是一例（图2—4）。卷二百四十《航海》一节记载：

> 茅子曰：《禹贡》之终也，详哉言声教所及。儒者曰
> 先王不务远，夫劳近以务远，君子不取也。不穷兵不疲民，
> 而礼乐文明赫昭异域，使光天之下，无不沾德化焉。非先
> 王之天地同量哉。唐起于西，故玉关之外将万里；明起于
> 东，故文皇帝航海之使不知其几十万里。天实启之，不可
> 强也。当是时，臣为内竖郑和，亦不辱命焉。其图列道里

国土，详而不诬，载以昭来世、志武功也。

《郑和航海图》原名《自宝船厂开船从龙江关出水直抵外国诸番图》，该图为我国最早的海图。其特点是采用山水画的形式，逢山画山，遇岛画岛，浅滩礁石，无一不录。图上列出地名五百多个，国外占比五分之三，反映了明代对海洋丝路的开发与认识。这给"一带一路"研究提供了第一手资料。此外，曾任兵部职方司（掌舆图、镇戎、征讨等事）的茅瑞徵（茅元仪之堂弟）于崇祯二年（1629）撰成《皇明象胥录》，在《武备志》《皇明象胥录》中均明确无误地把钓鱼岛列岛标明在中国海疆海防范围之内。在《武备志》第二百二十七卷《北虏考》中大量"北虏方音"被茅元仪用汉字标音，包括天文、地理、时令、人物、珠宝、走兽、声色、花木、果蔬、饮食、衣服、飞禽、身体、马鞍器械、房舍车辆、军器什物、铁器等。在词语收录上茅元仪注重与战争相关的常用语言，甚至包括了一些骂人粗口。在服饰方面就有五十多条词语，这为我们研究这一时期的服饰名物又提供了有价值的线索。

《武备志》目前可知有如下版本：

一、明代天启元年（1621）刻本，是茅元仪初刻本。

二、莲溪草堂重印本，是汪允文对收藏的明刻板块进行挖改修补后的重印本，保留了明版书的原貌。书名页左下方著有"莲溪草堂藏板"字样，另盖有朱色篆字"聚锦堂"方印，似为发行机构的印记。

三、清初复刻本，把对清"违碍之语"进行改动后复刻。如：茅元仪自序第二页前半页第四行"东胡"改刻为"兵戈"。抽去了第二百二十八卷《四夷》中的《女真考》篇题及其绝大部分内容。

四、日本宽文年间刻本，日本须原屋茂兵卫据明版复刻。

五、清道光活字本，道光时已开书禁，此本系据清初刻本用木活字重新排印。书前增收了《明史节录》和钱谦益的《茅待诏小传》。

六、清末湖南刻本，系以日本宽文四年（1664）刻本为底本复刻。

由于茅元仪出于富国强兵保卫明朝的目的编纂此书，并对后金及清政权采用敌视态度,清乾隆年间,《武备志》曾被列入《违碍书目》和《禁书总目》，但这反而凸显《武备志》的价值。《武备志》问世后，不但在国内受到明、清以来学术界的重视，而且在世界上也受到推崇。日本除在宽文四年（1664）翻刻外，又在 18 世纪获得了原刻本。乾隆四十七年（1782），旅居中国的法国耶稣会士阿米奥（J.J.M.Amiot）在法文著作《中国兵法论》中征引了《武备志》中火药及火器技术相关资料。之后,《武备志》已成为西方学者研究火药与火器技术的必读之书。

说图

《武备志》关于甲胄线刻图共有二十九幅，超出《武经总要》一倍多。

茅元仪先对盔有一个说明（图 5）：

> 盔，茅子曰盔即古之鍪牟也，其式甚众，见于武经者

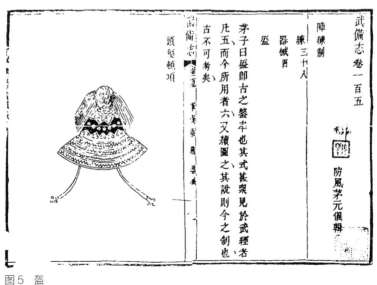

图 5　盔

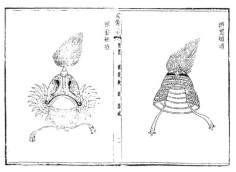

图6　头鍪顿项

图7　头鍪顿项

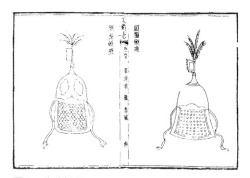

图8　头鍪顿项

图9　头鍪顿项和唐猊盔

凡五，而今所用者六，又续图之，其说则今之制也，古不可考矣。

其中头鍪顿项十款（图6—9），有分体的，也有一体的，装饰不同，冠上皆有缨，以区分等级。

经过多年发展，到了明代，头盔的种类逐步完善，据《明会典》记载已有二十多种：

今兵仗局造，抹金凤翅盔，镀金护法顶、香草压缝、六瓣明铁盔，镀金十字铃杵顶、香草压缝、六瓣明铁盔，镀金宝珠顶、勇字压缝、腰箍口箍、六瓣明铁盔，镀金宝珠顶、勇字腰箍口箍铁压缝、明铁盔，黄铜宝珠顶、香草压缝、六瓣明铁盔，黄铜宝珠顶、勇字压缝、腰箍口箍、六瓣明铁盔，黄铜橄榄顶、勇字腰箍压缝、六瓣明

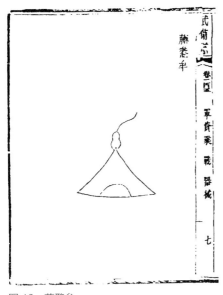

图 10 藤鍪牟

铁盔，黄铜十字铃杵顶、勇字压缝、明铁盔，黄铜勇字腰箍口箍铁压缝、六瓣明铁盔，黄铜宝珠顶、勇字口箍铁压缝、六瓣明铁盔，黄铜四勇字明铁盔，一把莲八瓣、黄铜腰箍口箍明铁盔，一把莲明铁盔，镀金护法顶、压缝、六瓣铁盔，黄铜宝珠顶、勇字朱红漆铁盔，黄铜宝珠顶、口箍浑贴金铁盔，红顶缨、朱红漆铁盔，四瓣明铁盔，玉簪瓣明铁盔，摆锡尖顶铁盔，朱红漆贴金勇字铁盔，朱红漆贴金勇字皮盔。

书中头盔正反两面皆详细绘图。

唐猊盔，一幅（图 9）。配有说明文字：

造盔式，每顶用净铁五六斤，加钢一斤，重围起细皮为止。如连围脑重二斤，其制诸如此。顶样不一，有名一块铁，有四明盔，有六叶盔，有皮穿柳叶盔，南方用旧绵花作盔，以水湿为利。

藤鍪牟，一幅（图 10）。并配有说明文字：

以细藤为之。用藤若干，内用绵帽一件，帽表用布二层，帽里用布一层，内用丝绵若干，茧纸若干，用绢线缉之。帽后不合，口开，高三寸，以便人头有大小，临时自缀。盔内盔顶上俱用红缨，一则壮观，一则顺南方之色。

对身甲线刻图（图 11—13）有一页文字总其说："甲之制不一，制甲之说亦甚夥，我图其图，集其说，以告来者，亦可以大成矣。"

明代文献曾多次记载关于盔甲的规定，其中《大明会典》载：

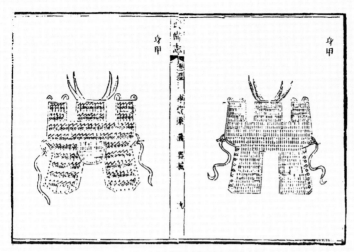

图11 身甲

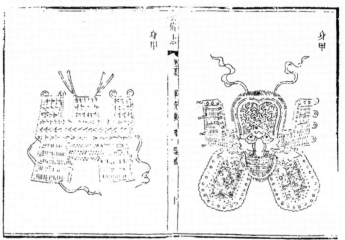

图12 身甲

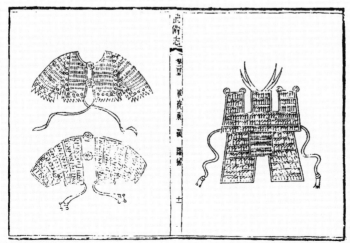

图13 身甲

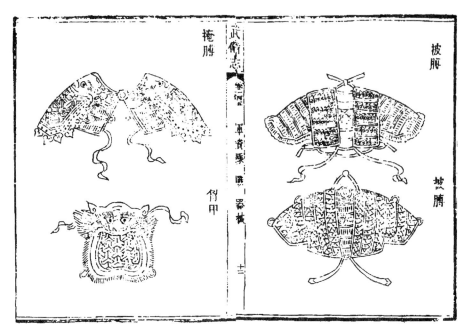

图14 披膊、掩膊和胸甲

洪武七年令线穿甲悉易以皮。十六年令造甲每副领叶三十片，身叶二百九片，分心叶十七片，肢窝叶二十片，俱用石灰淹里软熟皮穿。浙江沿海并广东卫所，用黑漆铁叶、绵索穿，其余俱造明甲。……弘治九年令甲面用厚密青白绵布。钉甲，用火漆小丁。……四十三年题准行各卫所……其大甲，一半改紫花布长身大甲新式，一半照旧式，惟布身加长二寸。

明代笔记小说《涌幢小品》曾记载甲胄密法：

元太宗攻金，怀孟人李威从军。患世之甲胄不坚，得其妇兄杜坤密法，创蹄筋翎根别为之。太宗亲射不能入，宠以金符。威每战先登，不避矢石。帝劳之曰："汝纵不自爱，独不为甲胄惜乎？"谓诸将曰："能捍蔽尔为国家立功名者，威之甲也。"

《武备志》载身甲（图11—13）数幅，纹饰不一，形状不同，

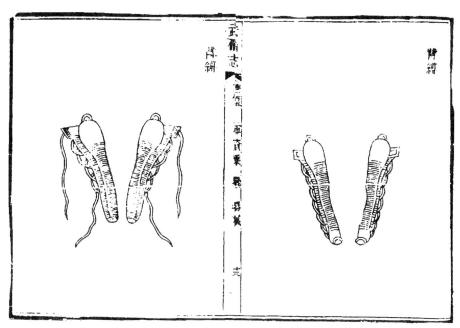

图 15　臂缚

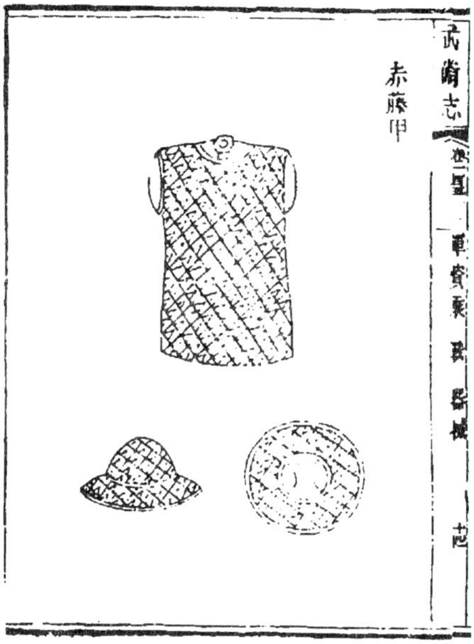

结构各异。

披膊，二幅，四件。掩膊、胸甲各一幅。（图 14）

臂缚，二幅（图 15）。配有说明文字：

> 臂缚式，一名臂手，每一副用净铁十二三斤，钢一斤，折打钻锃，重五六斤者，以熟狗皮钉叶，皮绳作带，以绸布缝袖肚，务要随体宛转活便。

赤藤甲，一幅（图 16），三件。配有说明文字：

> 赤藤甲，以赤藤五十斤，石槽内水浸半月，取出晒三日，复入槽添水，如此浸满一周

图 16　赤藤甲

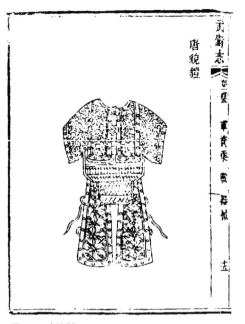

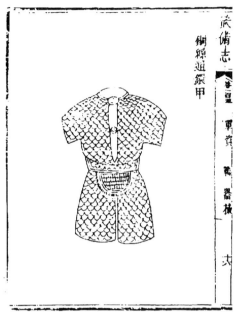

图 17　唐猊铠

图 18　钢丝连镮甲

岁，晒干照式编穿，共二十副，其外桐油油之，其甲轻坚，能革矢刃，利于水大，又以此藤作笠，临敌作盔，阴则备雨，又以软藤编作圆牌，中高边起，披此甲而执此牌进退撼护，便利攻击也。

唐猊铠，一幅（图 17）。并有说明：

唐猊铠，先用透骨草五斤，萝卜子三斤为咀，入清水一百斤，煮二百沸，去查，入川山甲五张，大同盐三斤，皮硝三斤，硝石五两，硇砂半斤，封锅严密，煮一昼夜，取开，用杵铸如牛皮厚，其样不一，如匙头、柳叶、鱼鳞、方叶、方长之类，穿作甲轻利，南方多用。

钢丝连镮甲，一幅（图 18）。有说明文字：

钢丝连镮甲，古西羌制，其制度即今大铁丝圈，如钱眼大，镮炼如贯串，形如衫样，上留领口，如穿，自上套下，枪箭极难透伤。

图19　纸甲

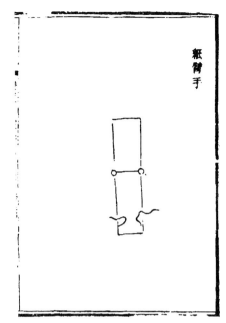

图20　纸臂手

需要说明的是，《唐六典》中曾记载有锁子甲，但是一直没有图示，《武经总要》也不见其身影。这一幅图应是文献中第一次绘出锁子甲的形象。

纸甲，一幅（图19）。附有说明：

　　甲为用命之本，当锋镝而立于不败之地者，此也，南方地形险陷，固多用步，步驰难以负重，天雨地湿，铁甲易生锈烂，必不可用矣，倭夷土贼率用火铳神器，而甲有藤有角，皆可着用，但铅子俱能洞入，且体重难久，今择其利者，步兵惟有绢甲，用绢布不等，若纸绵俱薄，则箭亦可入，无论铅子，今须厚一寸用绵密缉，可长至膝，太长则田泥不便，太短则不能蔽身，惟舟中可用重甲，盖不行路，不蹈泥田，贼惟铳子可及，非坚不能御。

纸臂手，一幅（图20）。附有说明：

　　纸臂手每一副用布内外四层，若干丈尺，绵花若干，

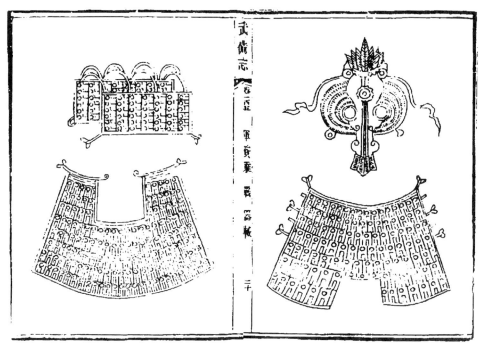

图21　马匹护具

茧纸若干张，绢线若干钱，如北方之铁者，同此则活便轻巧，
俱用整袖，上厚下薄，中有薄处在股曲之间，以便屈伸。

　　我们说人们使用工具和制造用具最早一定是选取最简单易得的
材料，最早的甲使用兽皮和藤条都属于就地取材。经过铠甲制作技
艺和冶炼技术的发展，金属铠甲步入舞台，成为战争的主角。可是
除了上述这些金属、植物材料以及动物毛皮之外，可能大部分人都
想不到，在古代还曾经出现过用绵、纸做的铠甲。而绵、纸运用于
甲胄，充分体现了我国劳动人民的聪明才智，既取得铠甲随身轻便
之利，又避免金属生锈之害。

　　明代《涌幢小品》在"纸铠绵甲"条目中记载："纸铠起于唐宣
宗时，河中节度使徐商劈纸为之，劲矢不能入。"这就是所谓的布
甲和纸甲，看来我们的先人熟知以柔克刚的招数。

此外还有马面帘、马搭后，一幅；鸡项、荡胸，一幅；马半面帘、马身甲，一幅。（图 21）这些都属于对战事中马匹的防护。

程大昌在《演繁露》中写道："三代秦汉以前，军旅多用皮甲，其曰犀兕者是也，然史传所载已有锻金为甲者矣，顾其用者尚少耳。管子曰，葛卢之山，发而出黄金，蚩尤受之以为剑铠，铠即甲也。……然则前乎三代已有金甲矣，若其军旅之所通用，不胜其多，则直锻皮为之耳。许氏说文：铠，甲也，釬，臂铠也，鍪鍜，头铠也。三者字皆从金，则可以知其必以金铸矣。《周礼·函人》所典犀甲、兕甲、合甲，凡三甲也，此三甲者，率皆以皮为扎，扎成坚之以火，故《函人》曰凡锻不挚则不坚已，敝则挠是也……三者惟牛可畜，则可随须随有矣。若犀与兕皆非可畜之兽，其皮亦不可常得也。"

金属铠甲的使用造成军费开支极大，势必成为沉重负担。《五代会要》记载："敕作坊及诸道，造作衣甲器械，今后并不得用金银装饰。"金银装饰用于武备历代皆有，据《典故纪闻》载成化时：

> 军民服色器用，近多僭越，服用则僭大红织金罗叚遍地锦，骑坐则僭描金鞍鞴减银鞦辔，首饰则僭宝石珠翠。今四方丝贵金少，率皆坐此。宜严加禁约，违者即重罪而没入之。此侈风在今更甚，尤宜禁止。

一方面是僭越炫耀，一方面则捉襟见肘。宋代徐度的《却扫编》曾记载这样一件事：

> 刘资政珏靖康间为太常少卿，因检视礼器库，见有故祭服甚多，将建请以为战士衲衣。有老吏谏曰："祭器弊则埋之，祭服弊则焚之，礼也。奈何以为战士衣乎？"刘嘿然无以应。

此前打造铠甲必须是官家，朝廷也有专门造铠甲的工匠，铠甲有一定的形制。《周礼·考工记·函人》载："函人为甲，犀甲七属，兕甲六属，合甲五属。"《五代会要》记载后晋天福二年（937），敕禁诸道擅造器甲。但如此巨大的工作量仅靠官府是难以完成的，从某些文献之中也可以看出民间参与的痕迹。《坚瓠集》载：

> 开元中颁赐边军纩衣，制于宫中。有兵士于短袍中得诗曰："沙场征戍客，寒苦若为眠。战袍亲手作，知落阿谁边。蓄意多添线，含情更着绵。今生已过也，重结后身缘。"兵士以诗白于帅，帅进之。玄宗命以诗遍示六宫，曰："有作者勿隐。"一宫人自言万死，玄宗深悯之，遂以嫁得诗人，仍谓之曰："我与结今生缘。"边人皆感泣。

由此可知绵战袍是可以由民间缝制的。

合体是任何衣服的基本要求，对铠甲尤为必要。《北征录》载：

> 《周礼》有函人之职，《司马法》有甲士之制，朝错以五同论兵甲、弩矢，马燧以短长三制造铠衣士。皆所以避锋镝、全肢体、称大小、便进趋也。然造甲之法，步军欲其长，马军则欲其短，弩手欲其宽，枪手则欲其窄。其用不同，其制亦异，否则拘于定式，昧于从变。肥者束身太紧，甲身则可周后背而前胸不交，甲裙则可闭后膺而前跨不掩，瘦者挂体太宽，挽弓发箭则甲不贴体而胸臆绷扑，有断弦脱笴之忧。挥剑枪刺则甲不附身而腰背松虚，有抵手碍足之患。长者不过膝腕而矢石可及，短者垂及脚面而泥泞不前，小有不便，则拆去甲叶而遗弃不收，大有所妨，则割去全段而抛掷不顾。制作之艰，费耗之广，不几于徒费乎！故君子谨其微于制作之初焉，是谓甲制。

宋以后铠甲就有了明确的生产流程和标准，《宋史》载：

> 缘甲之式有四等，甲叶千八百二十五，表里磨锃。内披膊叶五百四，每叶重二钱六分；又甲身叶三百三十二，每叶重四钱七分，又腿裙鹘尾叶六百七十九，每叶重四钱五分；又兜鍪帘叶三百一十，每叶重二钱五分。并兜鍪一，杯子、眉子共一斤一两，皮线结头等重五斤十二两五钱有奇。每一甲重四十有九斤十二两。若甲叶一一依元领分两，

如重轻差殊，即弃不用，虚费工材。乞以新式甲叶分两轻重通融，全装共四十五斤至五十斤止。诏，勿过五十斤。

而实际情况则会超过五十斤，清《人海记》"战具斤两"一条说：

明制，各边军士从战，身荷锁甲、战裙、遮臂等具，重四十五斤，铁盔、铁脑盖重七斤，顿项、护心、铁胁重五斤，弓撒箭袋重十斤，腰刀三斤半，蒺藜、骨朵重三斤，箭筒一斤，通计七十四斤半。

这也就是说全部军械装备达到七十多斤，当然没有人既佩刀又持箭，由于兵种的不同，会减少一些分量。《明会典》载："又定青布铁甲每副用铁四十斤八两，造甲每副重二十四斤至二十五斤。"

明代的重量单位是斤和两。2013年《首都博物馆论丛》载文《明代衡度单位初探——"一两"有多重》，文中举例说2001年湖北钟祥梁庄王墓出土永乐朝金锭，其铭文为"永乐十七年四月 日西洋等处买到八成色金壹锭五十两重"（即50两）。其实际称重为1937克。1两折合38.74克。北京海淀青龙桥董四墓村明墓出土宣德朝金勺，其铭文为"随驾御用监大明宣德六年八月 晟造金杓一把，用九成色金净重二两四钱五分"（即2.45两）。其实际称重为91克。1两折合37.14克。北京昌平区十三陵定陵地宫出土金香盒，其铭文为"大明万历庚申年银作局制金香盒一个重二十两"（即20两）。其实际称重为733.5克。1两折合36.675克。通过以上三例可知明代一两在37克左右。我们知道明代是十六两为一斤，那么明代一斤约合590克左右。也就是说明代铁甲标称的重量比我们现在的重量还要沉一些。1959年国务院发布《关于统一计量制度的命令》，自此除了中药和黄金的量衡保持十六两为一斤的古制以外，日常生活都开始改为十两为一斤。改革以后斤的重量没有改变，而两的重量变多。

四十至五十斤重的铠甲绝对称得上是重甲了，对于防护十分有利。然而有一利必有一弊，看似重装铠甲威武雄壮无坚不摧，可也有马失前蹄、阴沟翻船的时候，《晋书·马隆列传》载马隆讨凉州："奇谋间发，出敌不意。或夹道累磁石，贼负铁铠，行不能前，隆卒悉被犀甲，无所留碍，贼咸以为神。"本来铠甲就有四五十斤重，遇到磁石，重量必定加倍，自然失去了战斗力。

参考文献：

[1] 白寿彝. 中国通史纲要 [M]. 北京：中国友谊出版公司，2016.

[2] 程大昌. 演繁露 [M]. 北京：中华书局，1991.

[3] 查慎行. 人海记 [M]. 北京：北京古籍出版社，1989.

[4] 顾祖禹. 读史方舆纪要 [M]. 贺次君，施和金，点校. 北京：中华书局，2005.

[5] 华岳. 北征录 [M]// 刘定之，等. 否泰录（及其他四种）. 北京：中华书局，1991.

[6] 李林甫，等. 唐六典 [M]. 北京：中华书局，1992.

[7] 明实录 [M]. 陈仲夫，点校. 北京：中华书局，2016.

[8] 钱谦益. 列朝诗集小传 [M]. 上海：上海古籍出版社，2008.

[9] 日本藏中国罕见地方志丛刊 [M]. 北京：书目文献出版社，1992.

[10] 施和金. 中国古代战争的时空分布 [N]. 中国社会科学报，2010-04-13（014）.

[11] 脱脱，等. 宋史 [M]. 北京：中华书局，1977.

[12] 王溥. 五代会要 [M]. 上海：上海古籍出版社，1978.

[13] 赵与时，徐度. 宾退录 却扫编 [M]. 傅成，尚成，校点. 上海：上海古籍出版社，2012.

[14] 余继登. 典故纪闻 [M]. 顾思，点校. 北京：中华书局，1981.

[15] 朱国祯. 涌幢小品 [M]. 王根林，校点. 上海：上海古籍出版社，2012.

[16] 张廷玉，等. 明史 [M]. 北京：中华书局，1974.

《贼情汇纂》[清]

| 说人

张德坚，生卒年不详，当为咸丰年间人士。字石朋，晚号铁眉，甘泉（今江苏扬州）人。咸丰三年（1853）起，"充湖北抚辕巡捕官"，后为即补县丞。

咸丰三年三月太平天国定都南京，此时张德坚认识到情报工作对清政府的巨大价值，他主动利用当湖北巡抚属下的巡捕官职务之便，多方搜集太平天国内部情况，向包括乡绅、俘虏、难民等各式各样的人搜集太平军情报资料。同年十二月随湖广总督吴文镕进军湖北黄州、诸城，这期间他曾经易装往来于太平军中：

> 所见行阵之士，被掳逃人，受害乡民，不可胜计，留心访究，随时记载，居然成帙。又以供役节辕时屡发俘贼难民，鞫问摘录供词甚夥，遂综核而编辑之成《贼情集要》一册。

与此同时，太平天国的主要对手"湘军"也应运而生。咸丰二年（1852）十二月十七日，曾国藩以在籍侍郎任"帮办湖南团练大臣"。咸丰三年七月，太平军围攻南昌，湘勇与太平军在南昌城下开战，刑部右侍郎黄赞汤在城楼目睹了罗泽南、李续宾的指挥才略和湘勇血战场面。南昌解围，黄赞汤在庆功宴会上提出，湘勇分作中、右两营，罗泽南统领的营队号"玉宇中营"，李续宾的叫"右营"，由官饷供给。"两营称为湘军，湘军名始此"。

这里顺便说一下兵与勇的区别，我们在影视剧、连环画中常见到士兵胸前缀着大大的"兵"或者"勇"的字样，这两者是有很大区别的。简单地说，"兵"是吃官饷的正规军，而"勇"则是靠打仗领取赏钱的"临时工"。

湘军在建立之初已经认识到情报工作的重要性，在陆营十二营中设立总提调，下设向导处和侦探处。咸丰四年（1854）又设立侦探、采编二所，每营湘军都有专门的情报组织以及大量的斥候与探差。斥候是中国古代军中职事，专门负责巡查各处险阻和防护设施，候捕盗贼，后来改称探马或探子。情报工作在湘军与太平军作战中起到了极大的作用，例如在太平军与湘军的武汉战役历次战斗前，湘军几乎都及时侦察到了太平军的动向，做到有备而战。因为情报及时，湘军获得宝贵的反应时间，挫败了太平军攻势，从而在武昌城站稳了脚跟。又如，同治二年（1863）九月湘军彻底完成了对天京（南京）城的包围。曾国荃从李鸿章处得知天京缺粮向苏州求援的情报，湘军便集中精力彻底断绝天京粮道，一方面严厉打击敢于向天京运粮的商贩，一方面切断陆路运输通道，使得城内粮尽援绝，最终于次年七月十九日破城。太平天国自此成为历史名词。

情报之重要由此得到印证，历史证明：知己知彼，百战不殆。中日甲午战争期间日本媒体派出大量的随军记者，得到了很多第一线消息，还为战争准备了情报网，专门从事刺探军情、收集情报的工作。日本情报人员甚至使中国驻日公使汪凤藻落入陷阱，导致清朝的密电码被日方掌握。而直到战后和谈阶段，这份被破译的密电码仍然被使用着。也就是说日方始终知道中国和谈的策略和二亿两白银赔款的底线。若不是李鸿章在返回驿馆途中遭到了日本右翼分子的枪击，引发了国际舆论的哗然，日方绝对不会接受赔款一亿两白银而善罢甘休。

情报工作仅有完整的架构只是第一步，做好情报的关键还是人员。湘军初期由于不了解太平军，加上湖湘人的体貌特征与口音浓重，湘军情报人员极难展开工作，情报收集也经常遭遇挫折。此时张德坚的作用就凸显出来了，因为张德坚是扬州人士，扬州人的外形与口音给了张德坚得天独厚的条件，他多次化装深入太平军占领区侦察、采访。不久，湖广总督吴文镕战败自杀，他愈坚信应当知己知彼，于是他经常鞠问俘虏、走访难民、摘录供词、综核审阅，将所收集情报集成一册，名为《贼情集要》。李元度在与张德坚的唱和诗中赞赏他"贼情指掌能提要"。

张德坚不是为了刻书出名或个人表现，而是为了向清政府高层官员提供情报，以供决策或指挥作战之用。他曾将《贼情集要》送给一些总督、巡抚的衙门，虽然都被收下了，大多还称赞几句，但并未得到真正重视，有的甚至根本不看。咸丰四年（1854）八月，湘军攻克武昌，张德坚得以从江北回到省城。其间张德坚结交了曾国藩的故交刘蓉，刘蓉将《贼情集要》推荐给曾国藩，得到曾国藩的认可，称该书"持论甚为中肯"。曾国藩一向注重情报收集，曾在奏折中说：

> 臣国藩自办理军务以来，于侦探、文报二事，亦尝认真讲求，不敢稍涉疏忽。在衡州时曾遣人探至安徽、金陵一带，及至本年五月始归。又曾买船装炭，用重金雇人放至下游，使贼掳去，以探彼中消息。

知己知彼是军事决策之基础，因此湘军在后勤部门设立"采编所"专门采集"贼情"。曾国藩用所缴获的太平军文书核对张德坚的《贼情集要》，内容吻合、数据呼应。由于张德坚熟悉"贼情"，又有刘蓉的引荐，且曾经效命于吴文镕帐下，吴文镕又曾是曾国藩的会试座师，正是有了这三重关系，张德坚很快得到曾国藩器重，被任命主持湘军采编所，并以总纂官身份编辑《贼情汇纂》。李元度的《东斋诗草序》有"石朋奉檄著《贼情汇纂》"之文，可证此段历史。

当时湘军缴获了大量太平天国文献急待编辑，张德坚受命之后，拟定体例篇目，开始编纂工作。在编纂工作中，曾国藩给予了资料和经费的支持，并将所缴获的太平天国文书悉数交给张德坚，划拨费用给编辑人员。咸丰五年（1855）七月《贼情汇纂》告成。

此后张德坚从湖南入江西，一直跟随曾国藩。张德坚在《曾文正公挽诗》中自注称"随征四载"，由此可知完成《贼情汇纂》以后张德坚有一段时间在曾国藩身边度过。咸丰六年（1856）张德坚因功以知县候补湖北；咸丰七年（1857）离开曾国藩幕府，入湖北为州县佐官。所谓"随征四载"当从咸丰四年（1854）与曾国藩相识并领命编纂《贼情汇纂》算起。

咸丰八年（1858）张德坚因"谋内应未成"，被湖北巡抚胡林翼以"候补知县张德坚居心险诈，民怨沸腾"为由参革。从此张德坚与仕途绝缘。同年七月曾国藩复出领兵，与张德坚相见于湖北蕲州。曾国藩力邀张德坚再入其幕，被张德坚以"公方与胡公共事，不可以一吏生间隙"为词婉拒。后"应三弟之招，入晋省亲"，直到同治四年（1865）才南归故里。后由于曾国藩的极力推荐，张德坚得以在扬州的江北厘金局供职。同治六年（1867）李鸿章奉命督师剿捻，念及张德坚的情报能力，致书曾国藩打听其下落。曾国藩复书云：

> 渠诚血性美才，十年不出，别有智趣。况其母在晋，未得迎养，方亟图此。既荷赏识，或者他日藩令板舆回里，毛生捧檄而喜，未可知也。

此后张德坚虽然对曾国藩时有造访，却再无出仕之心。张德坚以一介小吏之身，充中流砥柱之座上宾，一方面说明曾国藩有笃念故旧之心，另一方面也说明张德坚有不同凡俗之处。得知曾国藩过世的消息，张德坚悲痛欲绝，多年交情，历历在目，二十首挽诗一气呵成，其中一首云：

> 平生血性受公知，回忆浔阳檄调时。筹策屡陈容入幕，军书偶暇或论诗。笑谈莫逆殊忘分，患难相从最可悲。当日同侪尽尊显，一身瓠落数何奇。

张德坚在此诗自注中写道：

> 坚随征四年，上条议十数万言，多蒙采纳。公尝语人曰："昔在九江时，用张石朋条陈，将分攻湖口。兵撤回，实北岸……倘不用此策，或少迟，吾与石朋俱死于是役矣。"

可以说张德坚与曾国藩的情谊是血火铸就的。张德坚以间谍之业跻身史册，而《贼情汇纂》也以情报专集载入典籍。

由于张德坚生平记载较少，只得从《郭嵩焘日记》《曾国藩日记》等文献资料中摘得只言片语罗列而成。

说书

《贼情汇纂》成书于咸丰五年（1855）七月（图1），此书不但成为当时湘军重要的情报之书，也为后人研究太平天国运动留下不可或缺的第一手珍贵史料。因编辑此书的目的在于使"贼中情伪毕见，庶大军剿办愈得要领"，并"注意在能悉贼情，非欲传文字也。虽文如八家，不知贼情，亦复无取，更恐肆才臆造"，故此书中虽然多有诋毁污蔑之词，但是其事件的真实性却得到历史学家的普遍认可。之所以认可此书的真实性，读一下张德坚所写序言便可略知一二，序言谈及获取情报有"六不易知"，把从对手阵营防范的手段到俘虏的心理，从被胁迫乡民的状态到间谍贪利的鲁莽都分析得透彻："有此六不易知，往往因噎废食。……以上难知之数端，要即可知之门径。"张德坚在编辑的过程中也

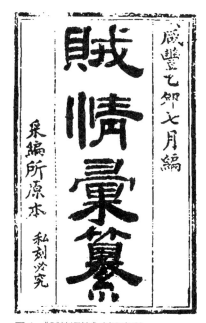

图1 《贼情汇纂》封面书影

采取"广搜博采，多收而严核""删所诬存其实"的原则，确保所书内容的可信度。

是书经过对大量缴获的太平天国文书的采访搜剔、核实补充，由原来的一册扩充为十二卷，约二十余万字。全书分为十二卷，"总目九，分目五十八，附目二十七，图七十一"。

卷一，《剧贼姓名上·首逆事实》记载洪秀全等八王事迹。

卷二，《剧贼姓名下·剧贼事实》记陈承瑢等侯、伯、国宗、丞相、检点、尚书、指挥等人姓名事迹。

卷三，《伪官制》列太平天国官制表，并述太平天国勋阶、陟降、朝内官、军中官、守土乡官、女官、科举、选材之制。

卷四，《伪军制上》分记太平军目、兵册、家册、阵法、营垒、土营情形。

卷五，《伪军制下》记太平军水营、旗帜、器械、营规之制及战术、侦察等手段。

卷六，《伪礼制》记太平天国宫室、印章、历法、朝仪、服饰、仪卫舆马、称呼、饮食。

卷七，《伪文告上》举太平天国诏旨、诰谕、诫谕、训谕、诲谕、札谕、照会、将凭、批示诸文式及其封套式样，并本章、禀奏、禀报、敬禀、禀申、告示诸文式。

卷八，《伪文告下》记太平天国律法、条禁、举官执照、官凭、贡单、门牌、印据、船票、船牌、封条诸式及讳字、隐语、联句诸文字。

卷九，《贼教》略述太平天国印书十九种，并记太平天国礼拜仪式、犯戒刑罚、宣讲道理之事。

卷十，《贼粮》记太平天国经济制度，分贡献、掳劫、科派、船运、关榷、交易、口粮、仓库、铸钱等项。

卷十一，《贼数》考太平军官额、伍卒额数，及"老贼""新贼"、掳人、逃亡、童子兵、女官、女军各数。

卷十二，《杂载》采辑有关太平军传闻、述记之说，所据资料来源均予注明。

书中辑录了大量的太平天国文献书籍，并能存其真实面貌。太平天国失败以后，其原始文献被清廷毁灭后留存下来的极少，《贼情汇纂》中辑录的文献，成为后人研究太平天国历史重要的原始资料。纵观其书，特点有三：真实可信，全面系统，客观分析。例如第二卷几乎可以看作是太平军的人事档案，籍贯、职务、经历、性格、社会关系、外表特征，一应俱全。又如通过洪秀全、杨秀清等太平天国领导人在定都天京以后思想倾向的分析，预言"似不久必有内讧之事"，判定了太平天国已经快要走到由盛转衰的临界点。

《贼情汇纂》一书记载了太平天国包括政治、经济、军事、文化、宗教、法律各个方面的情况，涉及了太平天国重要人物、官制、军制、礼制、宗教、粮食、服饰等内容，叙事翔实，不加润色。对服饰、印章、旗帜、文告等"凡不易述者，皆绘图系说"。有研究者表示："抛开其学术价值，它在中国情报史上也是一部里程碑式的作品。"

说图

关于太平天国的服饰内容载于《贼情汇纂》第六卷，作者用了近4000字对太平天国从广西至长沙、从武昌至江宁一路上有关服饰状况的杂闻琐记进行了比较细致的描写，而在文末对在不同地域见闻的提供者也记录在案，以证实所言不虚。同时文中也注明若干材料来源所在以及所绘图形的依据："一应伪制及式样或曾见俘物，或考自伪文告。又伪书中角带字样，难民迄未见过，故不叙。"其认真严谨之态度可见一斑。

从张德坚所记录的文字看，服饰一节涉及太平天国的等级序列、服饰标志、着装情况、军戎面貌以及不同时期对服装为财富的认知与态度。这让我们从另一个侧面了解太平天国军需的困乏以及气候

图2　角帽

对其的巨大影响。

　　文中对服饰的记录从太平天国广西到长沙这一阶段开始，起义军"皆布衣蓝褛"，其起义标志不过是"缝数寸黄布于衣襟，以为记号"，太平天国首领洪秀全、杨秀清等"亦止红袍红风帽而已"。其官阶只是"以包巾分别新旧与尊卑"，兵士皆扎红头巾，军官则使用黄头巾；下层军官用布巾，上层军官用丝绸。而官阶每大一级，则头巾垂带就拖长一寸。其余百姓无论男女一概扎蓝布巾。中国自古崇尚红色，太平天国也不例外。还有黄色，在历史上以黄色为起事标志的农民起义也不是绝无仅有，东汉晚期的农民战争也是以黄巾为标识。细究起来，盖红、黄二色皆为纯色，亮丽醒目，故经常作为标识色来使用。而以所使用材料的优劣来区别等级也是传统方式，皇家、社稷、军队、宗教，概莫如此。

　　上图角帽（图2）又名金冠、朝帽。王戴金冠，官戴朝帽。

　　　　金冠皆以纸骨为之，雕镂龙凤，粘贴金箔，即戏班盔头也。洪逆冠如圆规纱帽式，上缀双龙双凤，凤嘴左右向下，衔穿珠黄绥二挂，冠后翘立金翅二，冠前立花绣冠额一，

> 如扇面式，亦绣双龙双凤，上绣满天星斗，下绣一统山河，
> 中留空格，錾金为"天王"二字。

从洪秀全的冠式看得出其志向远大，太平天国运动也的确如暴风骤雨般在两年内就席卷全国，攻占江宁，定都"天京"。其疆域曾占有中国的半壁江山，其势力发展到十八个省，实际控制的区域发展到二十三个州府，总面积超过一百五十万平方公里。

文中还一一详述了杨秀清、韦昌辉、石达开的冠式"如古制兜鍪式"，其冠上或"竖一缨枪"，或"为小黄伞盖"；冠额或"双龙双凤"，或"双龙单凤"，皆"中列金字伪衔"。

> 伪国宗朝帽同各伪王式，如韦姓则从韦逆之制，但额
> 字必标明某国伯、某国兄。

从此行简短文字中我们似乎可以窥见太平天国派系之争的端倪，在同一义军之中，以首服来明确标注其派系，无形之中就留下了日后争斗的祸根，焉有不斗不争之理。

> 伪侯伪丞相朝帽如无翅正方纱帽式，亦系纸骨贴金，
> 上缀双龙单凤，龙头向下，亦衔贯珠黄绥二挂，帽额绣百
> 蝶穿云，中列伪衔。自伪检点至伪两司马朝帽，皆兽头兜
> 鍪式，如检点指挥兜鍪，上缀一狮，左右各缀一龙，中缀
> 一凤，帽额绣百蝶穿花，中列伪衔金字，至检点止，指挥
> 以下伪官衔绣红字。

其后，文中又列举将军总制、监军军帅、师帅、旅帅、卒长、两司马的朝帽制式。特别指出帽上以龙的数量区分等级。以上朝帽之制度当然是太平天国后期逐渐完善起来的。

随着起义军不断北上，到达武汉繁华之地，这些从广西大山中走出来的农民，"所得鲜衣华服、貂褕狐裘，虽觉华丽可喜，然多不能辨识"。于是胡乱穿衣，铺张起来：

> 有裂妇女红蓝裙裤以帕首者，拆金绣挽袖以系腰者，
> 有贼妇而着男子马褂，穿厚底镶鞋者，有男贼而着妇人阔

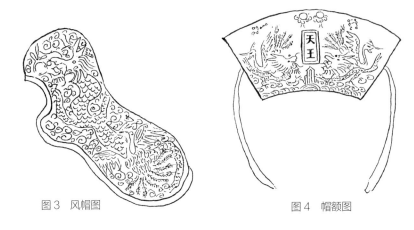

图3　风帽图　　　　　　　　　　　　　　图4　帽额图

袖皮袄者，更有以杂色织锦被面及西洋印花饭单裹其首者，
青黄红绿，错杂纷披。

由于军需供应的不足，许多起义军士兵将掠得的貂裘绸缎长衣齐腰剪断，改为窄袖短袄，或对襟坎肩，以便于作战。初到大城市，面对数量如此之多的布帛衣物，铺张浪费之风也不自觉地蔓延起来。

海龙紫貂之袖，则用以抹桌。……时当雪后泥泞，以
被褥帐幔之属，铺垫通衢。其单夹纱罗衣衫一时无用，则
各伪府用以铺地，往来践踏略不顾惜。至靴帽领袖并剪剩
半截衣，及一切铜锡瓷器，随处抛弃，填塞沟池巷道几满。

由武昌下窜，船只多载妇女，群贼皆各携刀械陆行。
始爱衣饰华美，尽数背负，既而力不能胜，则沿途抛掷，
久之身着重裘过燠，汗出力绵，举前截改之短衣一并撩弃。
贼过之后，衣衫被褥狼藉原野。

这一切都反映出指挥者的组织不力、训诫不足，这是农民战争的局限与落后。文中同时也客观地分析出农民军虽然始爱华美，但行军作战不似家乡可以囤积财富，因此才开始铺张与暴殄。

风帽（图3）是起义军此时的等级标志和装备之一，我们在历史题材画作中也曾经见过。起义军头目戴全黄风帽，王亲属戴全红风帽，其余军官皆戴红风帽，但以黄边装饰，并以黄边宽窄定官职

大小。此时起义军官职等级还比较少，另用一小块白绫或写或绣，揭示官职并标于帽额正中。

当起义军来到江宁地区，这里乃锦绣缎匹出产之地，其繁华程度更胜于湖北。此时太平天国已经定都，有功之臣逐步增多，官阶更加繁杂起来，于是开始变易其服饰制度，利用服饰制度彰功表德。对自起义相从者，有军功建立者，给予加官进爵或服饰表彰。

> 平时戴风帽者谓之功勋加一等。又自金田起至永安州止，相从之贼不拘有官无官，俱谓之功勋，准着黄马褂，朝帽额中写"功勋"二字，职同伪总制。永安州至岳州相从者，自将军以下至师帅，皆红袍红马褂，以上则红袍黄马褂，有功小官亦有赏黄马褂者。凡穿袍有喜庆朝会大事则戴盔，名之曰角帽，故有典角帽衙。

提起黄马褂，人们自然联想到清朝廷的侍卫服装，但一般说来，这种武功褂子在道光朝以前较少看到，慈禧太后执掌政权后则为数甚多。依蒋良骐《东华录》里记载，嘉庆十年（1805）二月丙辰，引乾隆四十一年（1776）四月谕时，所列赏功的方式还没有提到黄马褂。因此，这种黄马褂应该是咸丰朝以后才开始盛行的。清朝时对服饰的穿用有严格的规定，但侍卫却可以享受到一些特殊的待遇。如四品官以下不得用端罩，武官三品以下不得用绿貂朝衣，武官五品以下不得用朝珠，但以上规定对侍卫官除外。清朝前期，如不任内廷侍卫职务者不许戴花翎。因此很多人将花翎视作一种身份地位的象征。如施琅平台后愿意以侯爵换花翎被兵部拒绝，康熙帝因为他的战功和对皇帝的忠心才格外恩宠赐了花翎。黄马褂即明黄行褂。清昭梿《啸亭续录·黄马褂定制》载：

> 凡领侍卫内大臣、御前大臣、侍卫、乾清门侍卫、外班侍卫、班领、护军统领，前引十大臣皆服黄马褂。

明黄是帝王专用的颜色，象征皇权，严禁其他人使用。"明黄"就是"淡黄"，是当时帝王专用的颜色，一般贵族或宫妃只能用"金

图5 龙袍图

图6 马褂职衔图

黄色"（即"深黄色"），平民最多只能用"杏黄色"（也即"红黄色"）。黄马褂共有四类：行职褂子、行围褂子、武功褂子、特使特赐。

大臣被赏穿黄马褂是一种相当难得的殊荣。侍卫以天子侍从身份而得以使用，也是一种特殊的政治待遇。黄色衣服侍卫主要出现在清朝，是大内侍卫、皇帝亲军，黄衣是黄马褂，就是要区别于其他侍卫，多为一等侍卫，由满族大臣的子孙担任为多。黄马褂是有具体形制的，一般而言，侍卫及打猎与比武赏穿的黄马褂的纽襻为黑色，而武将和文官穿用的黄马褂的纽襻则为黄色（和所赐马褂同样颜色），以此表明后者要比前者更为尊贵一些。

龙袍（图5）的出现标志着太平天国服装制度的确立，同时也意味着这场农民起义极盛而衰。本来太平天国就实行严格的等级制度，讲究级别、职务，而伴随着服装制度建立，此时的首领们开始分心于权力的再分配，用心于高层内讧，醉心于声色犬马。早期太平天国官制严谨，逐级提拔都以战功为标准，而此时却不断排斥异己，提拔亲信。

太平天国的失败固然有复杂的原因，但是内部的分裂以及严重的腐化直接导致了太平天国开始走向下坡路。

文中记载其袍服样式：

> 洪逆黄缎袍，绣龙九条，杨逆绣龙八条，韦逆绣龙七条，石逆绣龙六条，秦胡二逆绣龙五条，伪国宗绣龙从各伪王制，伪侯、伪丞相绣龙四条。伪检点素黄袍，伪指挥至两司马皆素红袍，其等差则于黄红马褂内分别。洪逆黄马褂绣八团龙，正中一团绣双龙，合九龙之数，杨逆绣八团龙，韦石秦胡四贼皆绣四团龙，自伪侯至伪指挥皆绣两团龙。自洪逆至指挥皆于前面正中一团绣伪衔于其中，伪将军至伪监军黄马褂前后绣牡丹二团，伪军帅至伪旅帅红马褂前后绣牡丹二团，俱绣伪衔于前面团内，伪卒长两司马红马褂，不绣花，前后刷印二团，书伪衔于团内。其伪衔之字亦分金字、红字、黑字，如帽之制，皆由各典袍衙、绣锦衙制造，此伪服之制也。

看了这样的服制，早已不见昔日那种"缝数寸黄布于衣襟，以为记号"的简单，亦失去了以往"红袍红风帽"的干练，起初"洪杨诸首逆亦自敝衣草履，徒步相从"，而自武昌始创卤簿仪仗以后，"则侈然自得，踵事增华"，这还怎么指望兵士们打仗能"短衣赤足，取其登涉轻便"呢？如同本书《伪朝仪》一节所分析的那样：

> 夫首逆数人起自草莽结盟，寝食必俱，情同骨肉。且有事聚商于一室，得计便行。机警迅速，故能成燎原之势。今踞江宁，为繁华迷惑，养尊处优，专务于声色货利，往之倚为心腹股肱者，今乃彼此暌隔，猜忌日生，禁令则徒立科条，军务则全凭文告，气脉不通，已成麻痹不仁之象，贼之灭亡，可烛照而数计矣。

书中对于太平天国的服制提出两点疑问，其一是认为其冠服初皆攫自戏班，属于任意造作，缺乏文化内涵，并例举起义军攻克岳州，获得绣龙黄袍、黄马褂，上绣有"承宣"二字（图6），团龙黄马褂

图7 凉帽样式图

及织金团龙黄马褂，錾金为字，"制尤侈僭"。"承宣"是明清两朝的地方行政机关"承宣布政使司"的简称，意涵取自"朝廷有德泽、禁令，承流宣播，以下于有司"。明朝时，布政司、按察司、都司合称为"三司"，皆为省级行政区最高机关，三司首长同秩同阶从二品。清朝灭亡明朝后，沿袭明制。袍褂上绣"承宣"二字应该不属于太平天国的服制，故本书作者认定其来源于戏班。其二，是起义军穷工极巧，标新立异，奢侈已极，一冠袍可抵中人之产。而且既有"虽任伪官，并不能一服伪官冠服"的情况，也有"被胁为伪官者，虽尊至指挥，仍敝衣粗服，视伪冠服如桎梏"的现象。由此看来太平天国的服制基本上是在高层运行，在基层部队或许根本无法贯彻执行。

上图（图7）所绘凉帽为夏日所戴。四周帽檐如同莲花瓣，帽顶四面挖空呈现如意云头形状。而角帽上所有龙凤狮虎的造型，皆移植到凉帽之上。凉帽后缀一长柄五彩圆光如图，下缀黄绥、绿绥，拖出冠外。凉帽以薄竹片编扎，以五色纱绸外饰。

书中还记载了一些看似小事的礼仪、习俗之风，例如《伪朝仪》一节载：

> 逆贼无参拜揖让之仪，凡打躬叩首皆呼为妖礼。虽贼
> 礼拜敬天父，群下朝洪逆，亦止长跪，其余伪官互见，平

行并无礼节。官降一等，卑者跪白事，尊者坐受之，跪后
仍杂坐谐谑。尊者自外入，卑者但起立、让坐、奉茶而已。

而当规整的服装制度制定下来以后，起义初期这种较为随意且
相对简易的礼俗必会荡然无存，代之以隆重而等级更为森严的仪式。

贼初呼靴为妖服，只准着鞋。近立典金靴衙，制红黄
缎靴，亦有定制：靴皆方头，洪、杨、韦三逆皆黄缎靴，
绣金龙，洪逆每只绣九条，杨逆每只绣七条，韦逆每只绣
五条，石、秦、胡三逆素黄靴，伪侯至指挥素红靴，伪将
军以下皆皂靴。其女官冠服如男制。

一支队伍从赤脚攻城拔寨开始，到为首领头目设立"金靴衙"
严格管理靴制，这既可以视为一种进步，也可以看出其中的衰败。
说到底太平天国所要建立的依然是一种按照封建国家运行轨道行事
的架构，逃不脱帝王意识的窠臼。

说到方头鞋，沈约《宋书》有云："初作履者，妇人圆头，男
子方头。……晋太康初，妇人皆履方头。"古人认为"妇人履方头"
属于"服妖"。而太平天国女官亦履方头靴，
这或许是一种巧合。

随着奢靡之风的蔓延，起义军的贪财享
乐渐成风气，由此带来各官争奇斗富，兵士
贪图安逸。书中记载有：

女官尊者则金玉条脱两臂多至
十数副，头上珠翠堆集；官渐卑，
则金玉珠翠亦渐少矣。

夏日多以掳来男女绸绉衣裙，
改为窄袖衫，宽脚裤。

其无职群贼短发者打红辫线，
发长过尺，或挽髻贯以妇女银簪，
并有扎网巾及批发者。

图8　帽额内职衔图

鉴于此风日盛，为防止下人私自隐匿财富，太平天国不得不严格立法，严加防范：

> 检点以上方准代（带）金条脱，其余惟准带银镯、银指环。然银镯分两亦有轻重，如军帅以下不得过五两，旅帅以下不得过四两。不准私藏丝毫金银以及剃刀，倘或搜出，谓欲变妖，轻则捶楚，重必斩首。所得首饰金珠，不准昧匿，必令层层进献，归之伪王圣库后已。

读罢此书，掩卷深考，借古思今，回味长久。太平天国，揭竿而起，动摇帝国，定鼎江宁。由盛及衰，不脱旧轨，历史经验，可叹可鉴。

参考文献：

[1] 郭嵩焘.郭嵩焘日记 [M].长沙：湖南人民出版社，1981.

[2] 李元度.天岳山馆文钞 [M].北京：朝华出版社，2018.

[3] 大清文宗显（咸丰）皇帝实录 [M].台湾：华联出版社，1964.

[4] 沈约.宋书 [M].北京：中华书局，1974.

[5] 曾国藩.曾国藩日记 [M].唐浩明，编.长沙：岳麓书社，2015.

[6] 昭梿.啸亭杂录 续录 [M].冬青，校点.上海：上海古籍出版社，2012.

[7] 朱树谦.关于《贼情汇纂》的作者及记事下限 [J].扬州大学学报（人文社会科学版），2006，09（05）：85—88.

[8] zmf奥陌陌.湘军与太平军的情报战 [EB/OL].http://www.360doc.com/content/17/1005/13/33184621_692378070.shtml，2017.

[9] 邓亦武.咸丰三至五年湘军的情报工作与镇压太平天国战争 [J].益阳师专学报，1998（03）：28—32.

《陆军衣制详晰图说》[清]

说人

在动荡的晚清，统治阶层的一次次决策对国家时局的变化走向起到了决定性的作用，在这样的历史背景下，《陆军衣制详晰图说》并非单一文人的著作，而是包含了晚清政治、军事、时事的历史产物。促成这一书册产生的正是晚清政府的权力中心，对其中有关重要人物的解读有助于理解贯穿晚清新军服制的历史脉络，就本篇内容而言，关键人物有光绪皇帝、慈禧皇太后、爱新觉罗·奕劻、袁世凯等。

光绪皇帝，清德宗爱新觉罗·载湉（1871—1908），清朝第十一位皇帝，在位三十四年中，对日本主战与主持戊戌变法为其主要历史贡献。中日甲午战争中，光绪皇帝主战，却受到保守派的阻挠，战争又因朝廷的腐朽控制而失败；此后他极力支持维新变法，于光绪二十四年（1898）实行"戊戌变法"，再次受到保守派的反对；后因袁世凯出卖，被慈禧太后幽禁在中南海瀛台。此后，晚清政局动荡继续，就在《陆军衣制详晰图说》奏折呈上后的第三年，光绪皇帝驾崩。

慈禧皇太后（1835—1908），叶赫那拉氏，晚清政权的实际统治者。光绪二十四年发动戊戌政变，斩杀戊戌六君子，幽禁光绪皇帝。光绪二十六年（1900），农历庚子年，英国海军中将西摩尔率领英、美、法、俄、德、日、意、奥八国组成的侵略联军，由天津租界出发，进犯北京，"庚子国变"爆发，继而八国联军攻占紫禁城。次年辛丑年，清政府与西方列强签订了中国近代史中赔款数目最庞大、主权丧失最严重的不平等条约《辛丑条约》。而在此后，时局所迫，慈禧皇太后统治下的清政府开始实行新政，力图在军事、官制、法律、商业、教育和社会等方面进行一系列系统性改革。虽然新政并未扭转局面，但仍对中国社会的近代化起到了明显的推动作用。在这其中，编练"新军"正是清政府新政的主要内容之一。作为新军服装制度的奏定材料，《陆军衣制详晰图说》奏折中奏请"皇太后"，为请慈禧皇太后审阅批复。光绪皇帝驾崩后，慈禧选定溥仪为新的皇帝后于次日去世。此后，有关新军服制各项奏定的奏折皆送由宣统皇帝溥仪批复，详见本篇后续小节。

爱新觉罗·奕劻（1838—1917），铁帽子王，晚清宗室重臣，满洲镶蓝旗人。八国联军侵华次年，奕劻受命与李鸿章代表清政府签订《辛丑条约》。光绪二十九年（1903），任首席军机大臣，仍总理外务部。《陆军衣制详晰图说》正是这期间，奕劻总理练兵事务的奏定折册。后宣统三年（1911），清政府裁撤军机处，改设内阁，奕劻任内阁总理大臣。辛亥革命爆发，袁世凯复辟后，奕劻离任首相而改任弼德院总裁，至清朝灭亡，迁居天津。

袁世凯（1859—1916），中国近代政治家、军事家，在晚清推行新军军制过程中发挥着实操性的作用。袁世凯接任统领定武军后，改称新建陆军，《新建陆军兵略录存》卷一中记载："先就定武军步队三千，炮队一千，马队二百五十，工程队五百，照新军章制，归并编伍……合为步队五千，炮队一千，马队五百，工程兵五百，先行试练。"大规模的部队在协调作战中，对先进军服服制的需求更加明显，而新建陆军在军制上效仿德国的同时，也含有旧军制的残余成分，这些都反映在新式军服制度上，于是形成了变化过程中的晚清新军服制特色。由袁世凯参与上奏的《陆军衣制详晰图说》即图文并茂地申明了这一新的服制形式。此后，袁世凯积极推动晚清包括新军改革在内的新政。1911 至 1912 年，辛亥革命期间逼迫溥仪退位，袁世凯成为中华民国临时大总统；1915 年宣告复辟，同时遭到各方反对并引发护国运动，于次年去世。

说书

　　1840 年鸦片战争爆发，伴随着由封建社会向半殖民地半封建社会的转变，中国的历史进程步入近代史。直至 1949 年南京国民党政权覆亡、中华人民共和国成立，一百多年政权更迭的动荡与改革图新的探索共同造就了这一时代转变。本篇以图解《陆军衣制详晰图说》即奏定新建陆军服制形式的奏折，这变革中的重要一笔为立足点，在晚清军制、政治与社会风云变幻的背景下，解读新军服制之意义与《陆军衣制详晰图说》之价值。

　　《陆军衣制详晰图说》（图 1）为中国历史博物馆（现中国国家博物馆）馆藏奏折书册。全册共一百一十五页（含外封），其中，第一、二页为外封，第三页至第十二页为申明奏疏原因书文，第十三页至第九十页为陆军服制内容名称及图示，第九十一页至第一百一十四页为与服制图示内容相应的说明书文，第一百一十五页附陆军官职表。绘图设色，文字均由楷体书写。奏折于光绪三十一年（1905）正月二十四日，由时任总理练兵事务大臣和硕庆亲王奕劻、会办练兵大臣直隶总督袁世凯、襄办练兵事务兵部左侍郎铁良、协办大学士兵部尚书裕德、署理兵部尚书成都将军长庚等人奏定，上奏光绪皇帝、慈禧皇太后。奏折首页有藏书印两枚。

图 1 《陆军衣制详晰图说》外封

本篇通过《陆军衣制详晰图说》的内容图解，参考相关历史文献，分晚清新军背景、新军军制改革即新军服制的产生条件、新军服制的内容与特征以及意义与影响四个部分进行解读。

光绪二十年（1894）甲午战争爆发，清政府战败，拥有亚洲最大吨位的北洋水师的全军覆灭宣告了历时三十余年的洋务运动与近代化成果的失败与付诸东流。战败后的清政府于次年签订《马关条约》。如恩格斯评论所言：

在陆地和海上打了败仗的中国人将被迫欧化，全部开放它的港口通商，建筑铁路和工厂，从而把那种可以养活这亿万人口的旧体系完全摧毁。过剩人口将迅速、不断地增长——从土地上被赶走的农民奔向沿海到别的国家谋生。（恩格斯《致劳·拉法格》）

帝国主义资本输出、分割世界的侵略需求撕开了晚清政治昏聩的伤口，割地、赔款及其他不平等条例使晚清社会处于屈辱的桎梏之中，中国社会半殖民地化的程度被迫加深。民众中激荡着反抗的情绪，民族危机空前紧张，统治阶层也终于认清军事的失败原因不仅是战略失策与后备不足，在战争溃败多项混杂的综合因素中，清军军制的落后已成为不可回避的问题。其实，早在光绪十年（1884）洋务派已有官员指出，富强须"具有体用"，清军的枪炮为"用"，而官员却仅仅看到"西洋火器之精""功效之速"（《洋务运动》丛刊，第三册）。然则："中国遗其体而求其用，无论竭蹶步趋，常不相及，就令铁舰成行，铁路四达，果足恃欤？"（《张靖达公奏议》卷八）

至此，统治阶层终于将"体"的改革提上日程，在行动上，进行军事体制的改革，即编练新军。

新军编练开始自光绪二十年（1894）冬，止于辛亥革命。筹划初期，"督办军务处"奏准胡燏棻编练新军十营共4750人（步兵3000人，炮兵1000人，马兵250人，工程兵500人），于光绪二十一年（1895）成立，号"定武军"。同年十月，定武军移驻靠近天津，胡燏棻调任督办津芦铁路，定武军改由温处道（清代中国浙江省行政区划之一）袁世凯接练，改名为"新建陆军"，在定武军 4750 人的基础上增至 7000 余人。另署两江总督张之洞编练"自强军"。军队在组织体制上逐渐接近西方的近代军队组织体制，依照德日制度，由德国人为主的洋人教习；在兵种构成上，增加了兵种，初步形成近代多兵种合成部队，每个兵种内部增加分工层次，各有专门职责。炮队分重炮队、快炮队、后备队，各队武器装备与作战职能各不相同；工程队有桥梁、要塞、修械、测绘、布雷、电报等六种分类。此编制原则与中国传统的军队编制组织有着明显的区别，以往绿营、勇营各军备实行混合组编，更无工程兵等专业战辅作战部队。模式单一的部队组合构成形式，势必无力抵抗近代化方式作战部队的进攻。而新军采用德国先进的军队组织结构，由步兵、骑兵、炮兵、工程兵组合成为适应近代化战争需要的部队，同西方军队的军事编制一样，多兵种协同作战，这就改变了旧式部队分工混杂、职责不专与效能低下的状态，从而使官兵各司其职、各有所长，更有利于战略指挥的部署落实，也利于战场上武器设备发挥应有的作用。之后新军成为晚清政府最后一支有战斗力的正规军，如鲍威尔所言："直到 1911 年革命到来以前的这一段时间，实际上中国的正规军队是陆军。这是一支比它的前辈都远为优越的军队。"

在这势必革故鼎新的新式军制中，也包含了新的军备服饰制度，《陆军衣制详晰图说》由此而来。

说图

《陆军衣制详晰图说》产生于晚清军事制度改革，军事制度的改革是清政府企图破解窘迫国际形势的尝试，也是国内军事事务长期落后而急需调整的必然需求。其中提到：

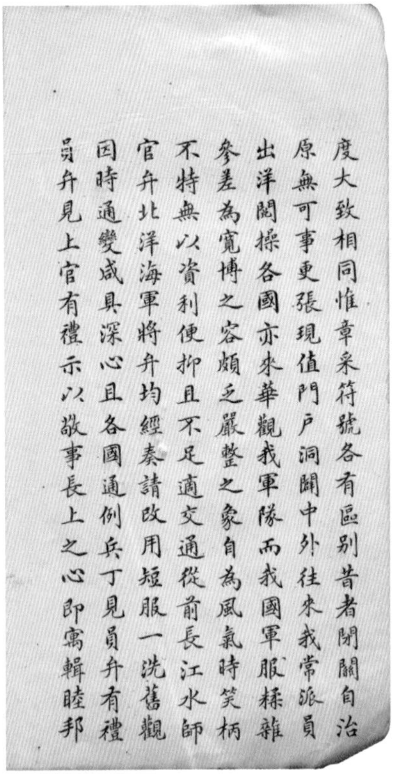
度大致相同惟章采符號各有區别昔者閉關自治
原無可事更張現值門户洞闢中外往來我常派員
出洋閱操各國亦來華觀我軍隊而我國軍服糅雜
參差為寛博之容頗乏嚴整之象自為風氣時笑柄
不特無以資利便抑且不足適交通從前長江水師
官弁北洋海軍將弁均經奏請改用短服一洗舊觀
因時通變咸具深心且各國通例兵丁見員弁有禮
員弁見上官有禮示以敬事長上之心即寓輯睦邦

图 2 《陆军衣制详晰图说》奏折页

朝廷经武整军，力图自强之至意。查东西各国军衣制度，大致相同，惟章采符号各有区别。昔者闭关自治，原无可事更张，现值门户洞辟，中外往来，我常派员出洋阅操，各国亦来华观我军队，而我国军服糅杂参差，为宽博之容，颇乏严整之象，自为风气，时笑柄……因时通变，咸具深心。且各国通例，兵丁见员弁有礼，员弁见上官有礼，示以敬事长上之心，即寓辑睦邦交之意。

可见，以往军服连同军队战备状态均松散而不成系统，这不仅直接对战场作战产生恶劣影响，也使清朝在国际范围内的军事事务交流中缺乏底气，清帝国的国际形象于军事军备风气之劣中备受嘲讽，而军队服制的革新正是改变这一局面的有效举措。

进行新军服制度的制定，需先有明确的新式军队编制。

光绪三十年（1904），清政府批准了《陆军营制饷章》《陆军学堂办法》，这是中国近代军事历史上意义重大的两项军事政策章程，也为晚清新军军制的形成奠定了基础。新军主要效仿采用德国陆军的编制。其中，新建陆军是中国近代最早采用西方陆军编制的军队，按照其营制，有步兵八营、炮兵二营、骑兵二营、工程兵一营，实际设步兵五营、炮兵一营、骑兵一营、工程兵半营。（郭亚平《论晚清新军军制》）

具体来看，新建陆军步兵营分四队，每队三哨，每哨六棚；炮兵营分左队、右队、接应队，每队三哨，左队每哨九棚，装配重型

陆军官职表

等级	军官	军官任职	军佐	军佐任职	附记
上等　第一级从品	正都統	總統			
上等　第二级正二品	副都統	統制			
上等　第三级从二品	協都統	統領　統帶　教練管帶	總參謀官　工隊參領官　鎮隊協領官	護軍領	
中等　第一级正三品	正參領	正參謀官	總軍械官　總軍需官　總軍醫官　總執法官	中軍官	總馬醫官　等書記官
中等　第二级从三品	副參領	一等參謀官	正軍械官　正軍需官　正軍醫官　正執法官	副官　同副參領	正馬醫官　二等書記官
中等　第三级正四品	協參領	二等參謀官	副軍械官　副軍需官　副軍醫官　稽查官　軍樂隊官	執事官　同協參領	副馬醫官　三等書記官　軍樂排長
下等　第一级正五品	正軍校	三等參謀官　查馬官	軍械長　軍需長　軍醫長	執事官　同正軍校	馬醫長　書記長　司樂長
下等　第二级正五品	副軍校	排長	軍械長　軍需長　醫生	掌旗官　司事生　同副軍校	馬醫生　書記生　司樂長
下等　第三级从五品	協軍校	司務長		同協軍校	司書生

图 3　《陆军衣制详晰图说》中附《陆军官职表》

炮十八门，右队每哨八棚，装备快炮二十四门，接应队每哨六棚，装备马炮十八门；骑兵营四队，每队三哨，每哨四棚；工程营分桥梁、要塞、修械、测绘、布雷、电报队；指挥机构设有督练处、教习处、粮饷局、军械局、转运局、侦探局等部门。（《清代档案史料丛编》卷十）

　　陆军官职分编以《陆军衣制详晰图说》中的《陆军官职表》为准，如图 3。

图4　陆军军官帽正、军官衣领飞蟒、目兵帽正图

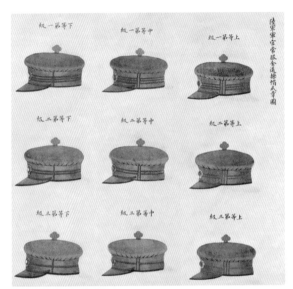

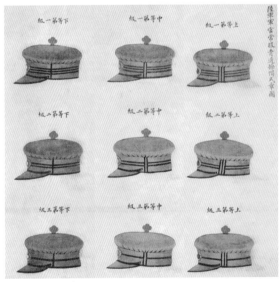

图5　陆军军官常服金道操帽式章图、常服青道操帽式章图

上等第一级军官（从一品）为正都统，职任总统；上等第二级军官（正二品）为副都统，职任统制；上等第三级军官（从二品）为协都统，职任分统领、总参谋官、炮队协领官；中等第一级军官（正三品）为正参领，职任统带、正参谋官、工队参领官、总军械官、护军官；中等第一级军佐同正参领，职任总军需官、总军医官、总执法官；中等第二级军官（从三品）为副参领，职任教练、一等参谋官、正军械官、中军官；中等第二级军佐同副参领，职任正军需官、正军医官、正执法官、总马医官、一等书记官；中等第三级军官（正四品）为协参领，职任管带、二等参谋官、副军械官、参军官；中等第三级军佐同协参领，职任副军

需官、副军医官、正马医官、二等书记官；下等第一级军官（正五品）为正军校，职任督队官与队官、三等参谋官、查马长、军械长、执事官；下等第一级军佐同正军校，职任军需长、军医长、稽查官、军乐队官、副马医官、三等书记官；下等第二级军官（正六品）为副军校，职任排长、掌旗官；下等第二级军佐同副军校，职任司事生、医生、司号官与军乐排长、马医长、书记长；下等第三级军官（正七品）为协军校、司务长；下等第三级军佐同协军校，职任司号长、马医生、司书生。

配合各项新军编制，新军服制不同形式的制定划分由此而来。

《陆军衣制详晰图说》中主要针对军队编制内军官服饰的礼服、常服服制进行说明，详解分图示与文字叙述两部分，先图后文，清晰直观。

图示共二百零九幅，内容含：

陆军军官帽正图（一图）、衣领飞蟒图（一图）与陆军目兵帽正图（一图），如图4。

陆军军官常服金道操帽式章图（上等、中等、下等各分三级，共九图）、常服青道操帽式章图（上等、中等、下等各分三级，共九图），如图5。

陆军官弁军裤记号图（分上等、中等、下等三级，共三图）、陆军官弁礼服袖章图（上等、中等、下等各分三级，共九图），如图6。陆军官弁礼服肩章图（上等、中等、下等各分三级，共九图）、陆军军佐礼服肩章图（中等分三级、下等分三级，共六图），如图7。

另有陆军军佐礼服袖章图（按不同职务的中等、下等各自分级，共二十五图）、陆军参谋官礼服常服记号图（一图）。

领章另有陆军官弁礼服领章图（上等、中等、下等各分三级，共九图）、陆军军佐礼服领章图（中等分三级、下等分三级，共六图）。袖章另有陆军官弁常服袖章图（上等、中等、下等各分三级，共九图），又有陆军军佐常服袖章图（按不同职务的中等、下等各自分级，

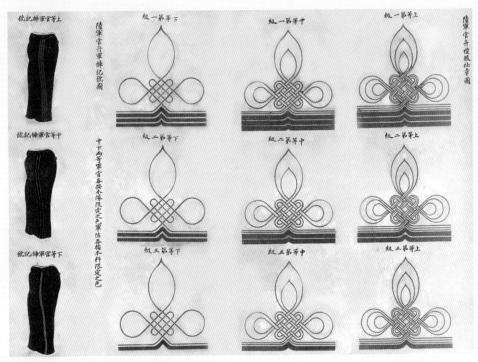

图6　陆军官弁军裤记号图、陆军官弁礼服袖章图

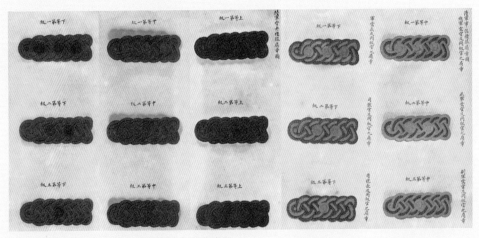

图7　陆军官弁礼服肩章图、陆军军佐礼服肩章图

共二十五图）。

陆军军佐常服分为银道操帽式章图（中等分三级、下等分三级，共六图）、青道操帽式章图（中等分三级、下等分三级，共六图）。另有识别带图（一图）、值日带图（一图）。

弁目兵服图式又分陆军马弁目礼服常服肩袖各章图（按袖章、肩章、记号图类划分，共三图）、陆军弁目兵礼服袖章图（按不同职务划分，共三图）、陆军弁目兵礼服肩章图（按不同职务划分，共二十九图）、陆军目兵常服右臂记号图（按不同职务划分，共三图）、陆军匠夫军衣记号图（按不同职务划分，共十图）、陆军弁目兵夫操帽式章图（按不同职务或等级划分，共十四图）、特征颜色图（按兵种、职务划分，共十图）。

图式均与文字说明布局结构统一，均按职级大小由上向下排列，其中图例居中间位置，文字说明置于图例上侧或右侧。

文字叙述部分为《陆军衣制》，共十九说，通过略带工艺特征的简单描述使图示内容更易于理解。具体分为《陆军军官礼服袖章说略》《陆军军官礼服肩章说略》《陆军军官礼服领章说略》《陆军军官常服袖章说略》《陆军军官随礼服操帽帽章说略》《陆军参谋官礼服常服章识说略》《陆军军官礼服裤章说略》《陆军军佐礼服帽领肩袖裤各章说略》《陆军军佐常服袖章说略》《陆军军官军佐外套雨衣说略》《陆军军官军佐手套说略》《陆军军官军佐随常服操帽说略》《识别带值日带说略》《陆军弁目兵礼服袖章说略》《陆军弁目兵常服式章说略》《陆军弁目兵礼服常服肩章说略》《陆军匠夫常服式章说略》《陆军弁目兵夫操帽式章说略》《官弁目兵靴鞋说略》。

依《陆军衣制详晰图说》的说明，新军服制可归纳分类为军官服制与军佐服制两大类，适用人员即为军官官职与军佐官职人员。按适用场合划分，可分为朝堂礼服、军礼服与军常服三类，其中，朝堂礼服因循旧制，新军服制改革则具体体现在军礼服服制与军常服服制的内容变化上。总体来看，《陆军衣制详晰图说》内容着重表述了军官与军佐在领章、袖章、肩章、帽正、识别带与记号等服制形式的标识体系。

就服制内容来看，《陆军衣制详晰图说》本身与其体现的服制形式具有三项显著特征。

其一，等级、职别依次区分的图像描绘与文字描述相辅相成，便于理解新建陆军服饰形制，直观感受其成型样式。

图式与文字表述相结合，为新建陆军服制的核心内容做了详尽说明。以陆军军官礼服袖章服制为例，如图6中官弁礼服袖章九幅，描述为：

> 军官礼服袖章分上中下三等，每等分一、二、三级，均用金线辫为章识，以盘花金辫分等，横道金辫分级。上等官用金辫三道盘花，中等官用金辫二道盘花，下等官用金辫一道盘花。各等第一级均于盘花金辫下横缀金辫三道，第二级横缀金辫二道，第三级横缀金辫一道。

由此可知，陆军官弁礼服袖章服制以其具体编制为基准，由袖章上部盘花所含金辫的数量划分等次，下部横道所含金辫的数量划分级别，军官分上等、中等、下等三个等次，每等又分三个级别。另结合图示，文中"盘花""金辫"等词也是对袖章的工艺材质的简单描述。依此，陆军军官礼服袖章共九种图示形制。

其二，颜色的分类细化在新建陆军服制标识体系中起到重要作用。

《陆军衣制详晰图说》图示部分最后折页内容为兵种特征颜色图，左右两列共十图，图例以圆形描黑边为框，圆形内设色，详见图8。

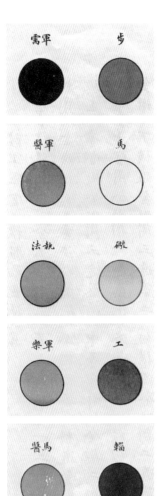

图8　兵种特征颜色图

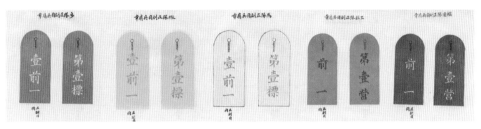

图9 目兵肩章图

　　原折页右侧图例上方标注颜色所属的兵种名称，由上向下依次
为："步"——红色，"马"——白色，"炮"——黄色，"工"——蓝色，
"辎"——紫色；左侧图例上方标注颜色所属的职务名称，依次为："军
需"——黑色、"军医"——绿色、"执法"——驼色、"军乐"——
灰色、"马医"——茶色。颜色的细化构成了不同形制下章图含义
的进一步分类，为新建陆军兵种与职务的详细划分提供了便于认知
的感官标识，而颜色运用的丰富性也使新军服制在装饰艺术风格上
具有了一定的近代化特征，以目兵肩章形制为例：

　　　　礼常各服之肩牌，尺寸样式与前同，惟分步队红色，
　　马队白色，炮队黄色，工程队蓝色，辎重队紫色，医兵绿
　　色，乐兵灰色，以为识别，红紫肩牌均刺白字，白黄蓝绿
　　灰肩牌均刺红字，左肩牌刺镇或协或标之号数，右肩牌刺
　　营队棚之号数或本人之差名。

　　反映在图解上则为各色醒目清晰且有编制简字刺于表面的成对
肩章。肩章呈上圆下长方的牌式，长"四寸三分"，宽"一寸八分"，
即长 14.3 厘米，宽 6 厘米。近上部边缘开小圆孔与扣缝，便于佩戴。
左肩章扣缝下刺镇、协或号数，右肩章扣缝下刺营队棚号或官差名
称，红色、紫色即步队、辎重队，肩章上刺字为白色；白色、黄色、
蓝色、绿色、灰色分别为马队、炮队、工程队、医兵、乐兵，肩章
上刺字为红色。详见图 9。而不同颜色之间的相互组合，也是新式

图 10　医兵肩章图

军服形式的重要内容。步队各营中不同职务的士兵可通过肩章颜色，作进一步细化分类的辨识。仍以目兵肩章形制为例，医兵职务肩章颜色为绿色剌红字，"附属各营之医兵肩牌须按种队限定之色"而"医兵绿色"，即肩章边缘颜色限定了该目兵所属种队，医兵肩章主体为绿色，步队队种颜色为红色，则步队医兵肩章形制的颜色为主体绿色、边缘红色，如图 10。

颜色的细化丰富了新建陆军服装编制的标识体系，也使军服感官体验清晰鲜明、便于识别，比起以往清军绿营、勇营色彩单一而职能混杂的军服形制，在功能性、实用性上进步明显，在审美取向上更近国际化。对颜色的有效运用在一定程度上体现了陆军新军服制近代化的特征与审美风向。

其三，新建陆军服制整体效仿西方，但也保留了部分旧制元素。

《陆军衣制详晰图说》奏定前，在洋务运动西化成果的推动下，湘军、淮军的传统号衣已有营队番号的标明，自强军也制定了统一的服饰形制，而此次服制形式通过效仿德国的军服编制形式进行深度变革，成为中国近代军服形制的开端。

新军服制对德国军服制度的效仿明显，德国军服的衣领样式即为前开襟立领，缀单排纽扣，领章、肩章、袖章构成编制标识体系，新建陆军服制与之相似。又如，标识体系中的装饰盘花纹样，新建陆军袖章图示盘花与德国士兵袖章盘花纹样具有一定相似度，而此时德国服制所呈现的军服特色与当时西方国家的军服特征趋向一致，新建陆军的服制形式在一些细节上也与同时期西方其他国家具有一定相似度。对西方军服制度的参照推进了晚清军服制度的近代化进程，但新军服制并非完全模仿德国的形制，其中国传统元素仍有凸显。以新建陆军军官帽正、军官领章为例，文中描述：

> 上等官帽正用镀金双蟒抱红珠……中等官帽正用镀金双蟒抱蓝珠……下等官帽正用镀金双蟒抱白珠。
>
> 军官礼服领章均于衣领缀金色飞蟒。

"蟒"是中国古代传统吉祥纹饰图案，其形制与龙相似，爪为四趾，明清时期袍上绣蟒纹称蟒袍，是重要的吉服形制。《大清会典》卷四十七记载：

> 蟒袍……亲王、郡王，通绣九蟒。贝勒以下至文武三品官、郡君额驸、奉国将军、一等侍卫，皆九蟒四爪。文武四五六品官、奉恩将军、县君额驸、二等侍卫以下，八蟒四爪。文武七八九品、未入流官，五蟒四爪。

新军领章上的飞蟒形制即为中国传统服饰元素得以继承的代表。而帽正形制"双蟒抱珠"的红、蓝、白珠色，以及军队类别划分首要应用的红色、白色、黄色、蓝色也与清末八旗"正黄旗、正白旗、正红旗、正蓝旗、镶黄旗、镶白旗、镶红旗、镶蓝旗"的清朝传统色彩体系存在联系。

此外，奏折中提到朝堂上仍用顶戴花翎，遵循清代旧时军礼服制："朝觐公谒大礼服仍遵旧制，军礼服仍戴翎顶貂绒帽。"

《陆军衣制详晰图说》对清末国内与对外政治、军事具有重要意义。伴随着晚清改革的试炼，作为历史发展的产物，新军服饰形制势必产生。长远来看，其代表的服制形式是晚清新军军事制度改革的真实缩影，彼时的革新举措虽然没有使清政府重振旗鼓，却在朝廷"经武整军，力图自强之"的尝试中，推动了政府军事事务的进步，对晚清军事能力低下、政治交流无措与国际地位式微的局面起到了缓和的积极影响，对中国的近代化发展进程具有推进作用。

新建陆军服装形制产生于政治、军事变革波动的年代，作为传统军服制度的结束与近代新式军服制度的开端，新军服制的出现可谓军服制度的历史性转变，具有革新与创新的意义。此后，新建陆军服制对继而出现的禁卫军服制、北洋政府时期军队服制、民国政府时期军队服制，直至当代军队服制均有一定的影响。

参考文献：

[1] 鲍威尔.1895-1912年中国军事力量的兴起 [M].陈泽宪，陈霞飞，译.北京：中国社会科学出版社，1979.

[2] 马克思，恩格斯.马克思恩格斯全集：第三十九卷 [M].中共中央马克思恩格斯列宁斯大林著作编译局，译.北京：人民出版社，1974.

[3] 郭亚平.论晚清新军军制 [J].南开史学，1985（02）：1—31.

[4] 杨立强.中日甲午战争与清末军制变革 [J].军事历史研究，1987（01）：89—106.

[5] 中国史学会.洋务运动：第三册 [M].上海：上海人民出版社，1961.

《服制章记图式》及
《服制章记说略》[清]

《服制章记图式》《服制章记说略》成册于宣统元年（1909），是配合清末禁卫军制度的建立，由载涛、毓朗向宣统皇帝递呈的奏折。这是继《陆军衣制详晰图说》之后，晚清政府权力中心在军事事务上又一次主动的近代化推进。禁卫军成军后不久，武昌起义爆发，禁卫军的作战方向得到调整，逐渐脱离贵族的控制。禁卫军只有短暂的历史，其服制并未执行许久，但其服饰形制的先进因素为中国军服的近代化发展做了积极的铺垫，具有鲜明的时代特色与历史价值。

▌说人

年仅三岁的爱新觉罗·溥仪（1906—1967）于1909年即位，改元宣统。溥仪字曜之，号浩然，是清朝历史上第十二位皇帝，也是末代皇帝。光绪三十四年（1908）光绪皇帝去世，慈禧太后指定溥仪过继给同治皇帝继承皇统后，于次日去世。宣统即位后由其父载沣（1883—1952）任监国摄政王，即晚清政府的实际统治者，也是皇族少壮亲贵的代表人物。当时清政府以载沣为首的集团与以奕劻、袁世凯为首的元老集团政治矛盾尖锐，载沣力排异己，大量任用亲信，其中，载沣的亲弟载涛发挥着重要作用。

爱新觉罗·载涛（1887—1970），字叔源，号野云，满洲正黄旗人，为道光皇帝爱新觉罗·旻宁之孙，醇贤亲王爱新觉罗·奕譞第七子，光绪皇帝爱新觉罗·载湉之异母弟，宣统皇帝爱新觉罗·溥仪之叔父。光绪三十年至三十二年（1904—1906），载涛于陆军贵胄学堂学习，他自幼喜好骑马，后更精于骑术。载涛曾留学法国索米骑兵学校，专修骑兵作战科目。载沣初任监国摄政王时，载涛即被任命为专司训练禁卫军大臣，与毓朗、铁良共同负责禁卫军的训练任务，而实际主负责人为载涛。

载涛对晚清军事的近代化起到了积极的推进作用。在禁卫军编练期间，载涛得到留学日本的第一协统领爱新觉罗·良弼等人的辅助。宣统二年（1910），载涛与良弼等人共同赴国外考察，先后抵达日、美、法、英、德、意、奥、俄，重点参观考察其军事学校、军工厂及军备设施，力图对军队进行近代化改进。值得一提的是，载涛在满族贵族中最先剪发，并拒收贿赂，可见其力图进步之决心。宣统三年（1911），武昌起义爆发后清政府内阁随之解散，袁世凯任总理大臣后，载涛卸去了专司训练禁卫军大臣的职务，禁卫军随即汇入袁世凯把控的北洋集团。

清政府的统治结束后，1917年张勋复辟，载涛短暂地任禁卫军司令一职；1918年徐世昌任命载涛为将军；1927年又任都翊卫使；1929年末代皇族经济负担沉重，载涛将贝勒府卖给当时的辅仁大学；1931年载涛被国民政府聘为国难会议会员。1932年伪满洲国建立，溥仪成为傀儡皇帝，载涛的次子溥佳也于伪满洲国任职侍卫处长，当时载涛曾因管理清朝皇帝陵寝的事务，抵达伪都城长春多次，但始终未于伪满洲国任职。

1949年新中国成立后，由于载涛在马政上才华出众，中央军委主席毛泽东亲自任命载涛为中国人民解放军炮兵司令部马政局顾问，后历任总后勤部民政局顾问、国家民委委员、北京市民委副主任、民革中央委员。1954年载涛当选第一届全国人民代表大会代表，后又当选第二、第三届全国人大代表，同时也是第二、三届全国政协委员，政协民族组副组长。1956年载涛加入中国国民党革命委员会。

1970 年载涛去世，骨灰安放于八宝山革命公墓。

《服制章记图式》与《服制章记说略》奏折呈上的另一位大臣是同任专司训练禁卫军大臣的爱新觉罗·毓朗（1864—1922）。毓朗，字月华，号余痴。清朝宗室大臣，乾隆皇帝六世孙，定安亲王永璜第五世孙，定慎郡王溥煦之次子。

光绪十二年（1886），毓朗受封为三等镇国将军。光绪三十三年（1907），袭多罗贝勒，任宗人府左宗正、军机大臣上行走、民政部侍郎、步军统领，同时也是训练禁卫军大臣。宣统二年（1910），授任军机大臣。宣统三年（1911），授任军谘大臣。辛亥革命之后，毓朗积极参与"宗社党"活动，"宗社党"即反对清帝退位及与革命政府议和，企图保存清王朝的统治的组织，主要成员为满洲贵族，不久后被覆灭。

毓朗是晚清少数实际掌握政治权力的重臣之一，是晚清"二王三贝勒"之一，与载涛交好。同载涛一样，毓朗游历海外，接受了新式教育，也具有积极开明的一面。在义和团运动前，毓朗就已开始阅读西方书籍，并清楚地认识到在改革陈旧中，教育尤为重要，对女性也应进行进步式教育，毓朗的女儿们便接受了近代化的教育。他对时局具有危机意识，清楚清朝急需改革以振兴，也曾提醒年轻的满洲贵族学生要"西力东渐，学问日新"（爱新觉罗·毓盈《述德笔记》）。毓朗担任工巡局总监、巡警部侍郎时，就曾将警察服式改为西式。在剪发易服的改革中，毓朗极力支持。禁卫军服制的确立，正是毓朗为推动晚清近代化进程所做的努力。毓朗在晚清局势风云变幻中的政治表现可见其弟爱新觉罗·毓盈（1881—1922）所著《述德笔记》。

说书

晚清禁卫军的历史相对短暂，但也是在时代变革中末代帝国寻找出路的一项举措。清军入关以来，宫廷近身守卫一直由满族八旗士兵担任。随着晚清政治走向腐朽，中日甲午战争后，北洋海军全军覆没，参战的湘军、淮军及其他各省军力损失惨重，在军事力量一步步溃散的大环境中，早已腐朽积弱的满族军兵更无力继续保卫宫廷。

这时清政府已内外交困，内有资产阶级革命派力图推翻清王朝的统治，多地区农民反抗，外有世界列强虎视眈眈伺机威胁，窘迫之下，清政府开始实行军制改革，编练新式陆军。光绪二十八年（1902），宫廷的近身护卫职责委任于北洋新军。

图 1 《服制章记图式》封面页

这时清政府统治集团中心也开始接纳近代军事、政治，《日本政治揽要》《日本宪法说明书》等政治制度与法制的相关书籍已经受到满洲贵族的关注。义和团运动期间，载沣曾赴德议事，在德国皇室亨利亲王的陪同下参观了新式军队。光绪三十一年（1905），亨利来华，载沣奉命接待，又得以有机会与其讨论军事武装的相关事宜。那时载沣已有效仿德国集中兵权的意图，无奈光绪皇帝受到控制，慈禧太后独揽大权，载沣为避嫌而未提出建立新式皇族武装力量。至光绪三十三年（1907），清政府开始倡议编练禁卫军，载涛于《禁卫军营制饷章折》中提出："近年京外改练陆军，力求精进，而禁廷拱卫犹付阙如，虽有一、六两镇轮流入值，究系分班抽调，尚非经久之规。"主张建立专司守卫宫廷的近身队伍。

　　光绪三十四年（1908），禁卫军开始进行编练，禁卫军的军官多数来自以满族为主的新军第一镇，兵源也主要是驻京的满族人，另有蒙古骑兵和来自直隶、山东的农家壮丁。宣统三年（1911），北洋新军第一、六两镇轮番守卫宫廷的任务移交禁卫军；同年七月摄政王载沣检阅禁卫军，禁卫军正式成军。

　　晚清禁卫军编练制度的组织中，除了考虑皇室自身的需求外，还积极借鉴外国的军事经验，其本质虽然是皇室少壮亲贵集团集中兵权，但在军制制定的细节之处，却可以见到军事向近代化方向改良。这一改良已成为晚清政府内部力图变革振兴的调整性举措，也是末代政治风云变化中不得已的必然趋势。

　　禁卫军训练设专司禁卫军训练大臣载涛、毓朗、铁良，共同受命于监国摄政王载沣，于禁卫军训练处总理全军一切事宜；军谘官六人，负责办理奏咨行存各项文牍及总理筹备、考功、军略、调派、教育、训练各事宜，受命于训练大臣；执事员十人，负责筹备、考功、军略、调派、教育、训练各事宜，受命于军谘官；此外，书记员、绘图员、印刷员、收支员、递事员、司事生、司书生等，共六十八名人员。禁卫军编制分为镇、协、标、营、队、排、棚。按陆军一镇的步、马、炮、工程、辎重、军乐各标营队数额编练第一协、第二协。在具体的设定上，步队分两协，统领四标，每标设三营，共十二营；马队一标三营；工程队一营；辎重队一营；交通队一营；军乐队一队。其中，协司令处设统领官一员，负责统领全协；设参军官一员，执行参谋事宜；设副官一员，经理各项日常事务；设司书生二员，司号长、护目、伙夫各一名，护兵四名。各兵种均设管带一员，管理全营；副官一员，协助管理；军需长一员，负责管理营队粮饷装服等事务；军械长一员，负责管理营队枪炮弹药等事宜；军医长一员，负责伤病；须用马匹的营队另设马长一员、马医生一员；各营中设号目、护目、匠目各一员，其下司书生、号兵、护兵依营队种类之分而各不相同。

图2 《服制章记图式》奏折页

禁卫军编制中的各营军兵，可由所着衣装的不同服饰形制，进行清晰直观的职能与级别分辨。

《服制章记图式》（简称《图式》）与《服制章记说略》（简称《说略》）正是晚清禁卫军创办编练过程中，建立服饰形制的关键文件。两书册是同一奏折附件的前后部分，《图式》为手工绘制着色服制图式，《说略》为相对应的文字注解。该奏折文字部分即《说略》（图2），另含两次原奏，大致内容相同，均为禁卫军服制建立的缘由申明、奏折大臣为新式服制所做的准备及服制内容的汇报，《第一次原奏》后附有详细表述服饰形制的清单。

《说略》分为《禁卫军服饰形制清单》《第一次原奏》《第二次原奏》三部分。三部分主旨内容相同，即奏请进行禁卫军服制的制定工作，并对服制内容进行详细描述。

《禁卫军服饰形制清单》是详细的服制描写，与《图式》中各项内容顺序基本对应，未标注书写时间。该部分对《图式》中绘图形象的材质、尺寸及基本制造工艺进行文字描写，使《图式》中的二维形象获得了足以进行三维实体转化的想象空间。

《第一次原奏》时间为宣统元年（1909）闰二月初七日。由时间判断，该奏折呈递时处于宣统皇帝溥仪即位之初，此时奏折呈上，并不是为新皇即位增光添彩，而是晚清政府于风雨飘摇中，迫在眉睫的变革之举。

在禁宫守卫亟待更替振兴的需求与袁世凯陆军新军建立的刺激下，经亲莅多国进行军服制度考察的准备工作后，禁卫军训练大臣载涛等人上奏，列举历代精英帝王统领下，军戎服饰整装严明的例证。

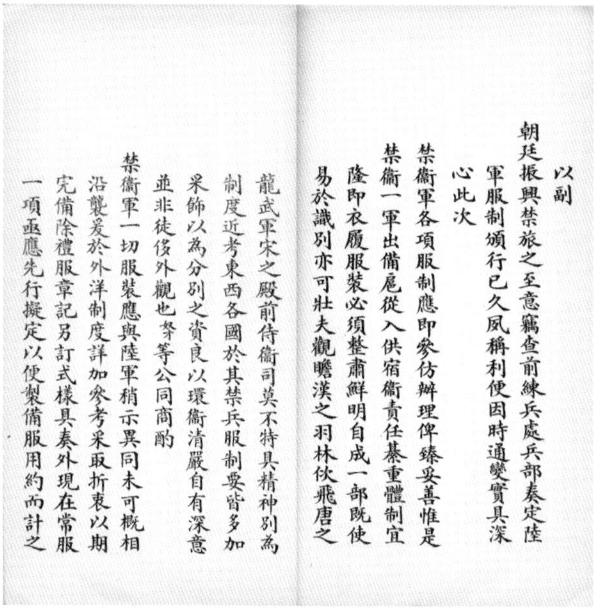

以副
朝廷振興禁旅之至意竊查前練兵處兵部奏定陸
軍服制頒行已久夙稱利便因時通變實具深
心此次
禁衛軍各項服制應即參仿辦理俾臻妥善惟是
禁衛一軍出備扈從入供宿衛責任綦重體制宜
隆即衣履服裝必須整肅鮮明自成一部既使
易於識別亦可壯夫觀瞻漢之羽林佽飛唐之
龍武軍宋之殿前侍衛司莫不特具精神別為
制度近考東西各國於其禁兵服制要皆多加
采飾以為分別之資良以環衛清嚴自有深意
並非徒侈外觀也奴才等公同商酌
禁衛軍一切服裝應與陸軍稍示異同未可概相
沿襲爰於外洋制度詳加參考采取折衷以期
完備除禮服章記另訂式樣具奏外現在常服
一項亟應先行擬定以便製備服用約而計之

图 3 《服制章记图式》第一次原奏页

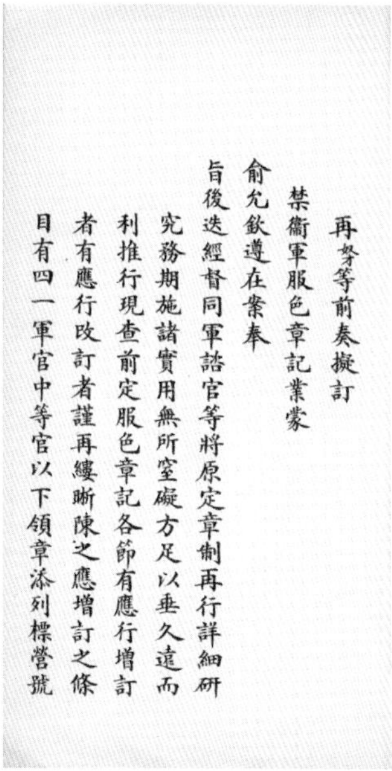

再奴才等前奏擬訂
禁衛軍服色章記業蒙
俞允欽遵在案奉
旨後迭經督同軍諮官等將原定章制再行詳細研
究務期施諸實用無所窒礙方足以垂久遠而
利推行現查前定服色章記各節有應行增訂
者有應行改訂者謹再縷晰陳之應增訂之條
目有四一軍官中等官以下領章添列標營號

图 4 《服制章记图式》第二次原奏页

奏折页中直抒胸臆，慷慨陈词：

朝廷振兴禁旅之至意，窃查前练兵处，兵部奏定陆军服制颁行已久，夙称利便，因时通变，实具深心。

衣履服装必须整肃鲜明，自成一部，既使易于识别，亦可壮夫，观瞻汉之羽林佽飞，唐之龙武军，宋之殿前侍卫司，莫不特具精神，别为制度，近考东西各国于其禁兵服制，要皆多加采饰以为分别之，资良以环卫清严，自有深意，并非徒侈外观也。

《第一次原奏》（图 3）中对服制细节描写详细，与《说略》第一部分《禁卫军服饰形制清单》文字内容基本相同，《禁卫军服饰形制清单》即或为《第一次原奏》中的附件。

《第二次原奏》（图 4）时间为宣统元年（1909）四月初九日。是对之前已经奏报的禁卫军服制内容的修订。奏折内容如下：

奉旨后迭经督同军谘官等，将原定章制再行详细研究，务期施诸实用，无所窒碍，方足以垂久远而利推行。

现查前定服色章记各节，有应行增订者，有应行改订者，谨再缕晰陈之应增订之条目。

距第一次呈奏仅两个月时间，载涛等人对禁卫军服制确立的相关事宜悉心调整，力图顺利推行，可见晚清政府内部集团对变革振兴的迫切希冀。

现存《图式》与《说略》各两册，书中图文内容大致相同，仅有微差。两册《图式》仅在手工绘制的笔触与着色上存在微差，两册《说略》之别在于《第一次原奏》中"皮靴"部分，一册描写为"适足为宜"，另一册为"合足为宜"，并不影响阅读含义。

说图

《服制章记图式》为奏折服制图例部分，共二十三幅，含图式五十五例：帽正图式一例、军帽图式三例、领章图式一例、肩章图式十二例、军常服图式三例（含一套例）、外套图式一例、军乐队军常服图式一（套）例、刀鞓图式一例、参谋带图式一例、值日带图式一例、皮靴图式二例、皮鞋图式二例、裹腿图式一例、马刺图式一例、兵将臂章图式十一例、艺师艺士伙夫驾车兵服制图二（套）例、兵科分色图式十一例。

军帽按季节分不同面料制作，冬季使用瓦灰呢，夏季用土黄布。帽顶边缘一周用红色做细边，前端帽檐为黑漆皮，中部帽墙按照兵科种类而使用不同颜色，帽墙前正中位置缀有帽正。帽袢按级别分为三种：军官用金线皮裹扁条、军佐用银线皮裹扁条、目兵用黑漆皮裹扁条。帽袢均宽"五分"即约1.65厘米，两端用圆钮套黄铜固定。

帽正官佐目兵通用，不分等级，一律按照工部营造的尺寸标准，长"八分半"即约2.83厘米，宽"七分"即约2.31厘米。制作材

图 5　军帽（左）、帽正（右上）、领章（右下）图式

质为紫铜，整体形制分内、外、中三层，外层为八组锐角，锐角内作由中心向外放射状的三棱凸起竖线纹；中层金色；内层錾刻金色十字格纹，格内为黄（左上）、白（左下）、红（右上）、蓝（右下）四色珐琅。《说略》与《图式》略有出入的是帽正部分中层形制的描写与图例所示不同，详细的记录为：中层金色椭圆形，上铸有小蟒两只，左右环抱内层。这里偏差的出现或由于图式尺寸较小，图上空间不足以描绘两只小蟒。

　　领章材质为紫铜，整体呈椭圆形制，长"一寸一"即约 3.63 厘米，宽"八分"即约 2.64 厘米。上部錾刻头部向右的展翅飞鹰一只，下部錾刻荷花纹，錾刻浇铸的花纹均为高出领章平面的凸线，这样可以避免太过轻薄而缀在衣领前方。官佐、目兵领章不分等级，均可佩戴；官佐中等官以下各官，左领缀飞鹰，右领缀紫铜拉丁字码

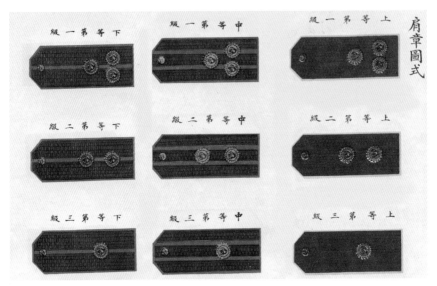

图 6　肩章图式

标号或工、辎等营号。

军帽、帽正、领章图式可见图 5。

肩章是官兵身份等级的基本辨别标识。配合禁卫军军制的行政划分，肩章形制分上、中、下三等，每等以星标数量各分三级，详见图 6。

军佐肩章基底以灰泥地面料制作，上缀"五分"宽即约 1.65 厘米的金辫三条，金辫上一级缀三颗星、二级缀两颗星、三级缀一颗星。中、下等级采用其兵科所属颜色作基底，中等上缀"四分"宽即约 1.32 厘米的金辫三条，下等缀"六分"宽即约 1.98 厘米的金辫两条，金辫上所缀星数量与级别同上等军佐简章的星标级别划分一致。肩章星标为圆形，周围一圈为三棱火焰放射边缘，均用紫铜材质，内直径"二分五"即约 0.825 厘米，表面錾刻细团蟒。

目兵肩章以其兵科所属颜色为基底。正目一等乐兵肩章尾端缀黑呢条三道；副目、护目、号目、匠目二等乐兵肩章尾端缀黑呢条两道；正兵、护兵、号兵、各匠三等乐兵肩章尾端缀黑呢条一道。

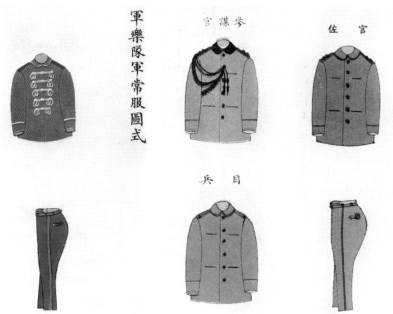

图 7　军常服、军乐队军常服图式

以上肩章均以紫铜色丝线刺绣拉丁字码标号或工、辎等营号。

　　军常服冬用瓦灰呢、夏用土黄布，衣领为卷领。夏季官佐及目兵衣、领均用一色，冬季是官佐为全黑绒红边，目兵为本色红边，两肩均缀分级肩章，开襟处缝缀六只紫铜纽扣，直径"六分"即约1.98厘米。军衣两袖及军裤两旁均有红色细线，不分官兵。参谋官制服与官佐相同，仅增加参谋带以示职别。军乐队军常服：夏季面料为大红羽毛、冬季为大红呢。领部同样采用卷领，宽"二寸四"即约7.92厘米。夏季时衣、领同色，冬季时官用黑绒领灰边、兵用本色领灰边。两肩缀有分级肩章，两袖边缘处各加细灰边一道。开襟袢扣上宽下窄，左右两端各向下盘两组灰色线圈，官用丝辫线圈，兵用棉辫线圈。军裤夏用蓝羽毛、冬用蓝呢面料，两裤腿外侧中部各加红色竖直线一道。详见图7。

　　外套，官佐外套面料用瓦灰哈喇，纽扣用紫铜制成，领部同常服，用卷领。肩章同常服。袖端边缘各作红色细条一道。目兵外套

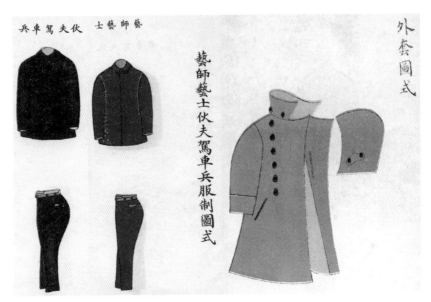

图8 外套、艺师艺士伙夫驾车兵服制图式

与官佐大致相同，金袖端不作红线，肩章性质与常服相同。《说略》中含"雨衣"形制的描写，于《图式》中无对应图例。艺师、艺士、伙夫、驾车兵制服中，其军衣及军裤形制与军常服大致相同，差别在于艺师及艺士冬季用蓝大呢为面料、夏季用蓝羽毛为面料，伙夫及驾车兵冬季用青棉布衣、夏季用青布单衣。驾车兵两肩均不缀肩章。详见图8。

官佐所配刀緌，以银白丝线做緌，形状如圆钟式。为表示区别，宗室加黄结一个，觉罗氏加红结一个。参谋带由参谋官所佩戴，用金丝线编制成两根粗带、四根细带。带环用黄铜镀金制成，环头作半圆形，环底作六孔。环头上绾灰呢片，片心穿孔、片端缀有挂钩，以便系于肩处。钩可挂于衣襟第一扣上，

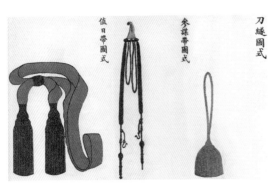

图9 刀緌、参谋带、值日带图式

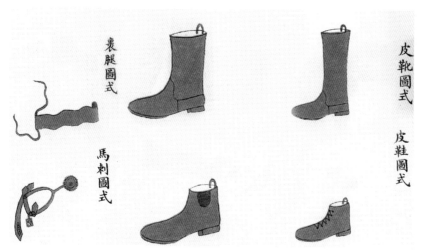

图 10　皮靴、皮鞋、裹腿、马刺图式

两粗带末端各连接锥形镀金圆赘一个，圆赘表面錾刻龙虫等纹，上端以活扣置圆箍，下端各连接小球一件，两粗带末端中部各安装形如铅笔的细筒。值日带为官佩饰，整体呈红色，较宽大，中部为带，两端为綫，详见图9。

　　皮靴的形制中，官佐目兵皮靴，按照朝靴样式，用结实坚固的黄（牛）皮制作。官佐及马队目兵皮靴为长筒靴，炮队、辎重队、宪兵各目兵皮靴为短靴。

　　皮靴尺寸以适合足部为宜。皮鞋也按照朝靴样式，以黄（牛）皮制作而成。除了着靴的兵科以外，官佐、目兵均着皮鞋，官佐皮鞋用整帮式，目兵皮鞋用开口式。皮鞋尺寸以适合足部为宜。

　　官佐、目兵所用裹腿由黄线布制成，边缘由黄线缝合。系裹时由下向上依次重叠缠绕，从踝关节处系裹至膝盖，末端用黄布扁带系紧，以防松懈。凡穿配皮鞋的官佐、目兵一律须用裹腿。马刺材质为钢，套于靴后使用。马刺含圆刺一只，圆刺后有柄长约"七分"即约2.31厘米，柄端凿口处放置齿轮，齿轮中心以螺丝固定，如图10。

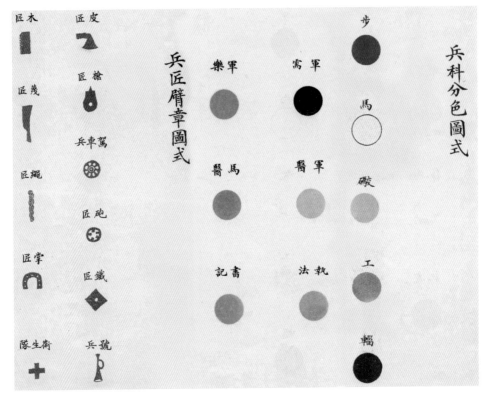

图 11　兵科分色、兵匠臂章图式

兵匠臂章形制，号兵、驾车兵及皮匠、枪匠、掌匠、炮匠、木匠、铁匠、篾匠、绳匠，均于左臂缀饰记号以作区别：号兵缀饰喇叭、驾车兵缀饰车轮、皮匠缀饰刀、枪匠缀饰瞄准星、掌匠缀饰马掌、炮匠缀饰炮口、木匠缀饰木锯、铁匠缀饰方铁、篾匠缀饰篾刀、绳匠缀饰绳股。臂章均用红色呢片，制成的样式大小均宽不超"一寸二"即约 3.96 厘米、长不超"二寸二"即约 7.62 厘米。此外，卫生队臂章以白布"四寸"即约 13.2 厘米，缀饰红十字缚于左臂。

兵科分色设置，各科兵种各有属于自己的颜色标识。步队用红色，马队用白色，炮队用黄色，工程队用蓝色，辎重队用紫色，军需队用黑色，军医队用绿色，执法队用驼色，军乐队用灰色，马医队用茶色，书记用藕荷色。详见图 11。

结合图例来看，禁卫军服制改革具有三点明显特征。

首先，禁卫军服制的功能性主要体现为作战功能与管理功能。

整体来看，军服剪裁窄体、版型立体，摒弃了传统宽松的服装形制，采用当时更为先进的西式裁剪制作方式。鞋、帽与刀繸等配饰，材质耐用且便于穿脱或佩戴。不同兵科的服饰也按照各自职能而有所区分。这样简洁适用的服饰形制符合战斗需求，作战的功能性较以往服制得到了大幅度的提升。而配饰制度的充分运用，使禁卫军在营队的管理方式上得以优化。如肩章，通过金辫与星的数量标识，军官士兵的级别可以直观判断，这使营队的官兵管理与营队之间互相沟通协作效率得到了提高。

其二，凸显适用性。禁卫军服制的适用性，包括在服装面料选择上对季节的适用性与配饰服务于整体服制的适用性。

以军常服为例，常服有冬、夏面料之别，冬季多用保暖耐用的呢料，夏季多用轻薄透气的棉布料；配饰如领章，形制小巧，为使其产生压服卷领的作用，选用具有分量的紫铜材质，表面花纹处理并未采取简单的阴线刻画，而是采用高出领章平面的凸线，这样制作领章，在美观的同时增加了重量，达到配合军服的整体性且更显整洁的效果。

其三，凸显装饰性。禁卫军新服制的装饰性主要体现在服制的颜色搭配与细节搭配上。

以军常服图式为例，服装面料冬用瓦灰呢、夏用土黄布，颜色统一而庄重，边缘处另作红色细线点缀装饰。各兵种服装形制依其职能需求而作不同的装饰设定，如军乐队军常服，服装面料不论冬夏都为上红下蓝，颜色鲜明醒目，精神十足。由上宽下窄的双排连接纽扣、两袖边缘线及裤腿处细线的颜色反差，可以看出服装色彩的协调搭配与服装配饰的合理运用，充分借鉴了西式服装形制，达到明显符合军乐队职能与气质的装饰效果。

禁卫军服饰形制的功能性、适用性与装饰性共同构成了该服制的近代化特征。禁卫军作为顽固权力中心的清朝皇室军队，其服饰形制的改革也在时代更迭中不可抑制地发生了。

正如《说略》中《第一次原奏》奏折所述："考东西各国于其禁兵服制，要皆多加采饰以为分别之。"在西方国家推开晚清大门后，清政府终于开始汲取别国长处。参考"东西各国"的军队新服制是继陆军服制改革后，清政府走向近代化道路上的积极主动之举。虽然晚清禁卫军并未得到大量投入战斗的机会，但其新式军制对振作军心、调整军营秩序仍具有一定作用，其服制的建立对中国军戎服饰近代化的发展起到促进作用，而图文并茂的奏折书册，更是中国历史时代变迁中真实生动的宝贵记录。

参考文献：

[1] 迟云飞.晚清改革与革命[M].北京：中国大百科全书出版社，2016.

[2] 吴兆清.清末禁卫军[J].故宫博物院院刊，1985（02）：12—23.

[3] 尹煜.年轻满洲亲贵集团的政治目标与挫折，1900-1911[M]//赵志强.满学论丛.沈阳：辽宁民族出版社，2012.

[4] 毓盈.述德笔记[M].北京：民族出版社，2009.

《奏定爵章图说》[清]

说人

1911 年辛亥革命爆发，1912 年溥仪被迫退位，清朝统治结束。九一八事变之后，溥仪在日本人控制下成为伪满洲国的傀儡皇帝，年号康德（1934—1945），因此又称“康德皇帝”。1945 年，日本宣布无条件投降。同年，溥仪在沈阳准备逃亡时被苏联红军俘虏，被带入苏联。1950 年 8 月初被押解回国，在抚顺战犯管理所学习、改造。1959 年溥仪接受中华人民共和国主席刘少奇特赦令，后成为全国政协委员。他是《奏定爵章图说》产生的关键人物。

《奏定爵章图说》另一关键推动人物为载涛，在《服制章记图式》及《服制章记说略》中对此人已有介绍。

说书

《奏定爵章图说》内容所含奏折两份，呈递时间为宣统元年（1909）闰二月十二日与同年四月初九日，这一年宣统皇帝即位。与《服制章记说略》《服制章记图式》一样，《奏定爵章图说》是在新帝即位之初便推行启动的制度举措。

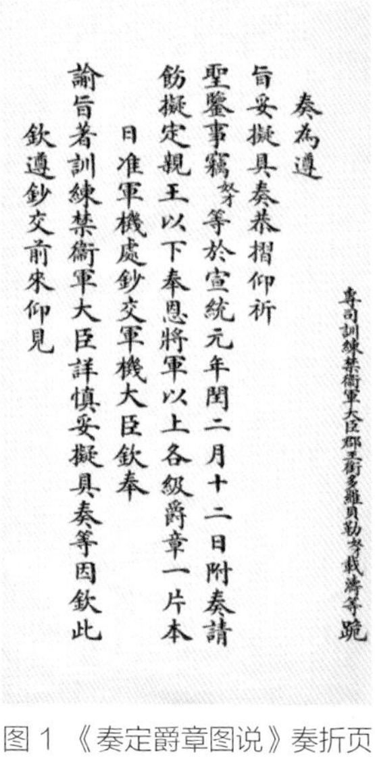
專司訓練禁衛軍大臣郡王銜多羅貝勒臣載濤等跪
奏為遵
旨妥擬具奏恭摺仰祈
聖鑒事竊臣等於宣統元年閏二月十二日附奏請
飭擬定親王以下奉恩將軍以上各級爵章一片本
日准軍機處鈔交軍機大臣欽奉
諭旨著訓練禁衛軍大臣詳慎妥擬具奏等因欽此
欽遵鈔交前來仰見

图 1 《奏定爵章图说》奏折页

《奏定爵章图说》开篇即表明用意：“拟定亲王以下，奉恩将军以上，各级爵章一片。”“所以表天潢之贵，显品秩之尊，非上稽古意，近溯隆规，不足以辨等威而昭宠锡。"

奏折主旨为设定爵章形制，以爵章形制区分贵族等级，作直观的标识之用。所谓爵章，即显示爵位的章表配饰，而爵位，是中国古代帝王对功臣和有血缘关系的亲族授予的称号。封建社会中，鼓励军功最有效的举措便是封爵。历代爵位，本质即为社会地位高低和享受物质利益体量的标志。统治阶级除依据血缘关系之亲疏外，另论功劳之大小授予不同等级爵位。

中国古代爵位制度历史已久，唐代杜佑所撰典籍《通典·职官·封爵》中记载：唐虞夏，"建国凡五等，曰公、侯、伯、子、男"；殷商，"公、侯、伯三等"；周朝，"公、侯、伯、子、男五等"。

《孟子·万章章句下》中亦载：

> 天子一位，公一位，侯一位，伯一位，子、男同一位，凡五等也……天子之制，地方千里，公侯皆方百里，伯七十里，子、男五十里，凡四等……天子之卿受地视侯，大夫受地视伯，元士受地视子、男。

此时爵位有划分，但"公、侯、伯、子、男"地位、权力大致相等，仅于礼节待遇上显示一定程度的差别。至春秋战国时期，卿、大夫、士三级为常规出现的爵位等级。《国语》中载："大国之卿，一旅之田，上大夫，一卒之田。"即表明卿、大夫之爵的等级标准。

秦汉时，秦由商鞅变法后定二十等军功爵，西汉初分封八位异姓诸侯王，东汉爵位制大致如同西汉，以皇子封王，其郡为国，置傅、相、中尉等。

时至曹魏，秦汉以来的二十等爵被废除，以公、侯、伯、子、男五等制度取而代之，以后历代虽各有调整，但皆可看作以此为基础习以沿行。

至明初，封爵分为宗室与功臣外戚。爵位又分两类，一类只授予个人终身；二类可以世袭，世袭与否，须以军功大小分别而定，均予诰券。此外，明朝公、侯、伯只有爵号与食禄，并无封邑。

到清代，同按王、公、侯、伯、子、男施行爵位制度，爵位分为宗室爵位、异姓功臣爵位、蒙古爵位。宗室爵位仅授予爱新觉罗氏族人，又称宗室觉罗世爵，掌于宗人府，分为十二等，每等若干级；异姓功臣爵位又称功臣世爵、民世爵，掌于吏部验封司，授予汉人和西南民族等满蒙外其他民族人士，公、侯、伯、子、男为其中所属部分；蒙古爵位，即外藩蒙古世爵，掌于理藩院，一般按照宗室爵位例，并保留原有蒙古尊号。乾隆十六年（1751），确立了九级二十七等世爵制。

皇室宗亲爵位等级划分中，分为亲王、郡王、贝勒、贝子、奉恩镇国公、奉恩辅国公、不入八分镇国公、不入八分辅国公、镇国将军、辅国将军、奉国将军、奉恩将军，共十二级。宗亲爵位一般降级世袭，爵位所属贵族的子嗣可降一等级承袭父爵，但这其中少数宗亲爵位仍可世袭，如清初“铁帽子王”：礼亲王代善、郑亲王济尔哈朗、睿亲王多尔衮、豫亲王多铎、肃亲王豪格、庄亲王硕塞、克勤郡王岳托和顺承郡王勒克德浑八家，以及后世乾隆时封的怡贤亲王、同治时封的恭亲王、光绪时封的醇亲王与庆亲王四家。《奏定爵章图说》中的爵位划分便是依此而来。

《奏定爵章图说》展示了清代以佩戴徽章标识爵位等级，而清朝以前，历代等级的彰显各有徽识。

记载如《说文解字 · 衣部》：“卒，隶人给事者衣为卒。卒，衣有题识者。”“卒”即由于衣上带有徽识而得名；《诗 · 小雅 · 六月》中有：“织文鸟章。”另有注释：“织，

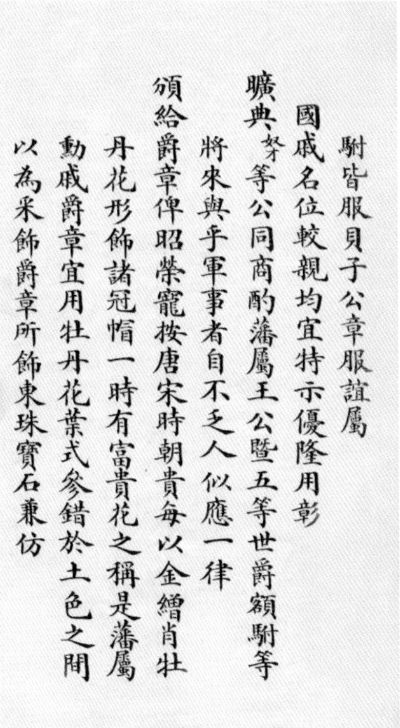
駙皆服貝子公章服誼屬
國戚名位較親均宜特示優隆用彰
曠典奴才等公同商酌藩屬王公暨五等世爵額駙等
將來與乎軍事者自不乏人似應一律
頒給爵章俾昭榮寵按唐宋時朝貴每以金繒肖牡
丹花形飾諸冠帽一時有富貴花之稱是藩屬
勳戚爵章宜用牡丹花葉式參錯於土色之間
以為釆飾爵章所飾東珠寶石兼仿

图 2 《奏定爵章图说》文字页

徽织也。……将帅以下衣皆着焉。"另《春秋传》《战国策》《周礼》等文献中均可见军服缀饰"徽识"的记载。

《中国古舆服论丛》中，孙机先生认为，古代军服上作徽识包含两种含义：首先为标明佩戴者身份、姓名，若战场阵亡，易于辨认遗体，《周礼·春秋·司常》郑注中记述："兵，凶事，若有死事者，亦当以相别也。"此外，通过徽识所示的不同颜色、形状与佩戴方式可以区别所属部队，在行军、分兵、布阵中，便于将领指挥调遣，以维护部队行阵整齐、行动一致，徽识以此作为作战信号系统的一部分。《尉缭子·经卒令》中载："亡章者有诛。"足以表明佩戴徽章标识的必要与严肃性。

除彰示徽识外，古代另有其他彰显等级之别的标识，如汉代"金紫"，《后汉书·冯衍传》记载冯衍自评："经历显位，怀金垂紫。"这里"金紫"即为金印紫绶，佩戴于汉代官服之上，是用以区分官阶高低的标志，正如孙机所说："汉代一官必有一印，一印则随一绶。"

绶带由佩玉的系组转化而来，其形式最早出现于周代，作系合帷幕与印纽丝带之用，其作印纽丝带，取其"绶"字"受"之含义，承绶环印，系于腰间显示官位等级。绶带之疏密、长度、颜色各有含义，汉代尤其采纳施行此制度。

时至清代，采用缀饰珠玉宝石的金属佩章以示贵族等级，这一佩章形制不仅来自于中国古代传承的等级标识形式，更受到特定历史时期下的东西方互通融合的显著影响。

西方勋章制度历史已久，早在古罗马时期便已出现勋章雏形，至英国国王亨利三世时期，英国功勋荣誉制度以勋章彰显，已出现下级勋位爵士；中世纪后期，欧洲政局动荡，征战连绵，封建领主们设置勋位制度，辅以采用不同等级的勋章，勋章如嘉德勋章、蓟花勋章、巴斯勋章、圣米迦勒及圣乔治勋章、皇家维多利亚勋章等。不同勋章或又分不同等级，如巴斯勋章（The Most Honourable Order of the Bath），分为三等：爵级大十字勋章（Knight/Dame

Grand Corss）、爵级司令勋章（Knight/Dame Commander）及三等勋章（Companion）。

英国占领印度后，东印度公司参照英国巴斯勋章，于印度设置勋章制度以奖励军功，清政府依此而立"宝星制度"，即"因印度星之名，译以华名曰宝星"。

宝星制度形成前，军功荣誉皆以清代初年出现的"功牌"而论赏，功牌以银制成，把军功划归为五等。乾隆时期，各等功牌分类赏赐军功的制度更加完善；至咸丰时期，由于财政收入收缩，银质功牌改为纸质；同治年间，李鸿章镇压农民起义运动曾配可根据具体情况自行奖赏的空白功牌。太平天国运动后期，清政府聘任西方将领，若立军功则须奖励功牌以示荣誉，此时若以纸质功牌论赏，则或有损国家形象，由此李鸿章于奏请奖励英、法军队协助剿克收复嘉定县时，奏定：

> 可否……照会两国驻京公使，回奏该国酌给议叙？以示我朝行赏论功，中外一体之至意……仿照该国功牌式样，另铸金银等牌若干面，分别酌给佩带。

功牌制度向宝星制度的转变，是清政府在奖制形式上借鉴西方，颇具国际化改进的开始。

同治四年（1865）初，宝星制度进一步完善。光绪十七年（1891），清政府总理各国事务衙门向朝廷上奏呈勋章章程，请奏设置"双龙宝星"勋章，奏呈获得批准，从此中国历史上的第一枚勋章诞生，即"御赐双龙宝星勋章"。双龙宝星勋章呈放射星状，采用银质双龙图镶珐琅，章面中心镌刻满文，四角刻"御赐双龙宝星"汉字图样，以不同等级装饰不同颜色与种类的珠玉宝石。双龙宝星勋章仍有实物保存，多为博物馆、私人收藏，或出现于各大拍卖行中。

宝星制度的形成，尤其促进了晚清外交礼仪的国际化发展，而宝星形制本身，也对宣统元年（1909）载涛等人上奏的爵章形制产生了直接的影响。

图3　双龙宝星勋章示意图（笔者绘制）

《奏定爵章图说》所示爵章基础形制与宝星形制相似，佩戴方式也略有相同：

> 以上各项爵章土色均按黑上、红下、青左、白右，黄居中央，以符五方之位，嵌珠石处有窠白以衔之，周以金银线边，背面各安长钩一，用时缀于衣襟左方，与第三纽平，其形式拟直径营造尺二寸，横径相等，厚一分五厘。

可见，晚清爵章的佩戴形式与西方及近现代徽章佩戴方式相同，而佩戴位置则有详细严格规定，彰显出爵位制度在近代灵活化的表现形式中，仍没有失去其严肃性。

现存《奏定爵章图说》折册中，正文内容首页与尾页印有中国历史博物馆（现中国国家博物馆）藏书印。全册以图、文穿插相辅相成的形式呈现。

说图

《奏定爵章图说》共配彩绘图示二十三例。其中皇族爵章图示含亲王、郡王、贝勒、贝子、镇国公、辅国公、不入八分镇国公、不入八分辅国公、镇国将军、辅国将军、奉国将军、奉恩将军爵章图示各一例，共十二例；藩属爵章含藩属亲王、藩属郡王、藩属贝勒、藩属贝子、藩属镇国公、藩属辅国公各一例，共六例；勋戚爵章含民公、侯、伯、子、男各一例，共五例。

其中，皇族爵章：

范金为之，或银质镀金，中作圆形，用黄色珐琅绘白茅一株于上，正中照吉服冠式嵌红宝石一，四周各出一方角，上丰下锐，用青白红黑四色珐琅饰之，方角之外周以绿色桐叶八页，金色线纹，方角上照朝冠座嵌珠式饰东珠十。

奏折图例所示，皇族爵章材质均为金或银镀金，中间为圆形黄色珐琅，珐琅上绘有白茅一株，圆形正中间镶嵌圆形红宝石一颗；上下左右四周伸出"上丰下锐"的梯形方角各一个，上角黑色、下角红色、左角白色、右角青色；四周方角上依据等级不同而镶嵌规定数量的圆形宝石，每一方角后的外周区域伸出桐叶两片，桐叶叶脉纹理以金色绘制，共八片。

图 4 皇族爵章

皇族爵章以正中心镶嵌宝石的种类及四周方角镶嵌宝石的不同种类与数量区分等级，如图 4，其中，亲王爵章正中嵌红宝石一颗，四角嵌东珠十颗：上下各三颗、左右各两颗；郡王爵章正中嵌红宝石一颗，四角嵌东珠八颗：上下左右各两颗；贝勒爵章正中心嵌红宝石一颗，四角嵌东珠七颗：上三颗、下两颗、左右各一颗。

贝子爵章正中心嵌红宝石一颗，四角嵌东珠六颗：上下各两颗、左右各一颗；镇国公爵章正中心嵌红宝石一颗，四角嵌东珠五颗：上两颗、下一颗、左右各一颗；辅国公爵章正中心嵌红宝石一颗，四角嵌东珠四颗：上下左右各一颗。如图 5。

不入八分镇国公爵章正中嵌珊瑚一颗，四角

图 5 贝子、镇国公、辅国公爵章（由上至下）

图 6　不入八分镇国公、不入八分辅国公、镇国将军爵章（由左至右）

图 7　辅国将军、奉国将军、奉恩将军爵章（由左至右）

嵌东珠五颗：上两颗、下一颗、左右各一颗；不入八分辅国公爵章正中心嵌珊瑚一颗，四角嵌东珠四颗：上下左右各一颗；镇国将军爵章正中心嵌珊瑚一颗，上角嵌东珠一颗，其他三角无镶嵌。如图 6。

辅国将军爵章正中心嵌珊瑚一颗，上角嵌红宝石一颗，其他三角无镶嵌；奉国将军爵章正中心嵌蓝宝石一颗，上角嵌珊瑚一颗，其他三角无镶嵌；奉恩将军爵章正中心嵌青金石一颗，上角嵌蓝宝石一颗，其他三角无镶嵌。如图 7。

藩属爵章：

藩属亲王爵章范银为之，中作圆形，用黄色珐琅绘白茅一株于上，正中照吉服冠式嵌红宝石一，四周各出一方角，上丰下锐，用青白红黑四色珐琅饰之，方角之外周，以紫色牡丹四，衬以绿叶，银色银纹，方角上照朝冠座嵌珠式，饰东珠十。

奏折图例所示，藩属爵章材质为银，中间为圆形黄色珐琅，珐琅上绘有白茅一株，圆形正中间镶嵌圆形红宝石一颗；上下左右四

图8　藩属亲王、藩属郡王、藩属贝勒爵章（由左至右）

图9　藩属贝子、藩属镇国公、藩属辅国公爵章（由左至右）

周伸出"上丰下锐"的梯形方角各一个，上角黑色、下角红色、左角白色、右角青色；四周方角上依据等级不同而镶嵌规定数量的东珠，每两方角之间的外周区域装饰紫色牡丹一朵，共四朵，每朵牡丹两侧各有一组绿叶装饰，以银色线勾勒轮廓与边角。

　　藩属爵章以四周方角镶嵌东珠的数量区分等级，其中，藩属亲王爵章正中心嵌红宝石一颗，四角嵌东珠十颗：上下各三颗、左右各两颗；藩属郡王爵章正中心嵌红宝石一颗，四角嵌东珠八颗：上下左右各两颗；藩属贝勒爵章正中心嵌红宝石一颗，四角嵌东珠七颗：上三颗、下两颗、左右各一颗。如图8。

　　藩属贝子爵章正中心嵌红宝石一颗，四角嵌东珠六颗：上下各两颗、左右各一颗，固伦额驸爵章形制与藩属贝子爵章基本相同，仅轮廓与边角以金线勾勒；藩属镇国公爵章正中心嵌红宝石一颗，四角嵌东珠五颗：上两颗、下一颗、左右各一颗；藩属辅国公爵章正中心嵌红宝石一颗，四角嵌东珠四颗：上下左右各一颗。如图9。

　　勋戚爵章，奏折图例所示，其基本形制与藩属爵章近似，不同

图 10　民公、侯、伯爵章（由左至右）

图 11　子爵、男爵爵章（由左至右）

之处为正中间镶嵌宝石为珊瑚，四周方角镶嵌与等级规格相对应数量的东珠或红宝石。

　　由图可知，民公爵章四角嵌东珠四颗：上下左右各一颗，和硕额驸爵章形制与民公爵章基本相同，仅轮廓与边角以金线勾勒；侯爵章四角嵌东珠三颗：上、左、右各一颗；伯爵章四角嵌东珠两颗：上下各一颗。如图 10。

　　子爵章四角中，上角嵌东珠一颗；男爵章四角中，上角嵌红宝石一颗。如图 11。

　　由此可见，爵章的形制区别特征继承了清朝传统宫廷服制的等级区分标志，爵章正中镶嵌红宝石或珊瑚，这与吉服冠式服制中的宝石种类与等级相对应，而四角镶嵌宝石的种类与数量，则同朝冠座式形制中宝石的种类与数量匹配一致。

　　就爵章形制而言，传统元素的继承特征明显，这主要体现在爵位辨别标识与色彩形式的运用上；此外，爵章形制凸显近代元素，即来源于西方的勋章造型，在提供便捷性的同时，彰显了近现代的国际化形制调整。

爵章中传统与近代形制元素的结合构成了晚清爵章具有时代变革意味的装饰风格。

爵章之用在于彰显贵族爵位，其表现形式借鉴西方，而爵位制度仍按清朝的旧制，是晚清政府以新形式演绎旧制度的表现。虽然爵章形式源于西方世界，但在晚清，它转而服务于陈旧的政治系统，即便统治阶层内部不乏具有变革振兴之心的官员，"奏定爵章"所服务的本质还是清王朝的传统制度。

"奏定爵章"只是晚清爵位制度中小小的一笔，却可由此窥见清王朝享国二百余年后垂暮的挣扎。而就爵章本身而言，其形制结合中西，具有近代化的装饰风格，对中国近代勋章形制的发展具有积极的影响。

参考文献：

[1]　迟云飞. 晚清改革与革命 [M]. 北京：中国大百科全书出版社，2016.

[2]　顾廷龙，戴逸. 李鸿章全集 [M]. 合肥：安徽教育出版社，2007.

[3]　李培娟. 晚清宝星制度研究 [D]. 广州：暨南大学，2013.

[4]　孙机. 中国古舆服论丛 [M]. 北京：文物出版社，2001.

《驻华各国服制旗章》[清]

    《驻华各国服制旗章》全册共十二页，主体包含两部分：一为附有文字标注的四十四国旗章图例，二为日本、英国、法国、德国、意大利、美国、俄国之章饰及军官服制图例。书册无明确时间标注，但以其内容可推测书册编绘于19世纪末20世纪初的晚清时期。

说人

    《驻华各国服制旗章》书册第一页第一例图为"大清国"旗帜，显示为长方形黄龙旗，即"黄底蓝龙戏红珠旗"，是中国第一种官方国旗，使用时间为光绪十四年（1888）至清亡之时。

    农历戊子年，清光绪十四年这一年，光绪皇帝大婚，北洋水师成立，同年《北洋海军章程》中颁定："今中国兵商各船日益加增，时与各国交接，自应重定旗式，以崇体制。应将兵船国旗改为长方式，照旧黄色，中画青色飞龙。"

    海军军旗孕育出了近代的国旗后，清政府"发去各旗图，分别照会移行沿海地方文武各衙门，及各局所、各台讯、暨管带兵轮各员弁，一体遵照办理"，并移送水陆提督一体查照。这其中，时任军机大臣与总理衙门大臣的爱新觉罗·奕䜣发挥了重要作用。

    爱新觉罗·奕䜣（1833—1898），号乐道堂主人，清末政治家、洋务运动主要领导者，清朝十二家铁帽子王之一。道光帝第六子，咸丰帝异母弟，生母为孝静成皇后博尔济吉特氏，道光帝遗诏封"恭亲王"。咸丰年间，奕䜣于咸丰三年（1853）到咸丰五年（1855）之间担任领班军机大臣。在第二次鸦片战争后，奕䜣受命为全权钦差大臣，负责与英、法、俄谈判，并且签订了《北京条约》。咸丰十一年（1861），咸丰帝驾崩，奕䜣与两宫太后联合发动辛酉政变，成功夺取了政权，被授予议政王之衔。

从咸丰十一年（1861）到光绪十年（1884），奕䜣任领班军机大臣与领班总理衙门大臣，其间虽在同治四年（1865）遭慈禧太后猜忌被革除议政王头衔，但依旧身处权力中心。光绪十年终于因中法战争失利被罢黜，史称"甲申易枢"。一直到光绪二十年（1894）以为中日甲午战争的失败善后，才再度被起用。从光绪二十年到光绪二十四年（1898）任领班军机大臣与领班总理衙门大臣。光绪二十四年四月初十日逝世，谥号为"忠"。

鸦片战争后，中国门户开放，因兵舰未有旗号标识，交往颇多不便。早在同治元年（1862），奕䜣即注意到军旗一事，大清朝又吃了一次没有国旗的亏。当时在湖北长江水域发生了一起中英水兵斗殴事件。在交涉过程中，占尽便宜的英国人硬说船只没有挂国旗，不知道那是中国兵船，拒不负责。事件报到恭亲王奕䜣处，他痛定思痛，开始考虑制定一面旗帜。他认为若我处舰船"竖立黄色龙旗，外国果能望而知为官船，不敢轻举妄动，未始非预事防维之一法"。奕䜣将这一建议通过书信告知时任两江总督的曾国藩，并询问增挂龙旗是否可行。曾国藩接信后，非常高兴，因为奕䜣说出了他心中所想。做事沉稳谨慎的曾国藩把湖北、江西等涉及水军的巡抚找来会商，然后形成统一意见报给奕䜣。考虑到黄色是皇家专用颜色，龙又是皇权的象征，谨慎稳健的曾国藩害怕因此触犯皇权，所以他建议把龙旗设计为三角形。在与曾国藩商议后，奕䜣呈奏朝廷，旗章所用之意义与作用，是既易于识别，又便于统一秩序。"今复一律添设龙旗一面，其旗用三角尖式，大船直高一丈，小船高七八尺，其斜长及下横长各从其便，均用黄色画龙，龙头向上。"清政府批准设立军旗一事，令各军遵照，并向各国驻华公使申明黄龙旗为中国官船旗帜。总理各国事务衙门仿西方旗帜制度，制定了斜三角形的黄底青龙旗，是为中国最早的海军军旗。

同治十一年（1872），总理各国事务衙门批准：中国轮船桅梢所竖常挂之主旗式样为三角龙旗，龙头向上；旗用黄羽纱制，龙身用蓝羽纱制；定于十月一日所有旗帜一律更换。此举意义有三：首先，国旗使用的范围由官用扩大到民间；其次，对国旗的质地章式做出明确具体的说明；最后，悬挂国旗（"中国旗式"）作为一项规定被正式提出。次年，清政府重申海军军旗旗样："如三角，色用黄，中画龙，用蓝色，所有福州、上海炮局所制轮舶及各关口巡河船，均建此旗，以标认识。"

光绪七年（1881），北洋海军直隶总督兼北洋大臣李鸿章正式提出将三角形龙旗改为长方形，以纵高三尺横四尺为定制，质地章式与原来相同。光绪十四年（1888）八月二十五日，《北洋海军章程》奏定呈上，明确规定大清国旗为长方形；二十八日，《北洋海军章程》获慈禧太后批准。光绪十五年（1889）二月，按照新规定制作国旗：兵船国旗改为黄色长方形，中嵌青色飞龙。同年四月，出使美国大臣张荫桓奏，请按《北洋海军章程》，以长方形龙旗为国旗，斜幅龙旗为商旗，于是新样式的国旗正式启用。直至民国建立后，黄龙旗才被废除。作为中国历史上第一面国旗，黄龙旗诞生于政治动荡、军事变革之中，顺应时代更迭、国际交往所需，有其出现的必然因素。同一时期，外国列强肆意觊觎晚清国土并蠢蠢欲动，尤以光绪二十六年（1900）春，以镇压义和团之名行瓜分和掠夺大清帝国之实的八国联军最为恶劣。当那些大鼻子洋人的军队行走在中国古老的土地之上，闭关自守的清王朝不得不面对列强的入侵，当务之急就是要分辨各国的面孔和军队，这或许是《驻华各国服制旗章》这本小册子的实际用途。本文献之封面就有"陆军马五标一营前队官"及"张宝顺印"公私两枚印章。

这段特殊的时期中，涉及的历史人物众多，如有西方列强之西摩尔、瓦德西，清军之载漪、荣禄等。

说书

《驻华各国服制旗章》（图1）成书于晚清政治变革不可遏制的动荡时刻，全书册仅十二页，文字更加寥寥，且均是为图例作补充说明的标注文字。然而在这特殊的时期中，这本书册并非简单地介绍四十四国旗章与军官服饰形制，其后更隐藏着晚清国际形势变化的信息。

此段时期之前，由于古代中国由来已久的中国中心观念，加之对于世界地理环境的匮乏认识，清政府的世界观念始终停留在以中国为中心"天朝上国"的认知中，即中国为"天朝"，而他国为"夷狄"。

中国传统的国际观念中，儒家文化和礼仪是维护世界秩序的主要原则。孔子云："夷狄之有君，不如诸夏之亡也。"孟子语："吾闻用夏变夷者，未闻变于夷者也。"然而，这一时期，在战争失利、谈判挫败与列强瓜分国土的连连冲击下，清政府的中国中心观念也被迫悄然改变。

古代天下观念虽然也有囊括整个宇内的视野与胸怀，但它与近代世界全球观念迥然不同。中国传统天下观念中的世界具有虚幻性与空想性，缺乏近代科学知识的支撑。如国人以为中国是世界的中心，世界各国都围绕在中国的周围。世界地理知识的贫乏，使得国人对世界缺乏完整、理性的认识。20世纪初年，西方政治、

图1 《驻华各国服制旗章》外封

经济、法律等学说在中国广泛传播，提供给国人理解世界的理论工具，使进入近代的人们能够以近代的眼光看待整个国际社会。

在国际关系中，古代中国始终执行着以礼仪为重点的朝贡秩序方式。鸦片战争后，古旧的世界格局已远去，核心地位的失去伴随着国际秩序的重构，驱动晚清政府开始进入近代西方的外交体系之中。乾隆五十二年（1787），英国派特使来到中国，携英王致中国皇帝书，其中提到想派使臣驻京，却遭到拒绝。第一次鸦片战争后，英国仍未与清政府建立外交关系；直至第二次鸦片战争后，咸丰十年（1860）中英签订《中英北京条约》，英国公使才得以驻京。而这之后，由拒绝谈判到主动外交，清政府的近代化国际关系也随之开启。

《驻华各国服制旗章》全册除第一图例"大清国"旗章外，其余内容皆为别国军事服制信息，这也是晚清世界格局变化中小小的一例缩影。以黄龙旗使用时间可判断《驻华各国服制旗章》作于光绪十四年（1888）至民国元年（1912）间，而此时，清政府的世界地位在主动与被动外交尝试中随历史逝去。

说图

《驻华各国服制旗章》书册十二页均为设色图例，名称注释标注于图例右侧或下方。

《驻华各国服制旗章》绘制四十四国旗帜图像，第一图例即标示为"大清国"的黄龙旗。黄龙旗初"斜幅黄色，中画飞龙"，采用三角形是沿袭中国古代传统军旗的形式，而这与当时国际通行的长方形旗帜形制区别较大。而后"改为长方式，照旧黄色，中画青色飞龙"，"用蓝羽纱镶嵌五爪飞龙，龙头向上"，这便是中国真正意义上第一面国旗的形象，如图2。

图2　大清国黄龙旗　　　　　　　　　　　　图3　不丹国旗

由此图例可窥见晚清"国旗"设计原理与内容：封建时代的中国，龙是皇权的象征，为皇室专属形象。龙纹在服装、器具及语言描述中彰显皇室地位，可谓中国传统的尊贵符号。而黄色同样自古便有尊贵的含义，黄色五行为土，暗含"敬土"的传统思想。如《周易·坤》中："龙战于野，其血玄黄。"

大清国黄龙旗的设计以中国古代传统吉祥纹样与贵族配色为构成元素，旗章内容彰显以清王朝为代表的中国古代封建统治下，皇权至高无上。黄龙旗随清王朝统治的结束降下桅杆，虽然在国内消失了踪迹，但这一旗章形象却在异国沿用至今。

中国西藏的南面，有海拔2000米以上的国度不丹，不丹国名含义为"西藏的边陲"，其风俗习惯与西藏相似。不丹自7世纪即为吐蕃的一个部落，元朝统一西藏后受到宣政院的管辖，时至清朝才建立王国，成为清朝的藩属国，清代汉文史籍中称不丹为布鲁克巴。清末为振国威，清政府命藩属国须使用金龙图案作为国旗。不丹为表示尊敬，减少一只龙爪，请用四爪金龙，未使用五爪龙。清朝灭亡后，中国的旗章变化革新，而深受中国文化影响的不丹依旧使用着四爪龙旗，如图3。

《驻华各国服制旗章》绘制的旗帜图像，除大清国黄龙旗外四十三国旗章，由右列向左列依次为：日本国、英国、法国、德国、奥国（奥匈帝国）、义（意）大利、俄国、北美合众国（美国）、埃及、莫罗国（摩洛哥）、阿兰是弗拉士共和国、拉鲁顿我、参地巴尔、大

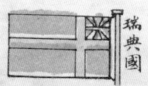

图4 义（意）大利、瑞典国、加那（拿）大旗

彼智、瑞典国、顿我（汤加）、比国（比利时）、寒没茶（柬埔寨）、莫那哥（摩纳哥）、土耳其、缅甸、丹国（丹麦）、加那大（加拿大）、门丁涅各鲁、瑞士、土尼斯（突尼斯）、布哇、波斯、撒莫亚、寒尔维、伯西儿（巴西）、里伯里亚（利比里亚）、本达拉士、公果独立国、和兰（荷兰）、撒莫西、暹罗、于拉艺（乌拉圭）、朝鲜、那威（挪威）、葡萄牙、西班牙、智利。

　　具体如图4所示，绘制虽略显简化，并有填色不均、漏涂与晕色等现象，但若抛却这些细节，并与现代对应国家信息对比来看，便可获取晚清时期清政府与世界国家的大致国际关系及彼时世界国家的政权信号，以及晚清翻译官对于世界国家名称具体音译的语言学信息。

　　旗章列于《驻华各国服制旗章》（后简称《旗章》），可见此四十三国与大清国存在着千丝万缕的政治关系：或建交，或存在正面官方接触。在长期闭关锁国的桎梏下，国际关系的发展虽有被迫的无奈，却也是晚清近代化进程的重要一步，这是清政府与西方列强的互动博弈，中国由此逐渐进入近代的国际关系体系之中。

　　由《旗章》可以看出，清政府建交的重点论时事自然在于彼时日本、英国、法国、德国、奥匈、意大利、俄国、美国等强国，而除此以外，却也有晚清外交近代化进程中清政府主动去发展外交关系的国家。这一时期，清政府开启了与拉丁美洲的外交之路，先后与秘鲁、巴西、墨西哥、古巴与巴拿马立约或设立使领馆，即建交。

　　以巴西旗章的出现为例，魏源于道光二十一年（1841）至咸丰二年（1852）编撰的《海国图志》中便有对巴西国家的记载。巴西在19世纪初的拉丁美洲独立运动中获得独立，开启近代化进程，而后基础设施的兴建、自然资源的开发和庄园经营急需大量劳动力，因此，巴西同其他拉美国家在劳动力不足的驱动下制定了积极的政策。光绪七年（1881），清政府与巴西立约建交。中巴的友好往来是晚清国际政治的近代化进程中主动发展的案例，清政府对国家主权、领事裁判权甚至国际组织的认识都在其中得以体现。

　　各国旗章虽不同，而不论何国，旗章彰显所属国家的特质却是共通的。旗章形制的信息中，自然隐藏着彼时世界部分区域的政治特征。若将《旗章》图例所示与相应国家现今样式对比，可见部分区域旗章沿用至今，如表1；部分稍有改动，如表2；另有部分改旗易帜，如表3；此外也有部分旗章所属国家形式已无，如表4；另有部分旗章形制所属国家需进一步考证，如表5。

　　旗章形制的变换隐含着政权的坚守或更迭的信号，19世纪末至

表1　沿用的旗章与现代形制

	旗章图式	现代形制		旗章图式	现代形制
日本			比利时		
英国			摩纳哥		
法国			土耳其		
俄国			瑞士		
美国			突尼斯		

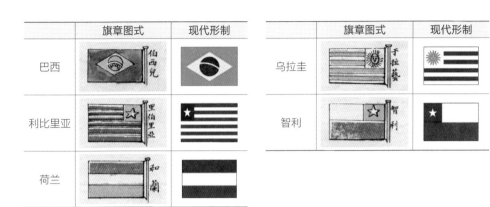

	旗章图式	现代形制
巴西		
利比里亚		
荷兰		

	旗章图式	现代形制
乌拉圭		
智利		

表2　改动的旗章与现代形制

表3　更换的旗章与现代形制

	旗章图式	现代形制
意大利		
瑞典		
柬埔寨		
丹麦		
朝鲜（韩国）		
摩洛哥		
挪威		

	旗章图式	现代形制
德国		
缅甸		
葡萄牙		
西班牙		
埃及		
暹罗（泰国）		

表4　现已无属国的旗章形制

	旗章图式		
奥匈帝国		波斯	

表5 属国待定的旗章形制

旗章图式

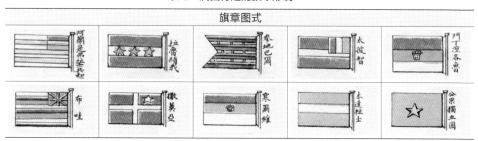

表6 晚清与现代翻译国家名称比对表

现代翻译	摩洛哥	汤加	柬埔寨	摩纳哥	突尼斯
晚清翻译	莫罗国	顿我	寒没茶	莫那哥	土尼斯
原始名称	المغربية المملكة	Tonga	Cambodia	Monaco	التونسية الجمهورية

现代翻译	巴西	利比里亚	乌拉圭	挪威
晚清翻译	伯西儿	里伯里亚	于拉艺	那威
原始名称	Brazil/Brasil	Liberia	Uruguay	Norge/Noreg

20世纪初世界时局的风云变幻着实包含在这些微缩的图例当中。旗章形制背后，保持不变者多为原有政权持续进行；形制改动较少者多为新政权替代原政权的同时存在继承现象；改旗易帜者，是原政权在波谲云诡的局势中权衡调整甚至妥协；而那些已无国属的旗章，随政权更迭起落，彼时汹涌而后消退。

不难发现清代所绘旗帜方向与现代表述形制恰好相反，究其原因大概皆与当时书写顺序自右向左有关。除却旗章图像及其内容信息的深意，晚清对于世界国家名称的翻译同样值得考究。《旗章》图例右侧均标注汉字音译，晚清与现代翻译差别明显的国家名称详见表6。表中，晚清翻译同现代翻译方式大致相同，以音译为基准。其中也不乏与音译出入较大者，如"汤加"，名称标注为"顿我"，其翻译原理有待进一步考证。

《驻华各国服制旗章》第二部分为日本、英国、法国、德国、意大利、美国、俄国之驻华军官章饰及军官服制图例。驻华军官章饰分为袖章与肩章。

日本驻华军官用袖章，如图5，整体呈黑色长方形，左侧下角

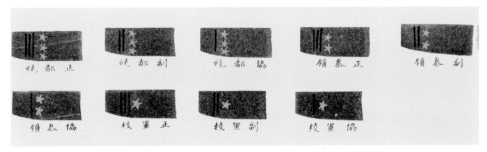

图 5　日本驻华军官服制袖章品级

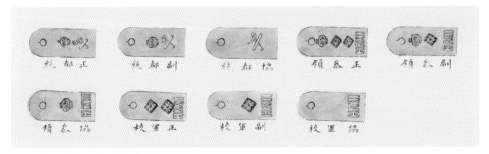

图 6　英国驻华军官服制肩章品级

收缩，以深黑色竖线与银白色五角星标区别职级，竖线位于左侧偏左、星标纵向排列于左侧偏侧，共九例：正都统三星三竖，副都统三星二竖，协都统三星一竖；正参领二星三竖，副参领二星二竖，协参领二星一竖；正军校一星三竖，副军校一星二竖，协军校一星一竖。

　　英国驻华军官用肩章，如图 6，整体呈左侧半圆、右侧直角的黄色长条形，以蓝白色大写字母、黄色花形标、黄色方形标与红黄圆形标区别职级，字母位于右侧偏右，向左依次为花形标、圆形标与方形标星标，左侧为扣饰，共九例：正都统章含一转角 X、一花形标、一圆形标；副都统一转角 X、一圆形标；协都统一转角 X；正参领字母 HRXII、二方形标、一圆形标；副参领字母 HRXII、一方形标、一圆形标；协参领字母 HRXII、一圆形标；正军校字母 HRXII、二方形标；副军校字母 HRXII、一方形标；协军校字母 HRXII。

　　法国驻华军官用袖章，如图 7，整体呈左侧收窄、右侧扩宽的黑色侧梯形，以白色星标、黄色竖线、白色竖线、黄色折线与三黄点白框纹区别职级，共八例：副都统袖章左侧饰三星；协都统二星；正参

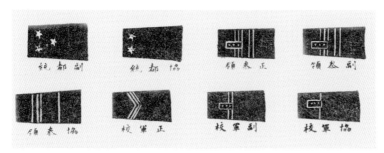

图 7　法国驻华军官服制袖章品级

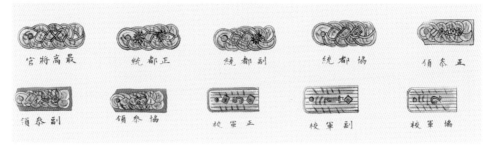

图 8　德国驻华军官服制肩章品级

领五条黄色竖线，左侧三条一组、右侧二条一组，左侧组竖线上压三黄点白框纹；副参领五条竖线，左侧黄白黄三条一组、右侧白黄二条一组，左侧组竖线上压三黄点白框纹；协参领四条黄色竖线，左侧三条一组、右侧一条；正军校左侧三条一组黄色折线；副军校二条黄色竖线上压三黄点白框纹；协军校一条黄色竖线上压三黄点白框纹。

　　德国驻华军官用肩章，如图 8，整体呈蓝色黄底编织长条形或红色边 / 黄色边 / 白色边长方形，左侧为黄色扣饰，以肩章外形、配色、放射星标、方形标、黄色大写字母与黄色阿拉伯数字以区别职级，共十例：最高将官肩章为蓝色黄底编织长条形上饰字母 X；正都统蓝色黄底编织长条形上饰二颗放射星标；副都统蓝色黄底编织长条形上饰一颗放射星标；协都统蓝色黄底编织长条形；正参领黄色长方形边框、蓝色编织长条形上由右向左依次饰方形标、数字"6"、方形标；副参领红色长方形边框、蓝色编织长条形上由右向左饰方形标、数字"4"；协参领红色长方形边框、蓝色编织长条形上由右向左饰数字"3"；正军校红色长方形边框上缀长方形蓝色线条，其

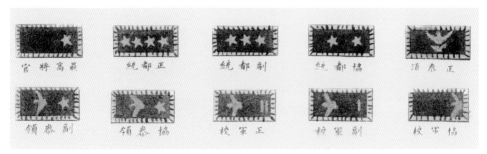

图 9　美国驻华军官服制肩章品级

图 10　法国驻华军官佩帽

上由右向左依次饰方形标、数字"5"、方形标；副军校黄色长方形边框上缀长方形蓝色线条，其上由右向左饰方形标、数字"1"；协军校白色长方形边框上缀长方形蓝色线条，其上饰数字"2"。

美国驻华军官用肩章，如图 9，呈规则黑色长方形，边缘银白底上缀黑色放射纹，以银白色五角星标、鹰标与竖线标区别职级，共十例：最高将官肩章左侧缀一星；正都统缀四星，副都统缀三星，协都统缀二星；正参领缀上下鹰标、上鹰略大，副参领右缀一星标、左缀一鹰标，协参领右缀一星标、左缀一鹰标；正军校右缀二竖线标、左缀一鹰，副军校右缀一竖线标、左缀一鹰，协军校右缀一鹰标。

《驻华各国服制旗章》所展示含有驻华军官制服图例的有法国、德国、意大利、美国与俄国。

法国驻华军官佩帽，如图 10，共六例：以职级分上等官军帽，穗形缀饰于前；副参领军帽，数字缀饰于前；正军校军帽，数字缀饰于前；协军校军帽，数字缀饰于前；参谋官军帽，红穗竖起饰于前；另有夏帽、普通军官帽。

德国驻华军官佩帽，如图11，共六例：正帽似盔形；步兵便帽黑底小檐，以红色作帽罩并饰边缘，帽徽缀饰于前；马兵帽土黄色小檐，用白布帽罩；炮兵工兵帽黑色小檐，帽徽缀饰于前；参谋官帽黑底小檐，以红色作帽罩，以白色饰边缘，帽徽缀饰于前；协都统帽似盔形，大檐，帽徽缀饰于前。

意大利驻华军官佩帽，如图12，共五例：正军校军帽直筒黑色，大檐，帽徽缀饰于前；便帽红色，帽顶出红色带饰，帽底边缘饰黑色；副军校军帽窄直筒白色，用黑布帽罩，黑色大檐，帽徽缀饰于前；兵卒帽呈上窄下宽的黑色圆筒状，帽檐较小，帽徽缀饰于前；另有黑色圆顶，棚式黑色大帽檐，绿色大穗缀于后，帽徽缀饰于侧面的军帽形制。

图11　德国驻华军官佩帽

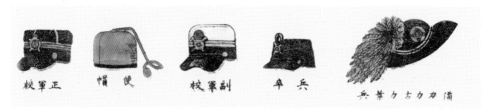

图12　意大利驻华军官佩帽

图13　美国驻华军官佩帽

图 14　俄国驻华军官佩帽

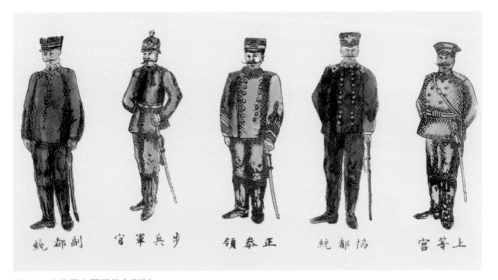

图 15　驻华国家军服着身形制

　　美国驻华军官佩帽，如图 13，共四例：军官帽分二种，一为直筒黑色，小檐，帽徽缀饰于前；一为绿色帽身上窄下宽，大檐，上系灰蓝色绳饰，帽徽缀饰于帽顶侧面；头目兵帽绿色帽身上窄下宽，大檐，上系灰粉色绳饰；另有折叠毛毡形制的防寒用帽。

　　俄国驻华军官佩帽，如图 14，共二例：步兵帽呈黑色，以红色装饰边缘，大檐，帽徽缀饰于前；另有圆筒状毛毡防寒帽，帽顶缀红色纹饰。

　　《驻华各国服制旗章》中另有少量驻华国家军服着身形制图例，如图 15。

法国驻华军服形制以副都统为例，整体呈青黑色，头戴军帽，着军靴，左侧佩军刀。

德国驻华军服形制以步兵军官为例，整体呈青灰色，头戴军帽，佩白色腰带，着白手套，着军靴，左侧佩军刀。

意大利驻华军服形制以正参领为例，整体呈青灰色，双排黄色扣，领饰红色，袖饰红色边缘与黄色折线缠绕纹，着白色手套，着军靴，左侧佩军刀。

美国驻华军服形制以协都统为例，整体呈黑色，双排黄色扣，扣三颗竖排一组，共六组十八颗，领饰黄色纹理，外服内着白色衬衣，着军靴，左侧佩军刀。

俄国驻华军服形制以上等官为例，整体呈灰色，双排黄色扣，领饰红色十字，肩章、军带黄色，着灰色腰带，军裤外侧缀红线，着军靴，左侧佩军刀。

整体来看，驻华国家军服形制窄体紧身，适于作战与指挥，具有明显的近代化军服特征。装饰风格简化去繁，并具有所属国家的喜好特色。对比晚清政府新军、禁卫军军服，可见对于其形制某些细节处的采纳吸收。

参考文献：

[1] 戴逸，李文海．清通鉴 [M]．太原：山西人民出版社，1999．

[2] 贺怀锴．符号与象征：晚清民国海军军旗研究 [J]．中国国家博物馆馆刊，2018（05）：128—136．

[3] 宝鋆，等．筹办夷务始末（同治朝）[M]．台北：文海出版社，1973．

[4] 王士皓．晚清时期中国与巴西建交历程 [J]．国际汉学，2018（04）：129—137+203．

[5] 王小平．中国近代史上第一面国旗——黄龙旗 [J]．南京史志，1998（02）：29—31．

[6] 谢忠岳．北洋海军资料汇编 [G]．北京：中华全国图书馆文献缩微复制中心，1994．

[7] 张侠，杨志本，罗澍伟，等．清末海军史料 [M]．北京：海洋出版社，1982．

九
丧葬服饰

在我国古代的礼仪中，有『礼莫重于丧』之说，《礼记·祭统》云『礼有五经，莫重于祭』。一般的礼仪不过一天，只有丧礼前后能长达三年之久，而且仪节极为复杂，内涵也相当丰富。

引言

　　在漫长的历史进程中，中华民族经历了无数的痛苦与不幸，其中失去亲人对任何人来说都是难以承受之重。长此以往，中国人逐步形成了"事死如事生，事亡如事存，孝之至也"的一整套思维模式和丧葬礼仪。丧服制度的形成与宗法制有着密不可分的关系，宗法制起源于夏商、成熟于周代，宗法制度是由氏族社会父系家长制演变而来的一种家族制度，它推崇的就是血缘关系。家庭是社会的细胞，宗法制度是维系宗族发展、稳定社会基石的可靠保障和理论基础。

　　丧礼属于"五礼"之一的凶礼，丧服制度是用于居丧期间的服饰制度，是丧礼的最核心内容。长沙马王堆帛书中已经出现"丧服图"，在敦煌文书中也发现了依据唐代丧服制度而作的"丧服图"。虽然我们还无法确定丧服制度真正起源于何时，但有一点是可以肯定的，礼制化的丧服制度来源必定与民间有关。在生产力低下的远古，家族的人丁兴旺对战胜饥荒、洪水等自然灾害极其重要，由此产生了由最初的生殖崇拜过渡而来的祖先崇拜。自然崇拜被人文崇拜所替代，孝道作为祖先崇拜的核心延续至今。而丧服制度极有可能是对民间丧葬习俗的模仿、概括和提炼。

　　丧葬服饰包括"丧"与"葬"两个相互关联又界限清晰的方面，"丧"是在丧期内有关行为规范的一种人文约束，以处理活着的人与死者关系的一系列规则为主线，通过丧服表达其孝。"葬"是活着的人对死者身后事处理的整套规定与习俗，用敛服展现死者的地位和待遇。因此丧葬服饰是研究古代服饰的一个组成部分，其中既有丧服、敛服等丰富的内容，又有凶礼、丧仪等纷繁的细节和习俗。

在我国古代的礼仪中，有"礼莫重于丧"之说，《礼记·祭统》云"礼有五经，莫重于祭"。一般的礼仪不过一天，只有丧礼前后能长达三年之久，而且仪节极为复杂，内涵也相当丰富。例如丧服的本质是辨别亲疏关系，其具体辨识方式就是依据《礼记·丧服小记》所说的"亲亲，以三为五，以五为九"。"三"，是指父、己、子三代。由父亲往上推一代是祖父，由儿子向下推一代就是孙子，经过这样一次扩展，亲属关系就由原来的三代延伸为祖、父、己、子、孙五代，这就是"以三为五"的意思。再由祖、父、己、子、孙五代分别再向上、向下推两代，经过这一次扩展，亲属关系就延伸为高祖、曾祖、祖、父、己、子、孙、曾孙、玄孙九代，这就是"以五为九"的意思。在古代，这是人一生中能够见到的直系亲属的极限，以此为基础扩展旁系亲属构成"九族"。我们常说亲疏关系"出没出五服"就是九族之内的所有亲属关系的民间说法。

除此之外，还有通过婚姻关系使得原本没有血缘关系的家族之间也建立了亲属关系，且家庭不可能独立于社会之外，必然会遇到国君、公卿之丧，这种错综复杂的社会关系，在丧服制度上必然要有所体现。《礼记·大传》归纳了贯穿其中的六种原则："服术有六：一曰亲亲，二曰尊尊，三曰名，四曰出入，五曰长幼，六曰从服。""亲亲"即血缘关系的亲疏，"尊尊"意为君臣关系，"名"指异姓女子嫁到本族之后而形成的名分关系，"出入"是区分嫁与否的情况，"长幼"为区分是否成年的情况。"从服"是以上没有包含又实际存在的各种关系，如朋友等间接关系。

基于以上这种复杂的亲疏关系而制定的丧服制度非常周详，针对不同亲疏关系，服制按服丧期限及丧服粗细的不同有五个等级的丧服，亲者服重，疏者服轻，依次递减，《礼记·丧服小记》所谓"上杀、下杀、旁杀"即此意。

丧葬服制里面同样包含许多与习俗有关的内容，在华夏文化中，用"左衽"表示落后、野蛮的异族，在儒家"尊王攘夷"思想基础上，"左衽"更被视为家园遭入侵、占领，甚至国家被异族灭亡、华夏文明沦落的标志。孔子曾说："微管仲，吾其被发左衽矣。"然而在汉族传统习俗里死者之服（寿衣）用左衽，不用布纽，而是使用细布带系死结，以示阴阳有别。《礼记·丧大记》："小敛大敛，祭服不倒，皆左衽，结绞不纽。"孔颖达疏曰："皆左衽者，大敛小敛同，然故云皆也。衽，衣襟也。生乡右左手解抽带，便也。死则襟乡左，示不复解也。结绞不纽者，生时带并为屈纽，使易抽解，若死则无复解义，故绞束毕结之不为纽也。"

古代文献中常以"衰绖"代称丧服，古人丧服胸前当心处缀有长六寸、广四寸的麻布，名衰，因而此衣也名为衰；围在头上的散麻绳为首绖，缠在腰间的为腰绖。古代男子重首，女子重腰，故尤其看重绖。绖是最重要的丧饰之一。衰、绖两者是丧服的主要部分，故以此作为丧服的代称。

不过我们也应该看到，古人在丧葬礼仪中为死者着力营造一个与现实生活相类的生活环境，以厚葬来表示"事死如事生"观念的背后，也有向世人宣扬自己忠孝节义，希冀逝者福佑家人的内心世界。既表达了人们的"孝"，又满足了生存者的心理需要。

正是因为丧服制度的内容庞杂，所以古代文献中凶礼的叙述历来占有很大篇幅，这从一个侧面反映了中国人对先人的重视和尊重。本篇章我们分别介绍了丧服和敛服中的部分仪节。

《三礼图集注》[宋]

古代服饰研究者较为倚重的资料来源主要有两个，一为文献，二为实物。其中实物又以古代墓葬出土服饰文物为主要来源。在解读出土服饰的过程中会存在一些问题，例如是否可以认定墓中出土服饰为该墓主人生前所用，而男性墓中为何有女性服饰，又为何有时墓葬出土服饰对应官阶与墓主生前官阶不符等。因此通过梳理袭敛仪节以及所用衣物的来源，来识别出土服饰的性质则变得十分重要。希望借由本篇，读者能对古代丧葬礼有所了解，也希望古代服饰的研究者在分析出土服饰时，能够从其用度出发，通过区分"袭衣""敛衣""襚衣"等，对出土服饰有更准确的判断。

┃说人

对聂崇义和《三礼图》一书，在前篇《〈新定三礼图〉及〈礼书〉》一篇中，已有基本介绍，此不重复赘述。后周世宗曾因"郊庙祭器止由有司相承制造，年代浸久，无所规式，乃命崇义检讨摹画以闻。四年，崇义上之，乃命有司别造焉"，此为聂氏《三礼图》的初创本。

此后不久，后周世宗再次诏聂崇义参定郊庙祭玉，又诏翰林学士窦俨做统领。聂崇义取《三礼图》再加考正，至北宋建隆三年（962）四月方成书上表，由窦俨为序。宋太祖览后诏曰："礼器礼图，相承传用，浸历年祀，宁免差违。聂崇义兴事国庠，服膺儒业，讨寻故实，刊正疑讹，奉职效官，有足嘉者。崇义宜量与酬奖。所进《三礼图》，宜令太子詹事尹拙集儒学三五人更同参议，所冀精详。苟有异同，善为商确。"并在五月赐聂崇义紫袍、犀带、银器、缯帛以作嘉奖。这是聂崇义第二次修订《三礼图》，虽然仍受命于后周世宗，但完成进表时已是宋太祖赵匡胤建隆三年四月的事了。

尹拙关于《三礼图》与聂崇义进行过辩驳，聂崇义再次引经文解释，悉数交予工部尚书窦仪，使之裁定。窦仪上奏说："聂崇义研求师说，耽味礼经，较于旧图，良有新意。尹拙爰承制旨，能罄所闻。尹拙驳议及聂崇义答义各四卷，臣再加详阅，随而裁置，率用增损，列于注释，共分为十五卷以闻。"皇帝诏颁行之。

宋人窦俨《新定三礼图·序》言："周世宗暨今皇帝恢尧舜之典则，总夏商之礼文，思隆大猷，崇正旧物，仪形作范，旁诏四方。常恨近代以来不能慕远，无所厘革，溺于因循，传积世之渐讹，为千载之绝轨，去圣辽夐，名实谬乖，朱紫混淆，郑雅交杂，痛心疾首，求以正之。而名儒向风，适其所愿。国子司业兼太常博士聂崇义，垂髫之岁，笃志于礼，《礼》经之内，游刃其间。"这就是聂氏《三礼图》编纂的缘起及成书过程。晁公武《郡斋读书志》、陈振孙《直斋书录解题》及《宋史·列传》《宋史·艺文志》均有著录。

聂崇义一生历经后汉、后周、北宋等朝，为学官兼掌礼，终其一生都与礼学打交道，正是渊博的礼学知识奠定了其在仕途上的发展。五代沿袭了隋唐以来的礼乐盛世背景，统治者利用礼乐之道治理国家，这也为精通礼学的聂崇义提供了施展才华的空间。聂崇义去世后，《三礼图》流通于世，并画于国子监讲堂之壁。后世礼图之作多本其源，可谓礼图著作之大成。

聂崇义是纯儒，但不再专注于注疏之学，这是他区别于汉唐以来经学家的重要原因，即开创"变古"之风。这从吏部尚书张昭对聂崇义所言"祭天苍璧九寸圆好，祭地黄琮八寸无好，圭、璋、琥并长九寸"的奏议之文可见，张按《周礼》及《尔雅》及郑玄自注《周礼》得出的结论是："岂复别作画图，违经立异？……强为尺寸，古今大礼，顺非改非，于理未通。"可见，聂崇义在整理"三礼"而作图的过程中，进行了进一步的推理，工部尚书窦仪是推服聂氏的，也站在重经义的立场。以上两种观点里，张昭是因循汉唐以来的现实，而实为守旧；窦仪和聂崇义则是追求上古三代的理想，而实为开新。

聂崇义机捷而不失正，从答郭忠恕之嘲可以看出。

> 郭忠恕尝以其姓嘲之曰："近贵全为聵，攀龙即作聋。虽然三个耳，其奈不成聪。"崇义对曰："仆不能为诗，聊以一联奉答。"即云："勿笑有三耳，全胜畜二心。"盖因其名以嘲之。忠恕大惭，人许其机捷而不失正，真儒者之戏云。

说书

聂崇义《三礼图》，或题《三礼图集注》《重集三礼图》《新定三礼图》。因本篇据《钦定四库全书》本的《三礼图集注》为底本，故以下全篇以此名。

该书成于宋初，是书乃"世宗诏崇义参定郊庙祭玉，因取三礼旧图，凡得六本，重加考订"而成。考礼图始于后汉侍中阮谌，《隋书·经籍志》列郑玄及阮谌等《三礼图》九卷。《唐书·艺文志》有夏侯伏朗《三礼图》十二卷，张镒《三礼图》九卷。《崇文总目》有梁正《三礼图》九卷。所谓"六本"，"郑玄一，阮谌二，夏侯伏朗三，张镒四，梁正五，开皇所撰六也"。但此六本都已失传。现存有聂崇义撰《三礼图集注》，是保存下来解释中国古代礼制附有图像较早的一书。

《三礼图集注》是聂崇义最具代表性的礼学成果，因而《宋史·聂崇义传》也主要记述该书的成书原因及过程，在"说人"部分已大致梳理。聂崇义《三礼图集注》有图有解说，凡图三百八十余幅，以图解经，图文并举，是典型的"左书右图"体之作，更重要的是《三礼图集注》开启了宋代经学的当代化，就是经学之变古。此当赵宋开国之初，甚至在此之前已经萌芽，聂崇义即其代表人物。

聂崇义《三礼图集注》总二十卷，卷二十为目录，并以注文形式附载有关礼制沿革，有助于"原始以要终，体本以正末"。其中对三礼旧图的删改，有"存其名而略其制"者，有"就而增之"者，有"略而不图"而"别序目录"者。"凡所集注"，皆周、孔正经及郑注，"傍依疏义"及近礼的沿革，事有未达，则引"汉法"以况之，又用"目录"考证图的不周。因此，聂崇义《三礼图集注》，能见"吉凶之象""古今之制""尊卑之别""法度之均""大小之数""君臣之序""上下之纪"。

凡二十卷为：冕服第一，后服第二，冠冕第三，宫室第四，投壶第五，射侯上第六，射侯下第七，弓矢第八，旌旗第九，玉瑞第十，祭玉第十一，匏爵第十二，鼎俎第十三，尊彝第十四，丧服上第十五，丧服下第十六，袭敛第十七，丧器上第十八，丧器下第十九，目录第二十。

据《直斋书录解题》卷二记载，本书最初图画于"宣圣殿后北轩之屋壁"，至道年间才刊行。今传世最早的刊本是南宋淳熙二年（1175）镇江府学据蜀本重刻的《新定三礼图》。另有蒙古定宗二年（1247）刻本（《四库丛刊》本）、钱曾也是园影宋抄本（《钦定四库

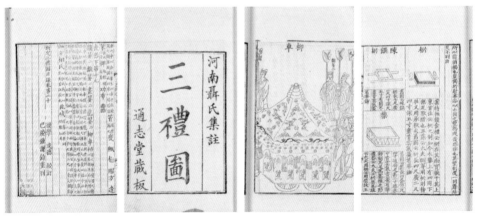

图1　聂崇义集注《三礼图》（通志堂刊本）

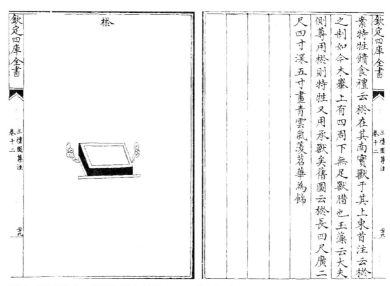

图2　聂崇义《三礼图集注》(《钦定四库全书》本)

全书》本）及清刻本多种。其后历代多有刻本和影抄本行世，但题名不一。康熙时，著名文学家纳兰性德获得此书，特意将之重新影刻，再列入其《通志堂丛书》。通志堂刊本（图1）体例格式不便寻览，或一页一图或一页数图，间隙附载说明。

本篇据乾隆四十六年（1781）收录《钦定四库全书》的内府所藏钱曾也是园影宋抄本（图2），每页自为一图，而说附于后，较为清整易观。

说图

聂崇义《三礼图集注》第十七卷为"袭敛"，考证了三礼中袭敛所用器物的制式，凡图二十六幅，为"掩""幎目""鬠笄""冒""衾""紟""夷衾""小敛绞""大敛绞""明衣（裳）""握手""纩极""决""饭珠""含贝""浴盘""夷盘""夷床""浴床""驵圭""重""铭旌""蓍""龟""燋""楚焞"，见图3，图后附说。

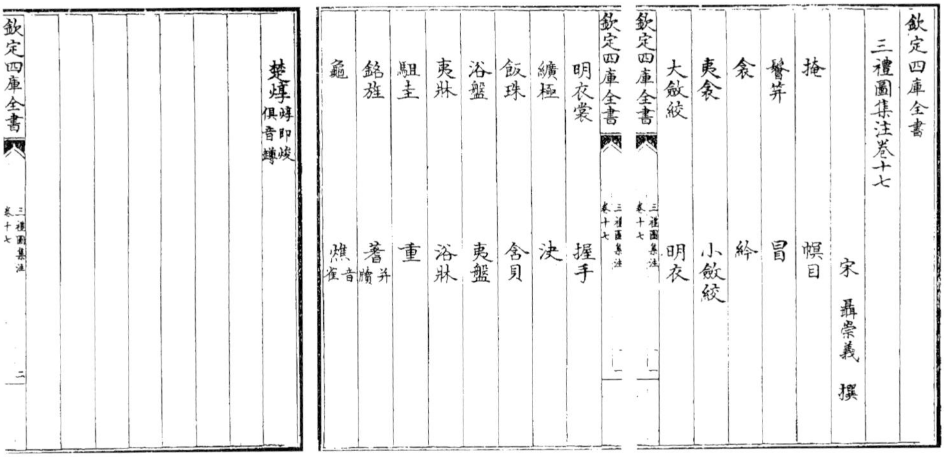

欽定四庫全書　三禮圖集注卷十七　宋 聶崇義 撰

掩　幎目　鬠笄　冒　衾　衿　夷衾　大斂絞　小斂絞　明衣

欽定四庫全書

明衣裳　繚絰　飯盤　浴巾　夷衾　闓主　銘旌　龜
握手　決　舍貝　夷盤　浴巾　重　著（音膽）　煩（音崔）

欽定四庫全書　三禮圖集注　卷十七

楚焯 得即肢 俱音蟬

图3　聂崇义《三礼图集注》卷十七

袭敛所用器物是丧礼之用品，是古人"事死如事生，事亡如事存"观念的道具，将其与丧礼仪节综合分析，有助于更形象、更直观地理解器物所承载的礼教意义。

通过《仪礼·士丧礼》《礼记·丧大记》可知，古代"丧葬"仪节主要分为三个阶段：一是葬前之礼，包括招魂、沐浴、饭含、袭、小敛、大敛等仪节；二是葬礼，包括送葬、下棺等仪节；三是葬后服丧之礼。《士丧礼》介绍士丧父母自死至殡之礼，主要的仪节有：招魂、报丧、致襚、沐浴、饭含、袭、小敛、大敛、朝夕哭、筮宅、筮日等；《丧大记》记人君以下始死、小敛、大敛、殡葬之事，涵盖了诸侯、大夫和士从病危、始死、迁尸到招魂、洗浴、小敛、大敛再到下棺的仪节。

本篇主要研究第一阶段，即葬前之礼，特别是其中对死者尸体的处理。

病人病重至确认死亡的阶段，包括"疾病—属纩—始死—迁尸于床—去死衣"仪节：

疾病，外内皆扫。君、大夫彻悬，士去琴瑟。寝东首于北牖下。废床，彻亵衣，加新衣，体一人。男女改服。属纩以俟绝气。男子不死于妇人之手，妇人不死于男子之手。……始死，迁尸于床，幠用敛衾，去死衣。（《礼记·丧

大记第二十二》)

　　士丧礼，死于適室，憮用敛衾。(《仪礼·士丧礼第
十二》)

　　以士为例，死者一定要在正寝之室命终。因此病人病危将死时，要将正寝之室内外打扫干净，并撤去乐器。然后，撤去床铺，让病人躺在地上，以期病人接受地气能恢复生气。并褪去病人旧衣，换上新衣，更衣过程中病人的四肢各有一人协助，家中男女亲属均换衣服。属纩，即将新的丝绵放在病人的口鼻处，以确认是否已逝。属纩的重要性不言而喻，乃至成为病人故去的代称。按古代伦理，男子不能死在妇人的手里，妇人也不能死在男子的手里。确认病人气绝后，迁尸体于床，用大敛所用的被子覆盖尸体，脱去病危时所着的新衣。

　　虽然按古礼，病人生前"废床寝地"，并家属改服，但在后世实行中礼仪顺序稍有改变。这是由于人们认为"若气未绝而废床，则有所不忍；亲方危而改服，则有所不暇"。但是这样，"废床寝地"随之失去了令病危者吸收天地灵气、恢复生气的意义。

　　招魂复魄阶段，即将逸出躯壳的灵魂召回，以与尚在体内的魄相复，以冀还魂复苏。该仪节被称为"招魂"或"复"，主要以始死者之衣作为招魂的工具。

　　复者一人，以爵弁服，簪裳于衣，左何之，扱领于带，
升自前东荣、中屋，北面招以衣，曰："皋，某复！"三。
降衣于前，受用箧，升自阼阶，以衣尸。复者降自后西荣。
(《仪礼·士丧礼第十二》)

　　复衣，不以衣尸，不以敛。(《礼记·丧大记第二十二》)

　　招魂的人称为"复者"，《士丧礼》中复者为一人，拿着死者的爵弁服，将衣和裳缀连在一起，从房檐的东边上房，在中间面朝北，挥动死者的衣服，呼喊死者的名字三次，然后将衣服从屋前抛下；屋前有人用小箱子（箧）接住衣服，再从阼阶上堂，将衣服覆盖在死者身上，表示魂已经回到死者身上。

用于招魂的衣服称为"复衣"。但根据《礼记·丧大记》可知，招魂用的衣服，即复衣，不再穿在死者的身上，也不能用于小敛、大敛。爵弁服作"复衣"并非定制，"唐宋制，复者一人，用死者之上服。《家礼》：'男子襕衫、皂衫，妇人大袖、背子'"(《明集礼·凶礼三·庶人丧仪》)。"上服"为等级较高的祭服或朝服，诸家说法不一。

在死者身体冷却之前的"楔齿""缀足"阶段，为后面"饭含""小敛"做准备。

> 楔齿用角柶，缀足用燕几。莫脯醢、醴酒。升自阼阶，莫于尸东。帷堂。(《仪礼·士丧礼第十二》)

> 小臣楔齿用角柶，缀足用燕几。(《礼记·丧大记第二十二》)

楔齿，指古代人初死，用角质的匙撑着其牙齿，使之不闭合，以便于饭含，至设奠后小敛时饭含方撤去。缀足，用燕几拘束死者的双足，使之正直，以便于为其穿鞋。然后为死者设奠，并用帷幕围隔尸体。

此外，还有报丧、吊唁、哭擗等仪节，但其中不涉及死者袭敛内容，故在此省略。

"致襚"仪节，即古代吊丧之礼，吊丧者向死者赠送衣被以助丧，包括国君遣人"致襚"以及亲友"致襚"。

> 君使人襚，彻帷，主人如初。襚者左执领，右执要，入，升致命。……襚者入衣尸，出。……亲者襚，不将命，以即陈。庶兄弟襚，使人以将命于室。主人拜于位，委衣于尸东床上。朋友襚，亲以进。主人拜，委衣如初，退；哭，不踊。彻衣者，执衣如襚，以适房。(《仪礼·士丧礼第十二》)

> 君无襚。(《礼记·丧大记第二十二》)

士丧父母时，国君派人（襚者）送助丧的衣被。襚者左手执衣领，右手执裳腰，入门后上堂致国君命。襚者入室，将衣裳覆盖在敛被上，然后出。大功以上的亲属（亲者）致送助丧用的衣被，不必派人向丧主通报，可直接将衣被拿到房内陈放好。庶兄弟则要派人向丧主通报，然后将衣裳放在尸体东侧的床上。朋友来助丧时，要亲自拿着进入室内，主人向朋友行拜礼，陈放衣服的方式与庶兄弟一样。撤走衣裳时，与入殓时同，放到房内。

"建旗旌"仪节，即为死者建旗，以表明其等级身份。

> 为铭，各以其物。亡（通"无"），则以缁长半幅，经末长终幅，广三寸。书铭于末，曰"某氏某之柩"。竹杠长三尺，置于宇西阶上。（《仪礼·士丧礼第十二》）

为死者作铭。铭，大夫、士死后所立的旗旌，上书其名。旗旌的色别、形制根据人的等级而不同，这也体现了古代丧葬礼仪中"事死如事生"的观念。等级不够的人则没有旗旌，只有长半幅的黑布，其下缀长整幅的赤色的布，宽度均为三尺。死者的名字写在赤色的布上，即"某氏某之柩"。用三尺长的竹子做旗杆，立在屋檐之下西阶上。

聂崇义在《三礼图集注》中绘有"铭旌"图（图4），并附考证历家之说。

> 《檀弓》曰："铭，明旌也，以死者为不可别也，故以其旗识之。"注云："明旌，神明之旌也。"《士丧礼》云："为铭，各以其物。"《周礼》："司常大丧，则供铭旌。"注云："王则太常。"又案司常职云："王建太常，诸侯建旂孤，卿建旜，大夫、士建物。"则铭旌亦然，但尺数异耳。礼纬云："天子之旌高九仞，诸侯七仞，大夫五仞，士三仞。"其《士丧礼》："竹杠长三尺。"则死者以尺易仞也。天子九尺，诸侯七尺，大夫五尺，士三尺，其旌旗身亦以尺易仞也，又从遣车之差，盖以丧事略故也，若不命之士则《士丧礼》云以缁布半幅长一尺也，赪其末长终幅长二尺也，缁赪共长三尺，广三寸，书铭于末曰"某氏某之柩"。竹杠长三尺，置于宇西阶上。

图4　"铭旌"图

注云："杠，铭幢也，宇栖也（音吕，栖者，端连绵木也）。"（聂崇义《三礼图集注》卷十七）

可见，对于"铭旌"，聂氏考证颇详，身份范围自天子至不命之士，所绘形制基本符合古礼，但尺寸不同，遵从"死者以尺易仞"。

接着是准备沐浴、饭含所用器具的环节。

> 甸人掘坎于阶间，少西；为垼于西墙下，东乡（通"向"）。新盆，盘，瓶，废敦，重鬲，皆濯造于西阶下。（《仪礼·士丧礼第十二》）

首先，甸人（掌田野之事的小吏）在两阶之间的偏西处挖坎，坎为倾倒沐尸所用浴水的地坑。并在中庭的西墙下用土块垒垼，垼为烧沐尸之水的土灶，口朝东。然后准备沐尸所用新的盆、盘、瓶、瓦敦、瓦鬲，洗干净后，放在西阶下候用。

在房中陈放敛尸用的衣物、器具的制度，其中涉及衣物、器具也是聂崇义《三礼图集注》"袭敛"篇集注的主要内容。

> 陈袭事于房中，西领，南上，不绩。（《仪礼·士丧礼第十二》）

袭事，指将要为死者穿的衣服。将其陈列于房中，衣领朝西，由南向北陈放，以南为上尊。衣服太多，衣服陈放不下需转行时，以前行末端的方向为首端，向相反方向陈放，不转行。

> 明衣裳，用布。（《仪礼·士丧礼第十二》）

明衣，斋戒时浴后所穿的衣服，因其洁净，死者敛时贴身穿。聂崇义在《三礼图集注》中绘有"明衣（裳）"图（图5），后附说。

> 《士丧礼》云："明衣裳，用布。"又下记云："明衣裳用幕布，袂属幅，长下膝。"注云："幕布，帷幕之布。升数未闻。属幅，不削幅也。其布幅二尺二寸，凡用布皆削去边幅旁各一寸，为二尺计之，此则不削幅但缭之，使相着为二尺二寸。云长下膝者，谓制此衣长至膝下，亦有裳，前三幅，后四幅，不辟积，腰间下至足跗亦不被土也，此

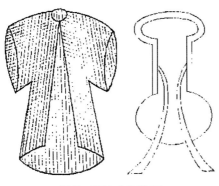

图5　"明衣（裳）"图

图6　"髻笄"图

不辟积腰间者以其一服不动，不假上狭下宽也。"今亦用生绢为衣裳，其衣大袖与衣齐，别以玄纯领袖，其裳亦前三后四，以纁纯腰襈。即《士丧礼》下篇云："纁紳緆是裳之饰也，缁纯即此衣之饰也，彼注云："一染谓之纁，今之红也，饰裳在幅曰紳，在下曰緆。缁衣谓纯领与袂也，衣以缁，裳以纁，象天地也。"（聂崇义《三礼图集注》卷十七）

聂崇义关于"明衣（裳）"的集注基本依据"郑注"而来，但其图式中对裳的绘制则并不明确。

髻笄用桑，长四寸，缫中。（《仪礼·士丧礼第十二》）

髻笄，束发用的笄，用桑木做成，长为四寸，中间宽，两头窄。

聂崇义在《三礼图集注》中绘有"髻笄"图（图6），后附说。

髻笄，用桑，长四寸，缫中。髻，结也。取会聚之义，谓先以组束发，乃笄也。注云："桑之为言丧也，为丧所用，故以桑为笄，取声名之也。"笄长四寸者，不冠故也，若冠则笄长也。古之死者但髻笄而不冠，妇人但髻而无笄。案下篇记云："其母之丧髻无笄。"注云："无笄犹丈夫之不冠也。"王肃撰《家语》云：孔子丧有冠者，妄也。缫中，谓两头阔，中央狭，狭则于发安，故注云：以安发也。（聂崇义《三礼图集注》卷十七）

聂崇义关于"髻笄"的集注很全面。笄的材质用桑，取声言丧也。

a. 辛追发髻形态

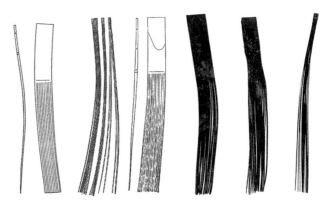

b. 梳形笄

图 7　马王堆汉墓辛追发髻形态以及出土梳形笄

出处：陈建明主编，王树金著《马王堆汉墓服饰研究》

笄长四寸，是由于古之死者但髻笄而不冠，妇人但髻而无笄。但马王堆汉墓出土辛追的发髻上插梳形笄三支，分别为玳瑁质、角质和竹质。（图 7）结合考古发现可以看出，汉墓中往往男女均用笄缩发，且材质多样。

　　布巾，环幅，不凿。（《仪礼·士丧礼第十二》）

　　布巾，指"饭含"时覆盖在死者面部的布。环幅，指布巾的长宽均为一幅。不凿，指正对着口部的地方不挖孔。聂崇义在《三礼图集注》中无"布巾"图。在丘濬《家礼仪节·丧礼》中记载了饭含时覆面用幎巾，"乃饭含……覆面（以幎巾入覆面）"。

　　掩，练帛，广终幅，长五尺，析其末。（《仪礼·士丧礼第十二》）

　　掩，用煮练过的帛制成。整幅宽、五尺长，末端撕开以打结。聂崇义在《三礼图集注》中有"掩"图（图 8），后附说。

　　按《士丧礼》云："掩，练帛也。广终幅，长五尺，析其末。"作此掩为裹尸首故也，析其末者以后二脚于颐下结之，既瑱、幎目之后，乃以前二脚倒结于项中（瑱，充耳也，用白新绵为之）。（聂崇义《三礼图集注》卷十七）

根据聂崇义所作"掩"图和附说可知，"掩"用
以包裹死者的头，结合"幎目"（用以遮盖面部）来看，
"掩"包裹的应为额头以上部位。其末端撕开以便打
结，并结合"瑱""幎目"进行。但根据其所绘式样，
撕开的部分用于打结稍显不便。

图8　"掩"图

　　瑱，用白纩。（《仪礼·士丧礼第十二》）

　　瑱，即充耳。《荀子·礼论》言："充耳而设瑱。"
古代冕冠有充耳垂在耳朵两侧，多以玉为之，以象
征不听信谗言。在丧礼中，瑱以白丝绵为之，塞入
耳部。聂崇义在《三礼图集注》中无"瑱"图及说。
在丘濬《家礼仪节·丧礼》中称为"充耳"，"用白
绵二块，如枣核大，以塞耳"。

　　幎目，用缁，方尺二寸，經里。著，组系。
（《仪礼·士丧礼第十二》）

　　幎，同"幂"，指覆盖。幎目，指遮盖面部的巾。
聂崇义在《三礼图集注》中有"幎目"图（图9），
后附说。

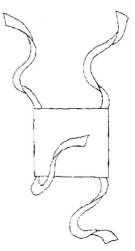

图9　"幎目"图

　　幎目，用缁，方尺二寸，經里。著以絮。注云：
　　幎目，覆面者，四角各有组系，皆于后结之。幎，
　　郑读若《诗》云"葛藟萦之"之萦。（聂崇义《三
　　礼图集注》卷十七）

"幎目"为一尺二寸的正方形巾，表为缁色（黑
色的一种，《周礼·钟氏》言："三入为纁，五入为緅，七入为缁"），
里为經色（红色的一种，《尔雅·释器》言："一染谓之縓，再染谓
之赪（同經），三染谓之纁"），应为符合"上玄下纁"之义。内充以絮，
四角有系，于后结之。

　　握手，用玄，纁里。长尺二寸，广五寸，牢中旁寸。著，
　　组系。（《仪礼·士丧礼第十二》）

握手，裹在死者手上的布块，玄表纁里。聂崇义在《三礼图集注》中有"握手"图（图10），后附说。

《士丧礼》云："握手，用玄，纁里。长尺二寸，广五寸，牢中旁寸。著，组系。"贾释注云："牢读为楼，楼谓削，约握之中央令狭小以安手之四指也。"以经云："长尺二寸，广五寸，楼去中央两旁各一寸，则中央广三寸，在于三寸中央，须容四指，每指一寸则中央两边各去四寸，方安得手之四指，于四指外仍共有八寸，皆广五寸。"又下记云："握里亲肤，系钩中指结于擎（乌乱切）。"郑注云："擎掌后节中也。此据手内置之，故言握里亲肤，即手内置之。握，长尺二寸，中掩之手，才相对也。两端各有组系，先以一端绕擎一匝，还从上自贯，又以一端向上钩中指，反与绕擎者结于掌后节中，然手无决者以握，或云如平生以藻玉恐非。"（聂崇义《三礼图集注》卷十七）

"握手"的形制历来未得确解，原因在对"牢中旁寸"一句的误解，再者，后代"握手"实际运用形制的变化也影响对经文"握手"的释义。对"握手"的解释大抵有三种说法：笼手说、韬手说、握具说。"握手"作为丧礼用具，在先秦至清代两千多年的历史中，一直沿用，但不同时段对应的形制已发生变化。1982年，湖北江陵马山一号墓出土了战国中晚期"握手"实物，证明此时"握手"是握在手中，而不是把手"握"住。死者双臂用组带横系，双手拇指用红色组带系住，双脚大拇指用黄色组带系住，这两段组带又上下连系。死者双手各握一件卷成长条状的绢团，此即"握手"。它用双层绢缝成，里层为黄色，表层为褐色，卷成筒状，中间充有丝绵，周边有锦缘，两段用一根组带系住，中间不断开，长约20.6厘米。根据出土报告，左右手设握的方法略有不同。一件"握手"放入左掌中，中指套入与两端相连的组带中；另一件"握手"则置于右掌中，中指并不套入组带中。左手设握的方法正是《既夕礼》所说的"系钩中指"，而"结

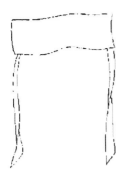
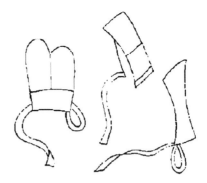

图 10　"握手"图　　　　　　　图 11　"纩极"图、"决"图

于腕"的方法均未见于双手。聂崇义所作"握手"图，与旧图的主
要区别为"旧组系四，今组系二"。

　　决，用正王棘若檡棘，组系，纩极二。（《仪礼·士丧
礼第十二》）

　　"决""极"是古代射礼中所用工具。聂崇义在《三礼图集注》
中有"纩极"图、"决"图（图 11）及说。

　　《士丧礼》云："决，用正王棘若
檡棘，组系，纩极二。"注云："决，
犹开也，挟弓以横执弦。正，善也。
王棘与檡棘，善理坚韧之木皆可以为
决。极，犹放也，以沓指放弦令不掔
指也。生者朱韦为之而三，死者用纩
又用二，明其不用云令不掔者，谓以
此二者与决为藉，令弦不决掔伤指也。
（聂崇义《三礼图集注》卷十七）

　　决，指钩弦器，用于射礼中，即拉弓
弦用的扳指，套在右手大拇指上（图 12）。
由王棘、檡棘这类木理细密而坚韧的木材
制成。根据出土文物来看，也有象牙、骨、
玉等制成的。极，射箭时套在右手食指、

图 12　"决"使用方法示意图　出处：李
芽.鞢考［J］.服饰导刊，2014，3（03）：
9-11.

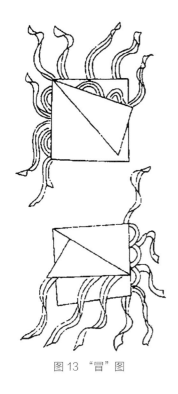

图 13 "冒"图

中指、无名指上的套子，便于放弓弦，以保护手指不受伤。极由朱色皮革制成。作为明器，"极"用纩，又用两个以区别生者所用之极。

　　冒，缁质，长与手齐，䞓杀，掩足。（《仪礼·士丧礼第十二》）

　　君锦冒，黼杀，缀旁七。大夫玄冒，黼杀，缀旁五。士缁冒，䞓杀，缀旁三。凡冒，质长与手齐，杀三尺。（《礼记·丧大记第二十二》）

　　"冒"，即尸套，上身、下身各一个。上为"质"，缁色，方正，上下等宽，长度与手齐。下为"杀"，䞓色，宽度比上身狭窄。先将"杀"从死者的足部往上套，然后将"质"从头部往下套。根据死者身份等级的不同，材质及颜色不同。国君的尸套，"质"为彩色丝帛制成，"杀"为黑白纹样，上下各留一边缝缀七带。大夫的尸套，"质"为玄色，"杀"为黑白纹样，上下各留一边缝缀五带。士的尸套，"质"为缁色，"杀"为䞓色，上下各留一边缝缀三带。

　　其制式在《家礼仪节》中更为明确："按所谓'冒，乃韬尸者也'，以布为二囊，上曰'质'，黑色，其长与手齐。下曰'杀'，绛色，其长三尺，下撩足，其制缝合一头，又缝连一边，余一边不缝，又于不缝之边，上下安三带，缀而结之，用时先以杀韬足而上，后以质韬首而下，今小敛有衾，不用可也。"（丘濬《家礼仪节·丧礼》）

　　聂崇义在《三礼图集注》中有"冒"图（图 13）及说。

　　《丧大记》云："君锦冒，黼杀，缀旁七。大夫玄冒，黼杀，缀旁五。士缁冒，赪杀，缀旁三。凡冒，质长与手齐，杀三尺。"注云："既袭所以韬尸，重形也。杀，冒之下帬，韬足上行者也。"又《士丧礼》云："冒，缁质，长与手齐，𧝓杀，掩足。"注云："冒，韬尸者，制如直囊，上曰质，下曰杀，质，正也。其用之，先以杀韬足而上，后以质韬首而下，齐手。上玄下𫄸，象天地也。"孔义云："于不缝之边，上下安七带，缀以结之，缀旁五，缀旁三，尊卑之差也。"又贾释云："质，正也者，以其在上故以正为名，质与杀相接之处，则以线缀之，使相连而不用带，二义相兼乃备。"（聂崇义《三礼图集注》卷十七）

聂崇义《三礼图集注》中"冒"图及说，主要根据贾公彦之说而作。

> 爵弁服，纯衣，皮弁服，𧘝衣，缁带，韎韐，竹笏。夏葛屦，冬白屦，皆繶缁绚纯，组綦系于踵。庶襚继陈，不用。

（《仪礼·士丧礼第十二》）

此为《士丧礼》中"袭衣"制度。袭衣根据死者的身份等级而不同，不同朝代袭衣制度也不同。《明集礼·庶人丧仪》中记载："唐宋制袭衣一称，《家礼》：'幅巾一。充耳二，用白纩。幎目帛以覆面，方尺五寸。握手帛，长尺二寸，广五寸。深衣一，大带一，履一。汗衫、裤、袜之类随所用之多少。'"与"不用冠"不同，足部"夏葛屦，冬白屦，皆繶缁绚纯"，且"组綦系于踵"，即用鞋带把双足系结固定，防止外撇。亲者和庶兄弟、朋友赠送的衣服等依次陈列，但不给死者穿用。聂崇义《三礼图集注》中"袭敛"部分没有涉及该内容。

"饭含""沐浴"所用器物：

> 贝三，实于笄。稻米一豆，实于筐。

（《仪礼·士丧礼第十二》）

聂崇义在《三礼图集注》中有"含贝""饭珠"图（图14）及说。

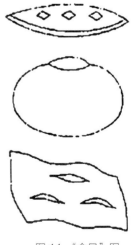

图14　"含贝"图、"饭珠"图

《士丧礼》云："贝三，实于笄。稻米一豆，实于筐。"注云："贝，水物，古者以为货，江水出焉。笄，竹器名。"贾义云："此贝三下有稻米，则士饭含用米贝也。"故《檀弓》云："饭用米贝"，亦据《士礼》也。此皆诸侯之士知者。案《丧大记》：君沐粱，大夫沐稷，士沐粱。郑以为天子之士，又云："天子沐黍与然，则天子之士含亦用粱，天子饭用黍米明矣，则诸侯饭用粱，天子、诸侯、大夫同用稷也。既士饭用米贝，不言兼有珠玉，大夫已上饭米兼珠玉也。案《典瑞》云："大丧供饭玉，含玉是天子饭含用玉也。"又《杂记》云："天子饭九贝已下者，郑以为夏殷礼也。"又《杂记》云："含者执璧彼据诸侯也。"贝，水物也，出于江淮，故《书传》云：纣囚文王，散宜生于江淮之间取大贝如车渠以献于纣，是贝出江淮也。《汉书·食货志》有大贝、牡贝之等，以为货用，是古者以贝为货也。（聂崇义《三礼图集注》卷十七）

聂崇义在《三礼图集注》中对"饭含"制度考证详备。当人死后，负责入殓的官员，就会趁死者身体尚未僵硬之时，将一把角质的勺子将死者的嘴撬开，将米粮放入死者的口中。但是稻稷黍粱这些有机物容易腐败，不能长久地保存。古人又想出新的方法，将玉石打磨成米粒的形状，塞入死者的口中。这些米粒称为米贝，所以这样的丧葬习俗，又称为"饭玉"或者"含玉"。

沐巾一，浴巾二，皆用绤，于笄。栉，于箪。浴衣，于箧。

皆馔于西序下，南上。（《仪礼·士丧礼第十二》）

此为"沐浴"所用器物。濯发曰"沐"，澡身曰"浴"。沐巾一，浴巾二，上身、下身各用一。沐巾、浴巾都是粗葛布制，放在笄内。梳子（栉），放在箪内。洗浴后所穿的衣服，放在箧内。以上竹器皆放在西墙之下，从南向北陈列，以南为尊。聂崇义在《三礼图集注》中无该内容。

图15 "浴床"图

图16 "浴盘"图

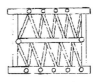
图17 "夷盘"图

"沐浴"仪节：

管人汲，不说繘，屈之。祝淅米于堂，南面，用盆。管人尽阶，不升堂；受潘，煮于垼，用重鬲。祝盛米于敦，奠于贝北。士有冰，用夷槃可也。外御受沐入。主人皆出，户外北面。乃沐，栉，挋用巾；浴，用巾，挋用浴衣。渜濯弃于坎。蚤揃如他日。（《仪礼·士丧礼第十二》）

管人汲，不说繘，屈之，尽阶不升堂，授御者。御者入浴，小臣四人抗衾。御者二人浴，浴水用盆，沃水用枓。浴用绤巾，挋用浴衣，如它日。小臣爪足。浴余水弃于坎。其母之丧，则内御者抗衾而浴。……君、大夫鬊、爪实于绿中，士埋之。（《礼记·丧大记第二十二》）

鬠用组，乃笄，设明衣裳。主人入，即位。（《仪礼·士丧礼第十二》）

管人（小吏）汲水，祝在堂上南面，用盆淘米。管人登上最后一级台阶，但不上堂，接过淘米水，到堂下装入重鬲用垼煮。祝用敦盛米，放在贝的北面。夏季丧，国君赐士冰，及装冰的夷盘。死者的仆御受命入室为主人洗头，四人扛起盖在尸体上的敛衾，丧主出门暂避。于是，仆御用煮过的淘米水为死者洗头，梳理头发，再用沐巾拭干。御者二人为死者洗身，一人洗上，一人洗下，洗用细葛布，用浴衣拭干。洗后的水倒入前文中提到的掘的"坎"内。母丧时，扛衾的是内御者。然后给死者剪指甲、理顺胡须如常。从国君、大夫遗体上梳理修剪的乱发及指甲，放在棺内的角落里，士的乱发及指甲则埋在"坎"内。沐浴后，束发鬠，簪笄，穿明衣。而后丧主入内，复位。聂崇义在《三礼图集注》中没有记载"沐浴"仪节，但载有"沐浴"仪节中所用"浴床"（图15）、"浴盘"（图16）、"夷盘"（图17）的图及说。

《周礼·凌人》："大丧共夷盘冰。"注云："夷之言，尸也。实冰于夷盘中，置之尸床之下，所以寒尸也。尸之盘曰夷盘，床曰夷床，衾曰夷衾，皆依尸而为言者也。"汉礼器制度，大盘广八尺，长丈二尺，深三尺，漆赤中。诸侯谓之大盘，故《丧大记》云："君设大盘造冰。"

浴床，亦曰夷床。夷之为言尸也。长丈二尺，广四尺，有四横，上有木第，设栏于前面及后两端，士漆之，大夫加朱饰，诸侯画云气，天子加禾稼百草华也。

浴盘，长九尺，广四尺，深一尺，有四周似舆，漆赤中。浴于中霤，以此盘承床下。

（聂崇义《三礼图集注》卷十七）

由上可知，聂崇义《三礼图集注》中，"夷盘"为承冰的盘，置于尸床下，以使尸体保持低温。"浴床"即沐浴时置尸体的床，床面有四个横，上有木第，这样以保证沐浴后的水可以流下去。根据身份等级，浴床的装饰不同。"浴盘"放置在浴床下，接住沐浴时流下的水。其形制似舆，其内漆成赤色。

接下来为"饭含"仪节，聂崇义《三礼图集注》中对此仪节没有记载。

商祝袭祭服，襢衣次。主人出，南面，左袒，扱诸面之右；盥于盆上，洗贝，执以入。宰洗柶，建于米，执以从。商祝执巾从入，当牖北面，彻枕，设巾，彻楔，受贝，奠于尸西。主人由足西，床上坐，东面。祝又受米，奠于贝北。宰从立于床西，在右。主人左扱米，实于右，三；实一贝。左、中亦如之。又实米，唯盈，主人袭，反位。（《仪礼·士丧礼第十二》）

"饭含"，指敛葬时往死者口中放进一些特定的物体含着。"饭"是指在死者口中放入米、贝；"含"又作琀，是在死者口中放入珠玉。

"饭含"之前，先撤去枕头，使尸首仰而饭易入；铺好布巾以避免饭易落；撤去楔齿时所放置的角勺。初饭含，丧主以匙扱米实于尸口之右，并实以一贝；再饭含，丧主以匙扱米实于尸口之左，并实以一贝；三饭含，丧主以匙扱米实于尸口之中，并实以一贝。最后再往口内放米，直至放满。在饭含过程中，丧主袒露左臂，将左袖塞在右腋下的衣带中；饭含后，丧主穿好左衣袖，复位。

"袭"，即为死者穿衣的仪节。

> 商祝掩，瑱，设幎目，乃屦，綦结于跗，连絇。乃袭，三称。明衣不在算。设韐、带，搢笏。设决，丽于擘（同"腕"），自饭持之；设握，乃连擘；设冒，櫜之，幠用衾。巾、柶、鬊、蚤埋于坎。（《仪礼·士丧礼第十二》）

袭包含掩、瑱、屦、幎目、袭衣、握手、冒等，其形制在前文中已经说明。首先，将"掩"覆盖在死者的头顶，死者不用生前的冠。次，将用丝绵做的充耳塞耳，再将"幎目"覆盖在死者的面部，将组带于脑后系结。次，为死者穿鞋，并用鞋带将双足系结，避免双足分开。次，为死者穿衣，士丧父母袭衣为三套，"明衣"不在此数内。次，在袭衣外系结大带，手作搢笏状，并将笏插入两手中。次，为死者戴决，将组带系于腕。次，设握手帛，并将双手腕系结。次，用尸套（冒）套在尸体上，包裹尸体。次，覆盖敛衾。最后，把用过的巾、角匙，以及剪下的乱发、指甲，埋入"坎"。

"小敛"仪节：

> 厥明，陈衣于房，南领，西上，绹。绞横三缩一，广终幅，析其末。缁衾，赪里，无紞。祭服次，散衣次，凡十有九称，陈衣继之，不必尽用。
>
> （《礼记·士丧礼第十二》）

> 小敛于户内，大敛于阼。……小敛，布绞，缩者一，横者三。君锦衾，大夫缟衾，士缁衾，皆一。衣十有九称。君陈衣于序东，大夫、士陈衣于房中，皆西领，北上，绞、

衿不在列。……小敛之衣，祭服不倒。

　　君无襚。大夫、士毕主人之祭服，亲戚之衣受之，不以即陈。小敛，君、大夫、士皆用复衣、复衾。……袍必有表，不禫，衣必有裳，谓之一称。凡陈衣者实之箧，取衣者亦以箧，升降者自西阶。凡陈衣不诎，非列采不入，绤、绤、纻不入。

　　自小敛以往用夷衾。夷衾质杀之，裁犹冒也。

（《礼记·丧大记第二十二》）

　　死之次日天明，陈小敛衣。陈列的方式在《士丧礼》中为"南领，西上，绩"，《丧大记》中则为"皆西领，北上"。国君陈衣于东方，大夫、士陈衣于房中，绞和衾不陈列。敛衣均为十九套，有衣必有裳，称为一套。小敛用复衣（即有表有里，双层），但无棉絮。亲朋助丧送来的衣服（襚衣）用于小敛，但不必陈列。陈衣、取衣时不能直接用手拿，需要用衣箱子。所陈衣服不能折叠，要平坦陈设；不是正色的衣服不能陈设，细葛布衣、粗葛布衣、苎麻布衣等夏衣不能陈设。

　　小敛衣，与"袭衣"不同，不能直接穿于尸身，而是用来裹尸。"敛"与"袭"的区别是："袭"以衣尸为义，即给尸体穿衣服；"敛"以收藏其尸为义，谓之大、小敛者，以衣衾之数有多少也。"人死斯恶之"，敛之者所以使人之弗恶也。其中祭服由于等级尊贵，遂"不倒"。从考古资料来看，"倒"的形态十分多样，有改"右衽"为"左衽"的；有将衣服倒置以后裹尸的；也有将表里反过来裹尸的。

　　绞，敛尸时所用的束带。之所以绞，是因为敛衣多，如若不绞，则不坚实。聂崇义《三礼图集注》中有"（小敛）绞"图（图18）及说。

　　《丧大记》云："小敛布绞，缩者一，横者三。"

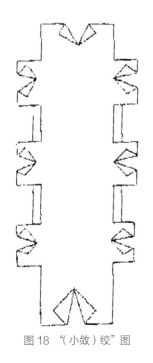

图18　"（小敛）绞"图

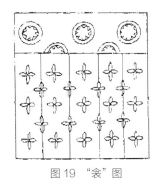

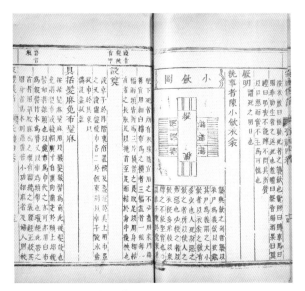

图19 "衾"图　　　　图20 《家礼仪节》"衾"图

注云："绞既敛所用束，坚之者也，缩从也。"孔义云："谓从者一幅置于尸下，横者三幅亦在尸下。从者在横者之上，每幅之末析为两片，以结束为便也。"（聂崇义《三礼图集注》卷十七）

聂崇义考证了《丧大记》及郑玄、孔颖达之说，但从绘图来看，聂崇义是根据《士丧礼》"绞横三缩一，广终幅，析其末"而作。

小敛衾，为复衾。根据身份不同：所用衾的材质不同：国君用锦衾，大夫用缟衾，士用缁衾。数量均为一。聂崇义《三礼图集注》中有"衾"图（图19）及说。

言衾者，今之被。按《丧大记》："小敛，君锦衾，大夫缟衾，士缁衾，皆一。"至大敛，又制二衾，君、大夫、士一也。凡衾皆五幅布于绞上。

衾，小敛前有冒不用衾，至小敛时用衾，君锦衾、大夫缟衾、士缁衾。（聂崇义《三礼图集注》卷十七）

《家礼仪节》中，则将绞与衾混为一物（图20）。

　　衾用横者宜用细白绵布为之，横者三幅，直者一幅，每一幅两头皆折为三片，横者之长取足以周身相结，直者之长取足以掩首至足而结于身中，复，夹也。（丘濬《家礼仪节·丧礼》）

"大敛"仪节：

　　卒敛，彻帷。……士举，男女奉尸，侇于堂，幠用夷衾。

　　厥明，灭燎。陈衣于房，南领，西上，绩。绞，紟，衾二。君襚，祭服，散衣，庶襚，凡三十称，紟不在算。不必尽用。

（《仪礼·士丧礼第十二》）

　　大敛布绞，缩者三，横者五，布紟，二衾。君、大夫、士一也。君陈衣于庭，百称，北领，西上；大夫陈衣于序东，五十称，西领，南上；士陈衣于序东，三十称，西领，南上。绞紟如朝服，绞一幅为三、不辟，紟五幅、无纮。

　　大敛，君、大夫、士祭服无算，君褶衣褶衾，大夫、士犹小敛也。

　　小臣铺席，商祝铺绞、紟、衾、衣，士盥于盘上，士举迁尸于敛上。

（《礼记·丧大记第二十二》）

小敛结束后，撤去帷幕。士抬起死者的尸体，众男女一同将尸

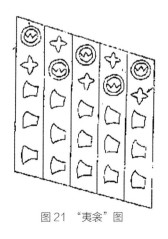

图21　"夷衾"图

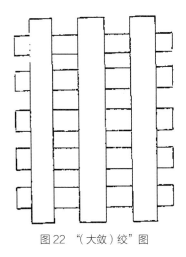

图 22　"（大敛）绞"图

体安放在堂上，用夷衾覆盖尸体。如果还有亲友助丧送襚衣，如小敛前同。聂崇义《三礼图集注》中有"夷衾"图（图 21）及说。

> 《丧大记》曰："小敛以往用夷衾。夷衾质杀之，裁犹冒也。"注云："冒，既袭所以韬尸，重形也。小敛又覆以夷衾，裁犹制也。"孔义云："小敛以往用夷衾者，往，犹后也。小敛前有冒，故不用夷衾。自小敛后衣多，不可用冒，故用夷衾覆之。其夷衾所用缯色及长短制度与质杀同，但不复为囊及旁缀耳。"

> 小敛讫，别制夷衾以覆之，其实皆大敛之衾也，以其皆入大敛衣内故也。《士丧礼》又有覆柩之夷衾。夷衾，上质朱锦，下杀朱地，黼文。

> （聂崇义《三礼图集注》卷十七）

小敛第二天天明，灭烛，陈大敛衣如小敛。大敛衣，如有国君助丧送襚衣，则先用"君襚"，次祭服，次散衣，次"庶襚"。国君百称，大夫五十称，士三十称。不必全部用尽。大敛时其中所用祭服数量没有定数。国君敛衣多，所以用不絮丝绵的夹衣、夹被，大夫、士用的大敛衣与小敛时相同。大敛于堂上进行。

大敛布绞，为大敛时用于束尸的布带。聂崇义《三礼图集注》中有"（大敛）绞"图（图 22）及说。

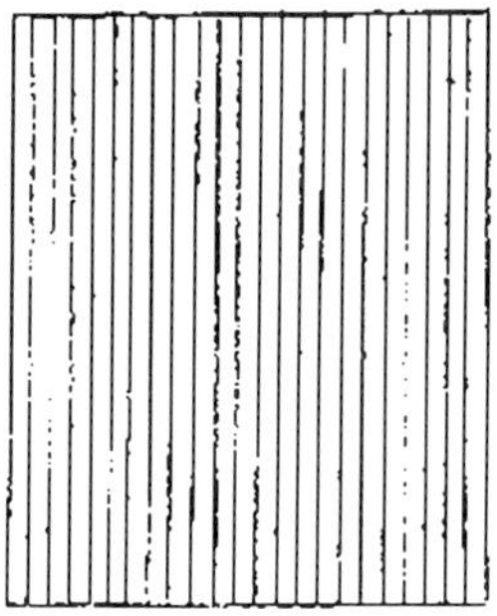

图23 “紟”图

《丧大记》云:“大敛布绞，缩者三，横者五。布紟二。衾，君、大夫、士一也。绞紟如朝服。”注云:“二衾者,或覆之,或荐之。如朝服者，谓布精粗如朝服十五升。小敛之绞，广终幅，析其末。大敛之绞，取布一幅直裂作三片而用之，其横者五者亦谓取布二幅直裂为六片而用五片，置于缩三之下，皆欲其坚之急也。（聂崇义《三礼图集注》卷十七）

大敛布绞在墓葬出土中极为常见，其形制可考，与聂崇义所绘形制相符。

紟,单被。用在衾外层,紟外束绞。由“小臣铺席,商祝铺绞、紟、衾、衣,士盥于盘上,士举迁尸于敛上”,可见大敛的方式。聂崇义《三礼图集注》中有“紟”图（图23）及说。

郑云:“紟,禅被也。五幅白布为之,别无缘饰也。”《丧大记》云:“紟五幅，无紞。”注云:“紞，被识。生时禅被有识，死则去之，异于生也。”（聂崇义《三礼图集注》卷十七）

《三礼图集注》中紟为白布制，五幅，无纹饰。与生时所用单被有紞以识别正反不同，紟无紞，以区别于生时所用单被。

此外,聂崇义《三礼图集注》还有“夷床”“翣圭”“重”“蓍”“龟”“燋”“楚焞”图，因本篇主要分析“袭敛”中服饰相关内容以及尸体的处理过程，故在此省略。

参考文献：

[1] 周礼 [M]. 徐正英，常佩雨，译注 . 北京：中华书局，2014.

[2] 徐一夔，等 . 明集礼 [M]. 北京：商务印书馆，2013.

[3] 王树金 . 马王堆汉墓服饰研究 [M]. 北京：中华书局，2018.

[4] 池雪丰 . 明代丧礼仪节考 [D]. 杭州：浙江大学，2017.

[5] 崔圭顺 . 传统丧礼中复和复衣的朝鲜化变容 [J]. 韩国学论丛，第 34 辑，国民大学校韩国学研究所，2010.

[6] 伏俊连 .《仪礼》"握手"考 [J]. 古籍研究，1999（02）：12—15.

[7] 礼记 [M]. 胡平生、张萌，译注 . 北京：中华书局，2017.

[8] 金中枢 . 宋代的经学当代化初探——聂崇义的三礼图学 [J]."国立"成功大学历史学报，1983（10）：77—104.

[9] 李春桃 . 说"夬""韘"——从"夬"字考释谈到文物中扳指的命名 [J]. 吉林大学社会科学学报，2017，57（01）：175—182+207—208.

[10] 李芽 . 韘考 [J]. 服饰导刊，2014，3（03）：9—11.

[11] 李玉洁 . 先秦丧葬制度研究 [M]. 郑州：中州古籍出版社，1991.

[12] 聂崇义 . 析城郑氏家塾重校三礼图 [M]. 上海：商务印书馆，1920.

[13] 聂崇义 . 新定三礼图 [M]. 丁鼎，点校解说 . 北京：清华大学出版社，2006.

[14] 彭浩 . 江陵马山一号墓所见葬俗略述 [J]. 文物，1982（10）：12—15.

[15] 仪礼 [M]. 彭林，译注 . 北京：中华书局，2012.

[16] 乔辉 .《三礼图集注》作者聂崇义生平考略 [J]. 兰台世界，2015（09）：146—147.

[17] 乔辉 . 聂崇义《三礼图》编撰体例考索 [J]. 贵州大学学报（社会科学版），2015，33（05）：174—177.

[18] 脱脱，等 . 宋史 [M]. 北京：中华书局，1985.

[19] 王宁玲 .《仪礼·士丧礼》"握手"形制小议 [J]. 历史文献研究，2019（02）：54—67.

[20] 3n3n. 玉中三玦：扳指之玦 [J]. 大众考古，2017（11）：35—38.

《五服图解》[元]
及《仪礼图·丧服》[宋]

说人

《五服图解》作者龚端礼，字仁夫，元嘉兴人，生卒年不详。其先祖为龚颐正（1140—1201），史书上对龚颐正尚有一些记载。周必大称其博通史学，娴于辞章。龚颐正著述颇丰，有《芥隐笔记》《续释常谈》《中兴忠义录》等。

现存文献中鲜有龚端礼个人生平的记述，只有《五服图解》中含其部分自述，"愚少年学于西蜀"，深感儒学之精深并对明晓丧礼、丧服之意义感兴趣。撰写《五服图解》，其意义不止于丧服与丧礼，而在更为深远的以儒学通晓治国、齐家、平天下之道。

《仪礼图》作者杨复，字志仁，一字茂才，福建福州人，生卒年不详。因《仪礼图》自序中载成书时间为绍定戊子年（1228），可判断杨复卒年或晚于此年（有一说卒于1234年）。其受业于朱熹，颇富才学。理宗端平元年（1234），宋闽学家真德秀出任福建安抚使，创贵德堂于三山郡学，延请杨复主持教务，闽士多受教于此。真德秀赞评杨复为"道宗圣贤，学冠古今。推明典礼会通之大，究极天地鬼神之精。虽未获身管枢要，而立言垂世，真足陶冶后学"。明宪宗朝刑部尚书林聪另赞："析理入微，见道极高。儒绅推重，振古人豪。"

杨复著作《仪礼图》为朱熹仪礼学说解读之大作，其另有《祭礼》《纂图集注文公家礼》《家礼杂说附注》《大学中庸口义》《论语问答》《诗经杂说》等著作。

杨复《仪礼图》之《丧服》与龚端礼《五服图解》同为记述中

国古代丧服制度的关键之作，其二人为丧服文化及其相应的仪礼制度之延续与解读做出了重要贡献。

说书

《仪礼图》，成书于宋代绍定元年（1228），共十七卷，内容文、图、表并重，是对《仪礼》的详细叙述，有《四库全书》本、《丛书集成初编》本等。《仪礼图》中《丧服》在卷十一，其中同样使用文字叙述与图像辅助的编撰方式，专门描绘丧服图式共十七幅，另有族系图表。《仪礼图·丧服》虽仅为《仪礼图》中的一卷，但其对中国古代丧服礼制文化的延续与解读具有重要价值，为后世历代丧服文化的研究典范。

《五服图解》晚于《仪礼图》，成书于元代，全册共九十二页，以文字叙述为主、图像描绘为辅。其内容中，图式与《仪礼图·丧服》相同，共有十七幅，另有族系图表九例。《五服图解》是专门记述中国传统"五服"文化的历史文献，部分内容与《仪礼图·丧服》不乏重叠之处，同样具有重要的研究价值。

《五服图解》中记载，五服图有《五服八图》与《鸡笼之图》，如图1。《五服八图》为《本族之图》《外族之图》《嫁女为父族图》《妻为夫家之图》《夫为妻家之图》《礼制六父十二母图》《本族三殇之图》《易晓之图》。西汉元康二年（公元前64），汉宣帝召集群臣论定丧服制度。汉宣帝评价"古宗枝图列九族，世俗难晓"，这里的《古宗枝图》为菱形版本《本宗九族五服图》，即"五服八图"之一，而后谏臣王章启发于鸡笼形状，绘制出新式五服图，即《鸡笼之图》。而不论《五服八图》还是《鸡笼之图》，都是《仪礼·丧服》中描述的各种亲疏关系的图解。《仪礼·丧服》中的宗族各人之间的亲疏远近，则来自于周代的封建宗法制规定，其中爵位、出入、长幼、

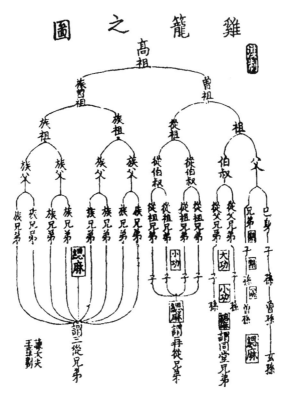

图 1 《五服图解》中《鸡笼之图》

宗法、嫡庶等都属于相关因素。学者吴飞在《五服图与古代中国的亲属制度》中表明："从最中间的己身开始，斩衰、齐衰、大功、小功、缌麻五种丧服层层外推，左右上下四部分两两对称，似乎构成了亲属关系的一个同心圆结构，从中很容易看出费孝通所说的差序格局。在现存的资料中，最早的菱形宗枝图出现在黄榦《仪礼经传通解续》的丧礼部分和杨复的《仪礼图》中。宋代以降，特别是明清，官方和民间都广泛使用这一五服图。但这种五服图究竟起源于何时，却并不明确。"总之，自产生之时起，《五服八图》及《鸡笼之图》所绘制的宗族结构，成为五服制度的标准化结构，继而为后世各朝代沿用。

《仪礼图·丧服》与《五服图解》中对于丧礼文化的注解，是对中国古代宗族支系结构与相应礼制中丧服制度的重要解读。

中国古代礼制，按传统可分为吉礼、凶礼、宾礼、军礼、嘉礼五类，称为"五礼"。列于首位的吉礼为祭祀之礼；凶礼为发生灾祸后诸侯国之间相互哀悼慰问及救助之礼；宾礼为诸侯与天子之间、各城邦之间的相互之礼；军礼即关乎军事训练及兵役之礼；嘉礼为喜庆之礼。凶礼于"五礼"中位列其二。

《中国丧服制度史》中评：

> 秦汉中央集权制建立以后，邦国消失（仅汉初之封国尚有一定势力，景帝后封国名存实亡），荒、吊、袷、恤逐步合并为中央统一的赈抚灾荒之事，原有的礼制功能单一化了。而涉及宗族血统的丧礼则日趋复杂完备，以至于后世礼典中凶礼内容几乎完全为丧礼所囊括，如《通典》所记唐以前历代凶礼均为丧礼，唐时《开元礼类纂要》载凶礼二百多条，其中仅三条涉及赈灾，余均为丧礼。因此习惯上"丧礼"也就成了"凶礼"的代名词。

"丧礼"中，为丧礼所服即为丧服，丧服研究涉及丧服制度与其礼制。最早记录丧服制度的典籍为《礼记》与《仪礼》，而此后历朝历代直至清末，丧服制度一直被统治者所采纳，并成为儒学文化中的重要部分。唐杜佑《通典》中，礼典部分所占一百卷，其中凶礼三十四卷，凶礼中丧服制度则占三十卷余。至清代，《仪礼图》卷十七收于《四库全书·经部》，《五服图解》则收录于嘉庆帝故宫养心殿藏书——清代学者阮元撰辑的《宛委别藏》系列书册中。

丧服制度起源于西周宗法制度，它对于亲属关系进行了更为完备的细化与整合，形成体系。《史记·乐书》载："是故先王制礼乐，人为之节：衰麻哭泣，所以节丧纪也。"《正义》曰："制五服哭泣，所以纪丧事之节，而不使背死忘生也。事死者难，故以哀哭为前也。"

而后，随着汉代经学的发展，丧服制度更成为协调宗族亲疏与社会关系的重要制度。魏晋时期，统治阶级将"五服"制度纳入法典之中，此后历代法律以"准五服以制罪"为第一准则，即根据五服关系来确定人们之间的亲疏关系，进而确定其法律责任。它不仅适用于亲属间相互侵犯、伤害的情形，也用于确定赡养、继承等民事权利义务关系。

"准五服以制罪"实质上为将"同罪异罚"原则在家族范围内施展的体现。于刑法上，其适用原则为亲属相犯，以卑犯尊者，处罚重于常人，关系越亲，处罚越重；若以尊犯卑，则处罚轻于常人，关系越亲，处罚越轻。亲属相奸，处罚重于常人，关系越亲，处罚越重；亲属相盗，处罚轻于常人，关系越亲，处罚越轻。在民事方面，如财产转让时有犯，则关系越亲，处罚越轻。

"准五服以制罪"这一原则的确立，使得儒家的礼仪制度与法律更加协调地结合在一起，这是自汉代开"礼律融合"之先河以来封建法律儒家化的一次明显进展。它不仅体现出古代律法上"礼律并重"的特点，也是中国封建法律中伦理法特征的集中表现。自魏晋起，以五服治罪的原则沿用直至明清，作为封建法律的重要组成部分，它在中国古代维系宗族内部与外部社会关系的协调稳定上发挥出重要的作用，并表现出鲜明的儒学特色。

对于丧服制度本身而言，在法律上的用度增加，则使这一观念更为深入。《唐律》是中国历史上第一部将丧服制度系统法律化的法典，唐代盛世中的社会稳定与这些法律制度的确立休戚相关。正如龚端礼于《五服图解》开篇处所陈述：

> 夫有国者，莫不以刑法为治统，有家者，莫不以服纪别亲疏。是故，礼有五礼，服有五服，刑有五刑。圣人以礼制而定服纪，以服纪而定刑章。然则，服有加降，刑分重轻。欲正刑名，先明服纪。服纪正，则刑罚正，服纪不正，则刑罚不中矣。此乃万古不易，治国、齐（此处原文缺失，后人补充为：治国、齐家、平天下之道）。

丧服制度涉及中国古代礼制系统与法制系统，对于丧服制度的研究，或为挖掘中国古代传统意识形态与儒学治国理论的巧妙突破口。对此,中国历代不乏学者著书立说或进行解注,《五服图解》《仪礼图》便是这其中的重要著作。而五服之学与相应的丧服制度的意义不止在于国家礼制与法律层面,它更是儒学深入民众生活后历时长久而形成的风俗习惯。龚端礼在《五服图解》前文中记述"五服使民知孝义,以厚风俗",这便也是五服文化与丧服制度意义的体现。

五服按等级规格依次为斩衰、齐衰、大功、小功、缌麻,每种形制对相应的服丧群体有清晰的规定。

斩衰服丧情况:诸侯为天子,臣为君,子为父、未嫁之女为父、嫁后因故复从父居之女为父,嗣子为所嗣之父,承重孙为祖父,妻妾为夫。《清史稿·礼志十二》中记载:

> 斩衰三年,子为父、母,为继母、慈母、养母、嫡母、生母;为人后者为所后父、母;子妻同。女在室为父、母及已嫁被出而反者同;嫡孙为祖父、母或高、曾祖父、母承重;妻为夫,妾为家长同。

齐衰服丧情况:若父卒,子及未嫁之女、已嫁复归之女为母,母为长子,服齐衰三年。若父在,子及未嫁之女、已嫁复归之女为母,夫为妻,服齐衰杖期。为祖父母、伯叔父母、兄弟、未嫁之姐妹、长子以外的众子以及兄弟之子,服齐衰不杖期。这里祖父母为嫡孙,出嗣之子为其本生父母,已嫁之女为父母,随母改嫁之子为同居继父,妇(儿媳)为舅姑(公婆)、为夫之兄弟之子,妾为女君(夫之正妻),也同样服齐衰不杖期。为曾祖父母、高祖父母则服齐衰三月。

《仪礼·丧服》中规定的服丧制度为后世历代持续遵行,但也有所调整,如唐代,为母服丧,父在父卒皆齐衰三年,子妇为姑同齐衰三年。后至清代,夫为妻,男子为庶母、伯叔父母、兄弟姊妹,已嫁女为父母,孙男女为祖父母,依具体规定服齐衰杖期或不杖期,丧期均为一年;重孙男女为曾祖父母,则服齐衰五月;玄孙男女为高祖父母,则服齐衰三月。

大功服丧对象为：从父兄弟（即伯叔父之子），已嫁姑母、姊妹、女儿，未嫁之从父姊妹（即伯叔父之女）及孙女，嫡长孙之外的众孙及未嫁之孙女，嫡长子之妻。若为已嫁之女为兄弟及兄弟之子，已嫁、未嫁之女为伯叔父母、姑母、姊妹，妻为夫之祖父母、伯叔父母以及夫之兄弟之女已嫁者，出嗣之子为同父兄弟及未嫁姊妹，则服丧同样为大功。《明史·礼志十四》载：

> 曰大功九月者，为同堂兄弟及姊妹在室者，为姑及姊妹及兄弟之女出嫁者；父母为众子妇，为女之出嫁者；祖为众孙；为兄弟之子妇……妻为夫本生父母，为兄弟之子为人后者。

小功服丧对象为：从祖父母（父之伯叔父母），堂伯叔父母（父之堂兄弟及堂兄弟妻），从祖兄弟（父之堂兄弟之子），已嫁之从父姊妹及孙女，长子外的子之妻，未嫁之从祖姑姊妹（父之伯叔父之女及孙女），外祖父母、从母，及妻为娣姒（妯娌）、夫之姑母和姊妹，出嗣之子为同父姊妹之已嫁之女。《新唐书·礼乐志十》记载：

> 小功五月殇。正服：为子、女子子之下殇，为叔父之下殇，为姑、姊妹之下殇……为从兄弟姊妹之长殇，为庶孙之长殇。降服：为人后者为其兄弟之长殇，出嫁姑为侄之长殇，为人后者为其姑、姊妹之长殇。义服：为夫之兄弟之子、女子子之下殇，为夫之叔父之长殇。

缌麻服丧对象为：族曾祖父母（祖父之伯叔父母）、族祖父母（祖父之堂兄弟及堂兄弟妻）、族父母（祖父之堂兄弟之子及堂兄弟之子妻）、族兄弟（祖父之堂兄弟之孙），从祖兄弟之子，曾孙、玄孙，已嫁之从祖姑姊妹，长孙之外之孙之妻，姑祖母，姑表兄弟、舅表兄弟、姨表兄弟，岳父母、舅父、女婿、外甥、外孙。另，妻为夫之曾祖父母、伯叔祖父母、从祖父母、从父兄弟之妻服丧同样为缌麻。《礼记·大传》记载："四世而缌，服之穷也，五世祖免，杀同姓也，六世亲属竭矣。"

1052

　　由五服观念下的丧服制度规定的服丧群体可以看出，中国封建社会的父系家族组成特征鲜明，即以父宗为重。其中所包含的亲属范围则涉及高祖至玄孙共九代，即本宗之九族，而九族中关系相近者服丧等级高、服丧为重，关系为疏者服丧等级低、服丧为轻，服丧等级的高低均由关系的亲疏远近所规定。由此也可看出，中国古代同一家族成员之间关系的协调稳定，是因对宗族各人相应所属位置的详细规定，而丧服制度中的"五服"之细分，则是各家族成员均遵守的宗族关系之具体体现。

　　《五服图解》与《仪礼图·丧服》的详细记述对中国古代丧服制度的解读具有关键的意义，更有助于延伸理解中国古代传统宗族概念、父系社会观念等。

说图

　　《五服图解》中，龚端礼绘丧服图式五张十七幅；《仪礼图·丧服》中，杨复绘丧服图式七张十七幅。两书图式各例内容相同，分别为辟领四幅：《裁辟领四寸图》《反折辟领四寸为左右适图》《反折向前图》《别用布横长一尺六寸广八寸塞阔中为领图》；斩衰与齐衰形制二幅：《加领于衣前图》《加领于衣后图》；裁衽图二幅；制裳图一幅；斩衰冠一幅；齐衰冠一幅；首绖图二幅：《斩衰首绖图》《齐衰首绖图》；腰绖图二幅；绞带一幅；布带一幅。

　　衰，即麻质丧服上衣，斩衰即边缘不加缝缉的丧服形制。"衰"本意为胸前置于心口处缀饰的麻布，在全身最近于心脏的位置，以表哀伤之痛。

　　负，又称为"负版"，表达将丧亲之痛负担于背之意。

　　袂，在丧服中为丧服衣袖，袖口为祛。丧服袂以完整布幅制作，即二尺二寸布幅。祛则"祛尺二寸"，即袖口宽为一尺二寸。

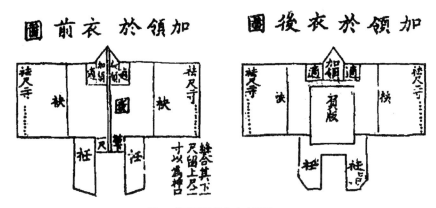

图2 《五服图解》衰衣图示

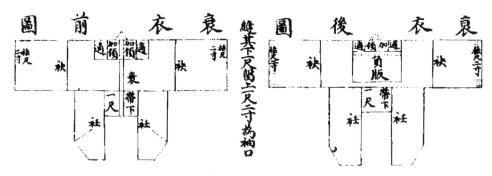

图3 《仪礼图·丧服》衰衣图示

适，又称为"辟领"，其形制为由领口向左右两侧肩部外翻向前的麻布。

衰、适、负属于丧服中等级较高的形制，为斩衰、齐衰所专用。

衽，缝缀于衰之下缘两侧，按《仪礼正义》，朝服、祭服之裳为前三幅，后四幅，旁侧不连，以衽掩之，与丧服同。由于丧服下衣，即裳，采用前三幅、后四幅，前后间无缝合的形制，则用服时着丧服者腿部外侧易露在外，而衽则起到遮蔽之用。

就图式形制而言，《五服图解》与《仪礼图·丧服》所绘大致相同，但其中存在差异。如衰衣所示，图2为《五服图解》中衰衣形制，图3为《仪礼图·丧服》中衰衣形制。对比两图可发现，两版衰衣前后图细节的明显不同之处有三：其一，衰衣前图中，《五服

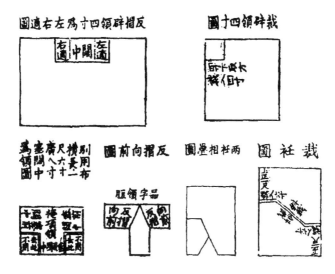

图4　《五服图解》辟领与衽图式

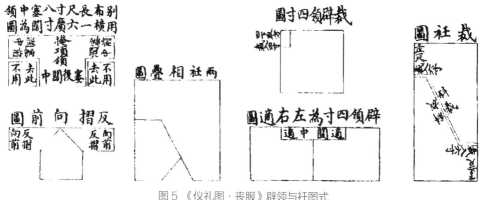

图5　《仪礼图·丧服》辟领与衽图式

图解》加领处由后颈部中心折向外部两侧，《仪礼图·丧服》中加领处为向下折叠；其二，衰衣前图中，《五服图解》两衽下缘为两角，《仪礼图·丧服》中多一角且有折痕，但此处若与衰衣后图进行比对，可发现《五服图解》后图所示两衽形制又与《仪礼图·丧服》所示相同，如图4与图5；其三，衰衣后图中，《五服图解》负版与两适同中间加领无连接，《仪礼图·丧服》中则经一横栏相互连接，且《五服图解》负版长于"袪尺二寸"，《仪礼图·丧服》中负版则短于"袪尺二寸"。

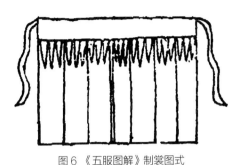 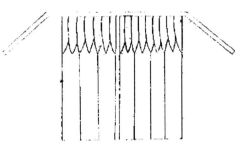

图 6 《五服图解》制裳图式　　　　　图 7 《仪礼图·丧服》制裳图式

　　裳，即麻质丧服下衣，斩衰裳同样不加缝缉。丧服裳腰间系带，且作褶裥。裳身由七幅麻布缝制而成，每幅麻布于近腰处作三个褶裥。《五服图解》与《仪礼图·丧服》中标注均为"前三幅""后四幅"，中间无缝合。按《仪礼正义》中记载，吉服与丧服均采用前三幅、后四幅之形式，"三"为阳数，"四"为阴数，则"前三幅""后四幅"合于阴阳之数。

　　见图6与图7，两书中裳制图的差别在于近腰处每幅麻布三个褶裥的分布。《五服图解》中三褶裥位于每幅内；《仪礼图·丧服》中三褶裥则扩展于每幅外，即每三褶裥中，两边褶裥叠于每幅相接处。且《五服图解》中褶裥绘制形制为由腰部向下较为锋锐的尖角，而《仪礼图·丧服》中褶裥绘制形制则为腰部处宽钝，向下缘处作较为圆润的角。两书制裳于腰部处也存在差别，《五服图解》中腰部较宽，《仪礼图·丧服》中腰部图示所示与系带同宽，这较《五服图解》腰部形制则窄了许多。另腰间系带，《五服图解》绘制图式所示柔韧卷曲，《仪礼图·丧服》中则笔直刚挺。此处差别也与两书绘图的风格一致，《五服图解》绘图线条显示出无模具手绘形态，《仪礼图·丧服》中直线部分显示出直线模具的使用痕迹，表现形态则较为规整。

　　斩衰冠，见图8与图9，同样用麻制作，《礼记·丧服小记》中，

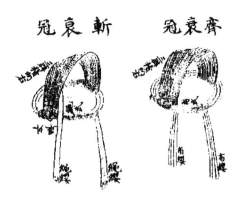

图 8 《五服图解》斩衰冠与齐衰冠图式　　　　图 9 《仪礼图·丧服》斩衰冠与齐衰冠图式

"斩衰括发以麻"。冠顶用粗麻布片,上有三条纵向褶裥,称"三辟积",三条褶裥依次向右折叠缝合,连接麻制箍状绳圈前后,箍状绳圈下有绳缨垂坠。齐衰冠大体形制与斩衰冠相同,仅坠处以布缨替换绳缨。

　　《五服图解》与《仪礼图·丧服》中均另作文字注解,注"大功冠"与齐衰冠相同。"小功冠"三辟积向左,其余与齐衰冠相同。"缌麻冠"同小功冠,三辟积向左,绳缨质料为澡布。

　　首绖,服丧时系于前额的麻带,如图 10 与图 11。斩衰首绖形制与齐衰首绖形制,两者额前麻带形制相似,并有两条同等长度绳缨垂下,但下垂之缨的系带方式与质料均有所不同。斩衰首绖下垂为绳缨,且"左本在下";齐衰首绖下垂为布缨,且"右本在上"。

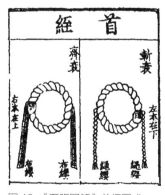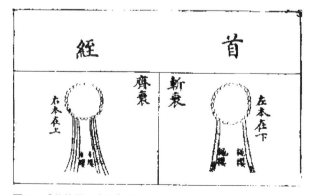

图 10 《五服图解》首绖图式　　图 11 《仪礼图·丧服》首绖图式

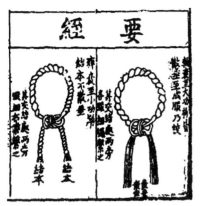

图 12 《五服图解》要（腰）绖图式

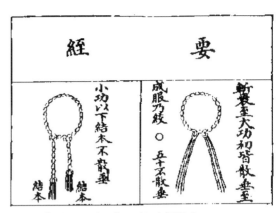

图 13 《仪礼图·丧服》要（腰）绖图式

参考《中国丧服制度史》之注解："本，即麻根；下，指内，上，则指外，'本在下'，即麻根在内，麻梢（也称麻尾）搭在麻根之外。""（斩衰首绖）以麻根置左耳处，麻梢从额前绕右耳、项后回至左耳处，缀束之，多余之麻以麻梢在外、麻根在内的方式垂于左耳之际。"两书首绖在绳缨位置的绘制上有所区别，《五服图解》中首绖绳缨系于中心对称的两侧，《仪礼图·丧服》中绳缨则均靠近前侧。

腰绖（原文作"要绖"），即缠系于腰间的麻带，如图 12 与图 13。编结方式较为疏松，系带分为"散垂"式与"结本不散垂"式。

绞带，其形制与腰绖相似，同样系于腰间，斩衰绞带用麻，齐衰及以下用布，如图 14 与图 15。就图式而言，《五服图解》中斩衰绞带图式绳缨编结方式较为致密，粗细度较为纤细，仅一条绳缨垂下；《仪礼图·丧服》中则较宽，显示为多条穗状。

古代礼制观念下的丧服制度中，若按各级别整套服制来看，则斩衰、齐衰、大功、小功、缌麻五种服制的详细构成又各不相同，它们体现服丧者与死者关系的亲疏，并相应地规定出三年、一年、九月、七月、五月、三月等服丧期。

斩衰服，在五服中列于首位，是中国古代丧服制度中级别最高

图 14　《五服图解》绞带图式　　　　　　图 15　《仪礼图》绞带图式

的服制形式。斩衰服全服由极粗的生麻布制作而成，质料最为厚重。须服斩衰者，丧期为三年。

《丧服经》（即《仪礼·丧服》经文）中规定"斩衰裳、苴绖、杖、绞带、冠绳缨、菅屦"为斩衰服。

斩衰裳起初内衬白色孝衣，后以麻布披身代替。苴绖即首绖、腰绖，由已结子的雌麻纤维织成的粗麻布带制成。杖为苴杖，由竹料制作，与胸齐高。绞带，同为粗质麻制作。冠绳缨，即斩衰冠。菅屦，由菅草编制而成的草鞋，形式粗陋。

《礼记·间传》中说"斩衰三日不食"，《礼记·三年问》记载："创钜者其日久，痛甚者其愈迟。三年者，称情而立文，所以为至痛极也。斩衰、苴杖、居倚庐、食粥、寝苫、枕块，所以为至痛饰也。"

可见服斩衰者不仅在着装服制上有严格明确的要求，服丧期间的日常细节包括饮食、起居都要受到苛刻的细化约束。

东汉以后，现任官员须服斩衰者，则应离职服丧，进行守丧至丧期结束，称丁艰或丁忧，这里父丧称丁外艰或丁外忧，母丧称丁内艰或丁内忧。若在中央政府特殊需求下或特殊情况下，该官员无法离职守制（即守丧），则为"夺情"，这时即便是遵守朝廷的指令也往往受到伦理谴责。在科举中，若士子须服斩衰之丧，丧期内便不得应考。若须服斩衰却刻意隐瞒不报丧事实情，则为匿丧，匿丧行为难免受到严厉处罚。

齐衰服，次于斩衰。按《丧服经》，全套齐衰服形制包含："疏衰裳，齐（缉），牡麻绖，冠布缨，削杖，布带，疏屦。"它与斩衰服的区别在于用针缝边。其粗陋程度相比斩衰服则较弱。齐衰服按应服的丧期又分四种形式：齐衰三年、齐衰杖期、齐衰不杖期、齐衰三月。齐衰三年与斩衰服丧时间相同。用丧杖，称"杖期"。齐衰杖期，本义服丧期一年，实际超过一年，有十三月说和十五月说。不用丧杖，则称"不杖期"。齐衰不杖期，丧期为十三个月，区别于齐衰杖期，不杖期不主丧、不用杖。齐衰三月，丧期最短，期限为三个月。

大功服，次于齐衰。分两种，一为成人大功服，一为殇大功服。成人大功服，《丧服经》记载："大功布衰裳，牡麻绖，缨，布带，三月，受以小功衰，即葛，九月者。"大功九月与齐衰三月相比，虽然丧期较长，但服制较轻，因此在五服之中次于齐衰三月。殇大功服，指为未成年而死者所制的大功服。其与成人大功服的区别是无受服。古人认为"丧未成人者，其文不缛"，即为未成年人服丧，节文应简单。

小功服，次于大功服。分两种，一为成人小功服，一为殇小功服。《仪礼·丧服》对两者的叙述分别为："小功布衰裳，牡麻绖，即葛，五月者。""小功布衰裳，澡麻带，绖，五月者。"

缌麻服，五服中等级最低的丧服。分两种，一为成人缌麻服，一为殇缌麻服。丧期均为三月且无受服。

总体而言，五服质料的选择是丧服制度服饰原料追求粗陋效果的体现。质料越厚重粗陋，则等级越高。且在服饰形象上采用较为原始的状态效果，不经染色而采用麻布原色。麻布质料，由种植大麻获取，其种植区域广泛，原料易得。元代后，大功以下丧服改以棉布为质料，斩衰服与齐衰服仍用麻布。现代词汇中仍可见到的"披麻戴孝"，实际所指为斩衰与齐衰之重孝。

参考文献：

[1] 丁凌华．中国丧服制度史 [M].上海：上海人民出版社，2000.

[2] 李红英．元刻《五服图解》版本考 [J].文献，2005（4）：98—102.

[3] 李若新．简述中国古代丧服制度及其影响 [J].苏州文博论丛，2018, 9：110—112.

[4] 吴飞．五服图与古代中国的亲属制度 [J].中国社会科学，2014（12）：162—175+208—209.

十

宗教服饰

营造仪式感是所有宗教让人理解教义教规，虔诚地信奉和膜拜本宗教最重要的手段。道教的仪轨有很多，其中《太上出家传度仪》详细描绘了脱俗衣圆道相的仪式过程。

引言

　　国人对宗教既熟悉又陌生，虽然许多人都有到寺院道观许愿还愿、奉神上香的经历，可是对于教理教义甚至经变故事却不甚明了；对于宗教服饰也大多似是而非，仅对其宽袍大袖、朴素色彩留有几分印象。实际上无论道教、佛教都有各自深厚的文化内涵，都有各自的慈悲理念，这些都不可避免地融入到宗教服饰的方方面面。而处于中国社会文化大环境之中的宗教也必然会得到中国文化的熏陶和雨露。

　　道教是我国土生土长的宗教，道教本身就是传统文化的重要组成部分。道教服饰，属于汉族传统服饰体系，《天皇至道太清玉册》说："古者衣冠，皆黄帝之时衣冠也。自后赵武灵王改为胡服，而中国稍有变者，至隋炀帝东巡便为畋猎，尽为胡服。独道士之衣冠尚存，故曰有黄冠之称。"

　　因此有人认为道教服饰保留了中华传统服饰的精髓，《道书援神契》序云：

　　　　老子与孔子同时，最号知礼，孔子常问以礼，老子以道莫行于乱世，洁己去国，务为清虚。孔子悯道之不行，斯文将丧，历聘诸国，其进退不同，衣服礼法未尝异也。后世孔子徒之服随国俗变，老子徒之服不与俗移。故今之道士服，类古之儒服也。

　　道教之初，道教服饰并没有明确统一的规范，随着道教影响力日益扩大，信众增多，急需用统一的服装识别道俗并取得信众的身份认同，自南朝陆修静之后，逐步形成衣冠制度。《历世真仙体道通鉴》卷二十四说修静"立道士衣服之号，月披星巾，霓裳霞袖，十绝灵幡，于此著矣"。

道家认为法服传承了古代祭祀服饰，同时也赋予道服以宗教道德内涵："古者，祭祀法服有中单、蔽膝、佩、裳之属，今法服乃其流也。孟子曰：衣服不备，不敢以祭。"因此把道教服饰规范归入种类繁多的威仪之中，要求修行者严格执行，否则会减除寿命。《法服图仪》道：

> 科曰：服，以象德仪形。道士女冠，威仪之先，参佩经法，各须具备，一如本法，不得叨谬。违，夺算三千六百。

营造仪式感是所有宗教让人理解教义教规，虔诚地信奉和膜拜本宗教最重要的手段。道教的仪轨有很多，其中《太上出家传度仪》详细描绘了脱俗衣圆道相的仪式过程。基本仪式为：弟子礼拜上香，诉说出家因缘，庭下北向礼帝王，次辞父母，次辞亲知朋友，次三皈依，就度师虔请教戒，次度师读白文，请保举二师为脱俗衣以圆道相，次保举师与脱俗衣，先着履，取"千里之行，始于足下"之意，次系裙，取"群于道友，统一清静"之意，次着云袖，次披道服，次知磬举道衣，次顶簪冠，次执简。通过以上的仪式匹配以一些具体的要求。道家弟子对道服格外重视，即使在清朝"留头不留发，留发不留头"强迫汉人剃发易服的野蛮政策下，仍然冠服不改。这种坚韧不屈的气节终于迫使清代统治者做出让步，民间流传的"十从十不从"就有"儒从而释道不从"一说。可见服饰不仅是遮阳避寒的物品，也是传承文化的载体。

佛教属于外来文化，可是在笔者看来佛教却是本土化做得最好的文化。自汉代佛教传入，袈裟一直是佛教僧众所穿着的法衣。可是印度气候炎热，汉地四季分明，佛教"三衣"难耐北地严寒。而且佛教偏袒之着衣方式与国人的习俗不相符合。竺道祖《魏录》道："魏宫人见僧袒一肘，不以为善，乃作偏袒，缝于僧祇支上相从，因名偏衫。今开脊接领者盖魏遗制也。"

宋代赞宁《僧史略·服章法式》云："后魏宫人见僧自恣偏袒右肩，乃一施肩衣，号曰偏衫，全其两扇衿袖，失袛支之体，自魏始也。"

"不以为善""自恣"的表述之中，既有文化上的差异，也有习俗上的不同。偏衫便是由袈裟经过"开脊接领"而来。佛教遵从了汉地习俗，也顺应了气候变化，在中原扎下了根。故僧衣本土化自魏开始，内穿俗服，外搭袈裟，延续至今。

如前所述道教认为道士服类古，佛教则认为僧衣泥古。《虚云老和尚自述年谱》有言：

宋、金、元朝代把汉衣改了，僧人至今未改，汉衣成了僧衣。

尽管僧服或许不是"交领右衽"的典型汉服，起码应该是早期俗服的标准版。沧海桑田，俗服百变，而佛教却不经意间将一个古老的服装式样的轮廓保存记忆下来。

由此看来若研究古代传统服饰，离不开对儒、释、道三者服饰的深入了解。借用宋代朱熹的话，三代礼乐，犹存于释氏。我们应该看到存于释氏的何止礼乐。

本篇章有论述道教、佛教服饰的小文各两篇。着眼于宗教，但是不限于宗教，其中也涉及了其他的文化现象。我们力图以服饰为切入点，对与服饰相关联的物质文明加以探究，以此说明服饰在物质文明进程中并不是孤立存在的。

当然我们对宗教服饰的研究还不够深入，尽管前人在这方面也做了很多有成效的工作，也有许多文章可以参考，可是宗教服饰本身的独特和复杂，研究者解读的差异和视角，仍然有许多问题没有十分明确，都需要我们继续下功夫去梳理和研究。

《太平经》[汉]

说人

有时候历史就是一团乱麻线，下功夫整理一番也不一定就能找出清晰的线索。关于《太平经》的作者就是如此，现在认为于吉是《太平经》的作者，事实上这个结论并不可靠。有关于吉的资料并不多，而且史书上并无"于吉传"之类的文字记载，于吉的情况都是出于其他人的传记。也就是说都是假于他人之口我们才能了解到于吉生平的大概情况。《太平经复文序》说：

> 君有太师，上相上宰上傅，公卿侯伯，皆上真寮属，垂谟作典，预令下教。故作《太平复文》，先传上相青童君，传上宰西城王君，王君传弟子帛和，帛和传弟子干吉。干君初得恶疾，殆将不救，诣帛和求医。帛君告曰："吾传汝《太平本文》，可因易为一百七十卷，编成三百六十章，普传于天下，授有德之君，致太平，不但疾愈，兼而度世。"干吉授教，究极精义，敷演成教。

在这里我们看到于吉（"干"通假"于"）充其量是《太平经》的编纂者之一和集大成者。

《后汉书·襄楷传》载：

> 襄楷字公矩，平原隰阴人也。好学博古，善天文阴阳之术。桓帝时，宦官专朝，政刑暴滥，又比失皇子，灾异尤数。延熹九年，楷自家诣阙上疏。

其中关于《太平经》有如下记载：

> 臣前上琅邪宫崇受于吉神书，不合明德。臣闻布谷鸣于孟夏，蟋蟀吟于始秋，物有微而志信，人有贱而言忠。臣虽至贱，诚愿赐清间，极尽所言。

注释曰：

> 于姓，吉名也。神书，即今道家《太平经》也。其经以甲、乙、丙、丁、戊、己、庚、辛、壬、癸为部，每部一十七卷也。

在《襄楷传》中还有这样一段话：

> 前者宫崇所献神书，专以奉天地顺五行为本，亦有兴国广嗣之术。其文易晓，参同经典，而顺帝不行，故国胤不兴，孝冲、孝质频世短祚。

这说明汉顺帝、恒帝时，宫崇、襄楷先后将《太平经》这部道家经典推荐给皇帝。然而两个人的行为并不招朝廷待见："顺帝时，琅邪宫崇诣阙，上其师于吉于曲阳泉水上所得神书百七十卷，皆缥白素朱介青首朱目，号《太平清领书》。"朝廷认为"其言以阴阳五行为家，而多巫觋杂语。有司奏崇所上妖妄不经，乃收藏之。后张角颇有其书焉"。而襄楷则被认为"不正辞理，指陈要务，而析言破律，违背经艺，假借星宿，伪托神灵，造合私意，诬上罔事。请下司隶，正楷罪法，收送洛阳狱"。由此可见，宫崇、襄楷都是虔诚的道家之徒。

然而"柳暗花明"给历史增添许多色彩。"及灵帝即位，以楷书为然"，《太平经》终于入了皇帝的法眼。

可是这一切并没给于吉带来任何好处。在东汉动乱的年代中，特别是以太平道的创始人张角为首领的黄巾起义之后，统治者更视道教为异端邪说，妖言惑众。而被传为《太平经》作者的于吉则成为三国时孙策的刀下之鬼。据裴松之所注《三国志·吴书》中引《江表传》记载：

> 时有道士琅邪于吉，先寓居东方，往来吴会，立精舍，

烧香读道书，制作符水以治病，吴会人多事之。策尝于郡城门楼上，集会诸将宾客，吉乃盛服杖小函，漆画之，名为仙人铧，趋度门下。诸将宾客三分之二下楼迎拜之，掌宾者禁呵不能止。策即令收之。诸事之者，悉使妇女入见策母，请救之。母谓策曰："于先生亦助军作福、医护将士，不可杀之。"策曰："此子妖妄，能幻惑众心，远使诸将不复相顾君臣之礼，尽委策下楼拜之，不可不除也。"诸将复连名通白事陈乞之，策曰："昔南阳张津为交州刺史，舍前圣典训，废汉家法律，常着绛帕头，鼓琴烧香，读邪俗道书，云以助化，卒为南夷所杀。此甚无益，诸君但未悟耳。今此子已在鬼箓，勿复费纸笔也。"

孙策杀于吉固然有嫉妒的成分，于吉到来，"诸将宾客三分之二下楼迎拜之，掌宾者禁呵不能止"，"使诸将不复相顾君臣之礼，尽委策下楼拜之"，好好的聚会被于吉搅乱，孙策当然觉得很没面子。更要命的是孙策认为道教"舍前圣典训，废汉家法律"，视《太平经》为"邪俗道书"，因此他认为"此子妖妄，能幻惑众心，远使诸将不复相顾君臣之礼，尽委策下楼拜之，不可不除也"。孙策杀了于吉不久也因遭遇暗算受伤不治而亡："先是，策杀贡，贡小子与客亡匿江边。策单骑出，卒与客遇，客击伤策。"

然而关于孙策之死民间另有版本，裴松之注《三国志·吴书》云：

《搜神记》曰：策既杀于吉，每独坐，仿佛见吉在左右，意深恶之，颇有失常。后治创方差，而引镜自照，见吉在镜中，顾而弗见，如是再三，因扑镜大叫，创皆崩裂，须臾而死。

民间传说固不可信，但是从中可以看出道教在当时民众心中的地位。现在你可以看到的结果就是于吉和孙策的卒年都是公元200年。

如今浙江省绍兴市境内的枫桥镇有干溪、干溪村、干溪道、干溪滩等古地名，据说与于吉有关。

说书

我们之所以说于吉并非是《太平经》的唯一作者，是因为这部道教经典也有一个演化过程。

早在汉成帝在位时，有个叫甘忠可的人就作出《天官历》《包元太平经》十二卷，可以说后世的《太平经》即脱胎于此。《汉书·李寻传》记载：

> 初，成帝时，齐人甘忠可诈造《天官历》《包元太平经》十二卷，以言"汉家逢天地之大终，当更受命于天，天帝使真人赤精子，下教我此道"。忠可以教重平夏贺良、容丘丁广世、东郡郭昌等，中垒校尉刘向奏忠可假鬼神罔上惑众，下狱治服，未断病死。

到了哀帝时，举报甘忠可"假鬼神罔上惑众"的刘向之子刘歆依然不看好《包元太平经》："事下奉车都尉刘歆，歆以为不合《五经》，不可施行。而李寻亦好之。光曰：'前歆父向奏忠可下狱，歆安肯通此道？'"可见《包元太平经》之争一直在僵持之中。然而因为成帝、哀帝不是没有子嗣，就是久病不愈，汉朝皇帝病急便乱投医。甘忠可的弟子们因此进言："汉历中衰，当更受命。成帝不应天命，故绝嗣。今陛下久疾，变异屡数，天所以谴告人也。宜急改元易号，乃得延年益寿，皇子生，灾异息矣。"

可是这一次以夏贺良为首的"黄门待诏"的话并不灵验，改变年号以后，哀帝还是照样生病。于是下诏：

> 待诏贺良等建言改元易号，增益漏刻，可以永安国家。朕信道不笃，过听其言，几为百姓获福。卒无嘉应，久旱为灾。以问贺良等，对当复改制度，皆背经谊，违圣制，不合时宜。夫过而不改，是为过矣。六月甲子诏书，非赦令也，皆蠲除之。贺良等反道惑众，奸态当穷竟。

可是甘忠可之道并未随着夏贺良、李寻被诛杀和流放便归湮没，

《包元太平经》依然在民间隐秘流传。汉传本经信徒们不断增补扩充，到汉顺帝在位时便已经有于吉、宫崇等人集成一百七十卷的《太平经清领书》。

在前后两百多年间，甘忠可、宫崇、襄楷等三人先后献书，故此《太平经》言："太平之书三甲子乃复见理。"

通过这个过程，我们可以看到汉代统治者对道教从猜疑到接触、从认可到抵触的复杂心路，也可以看到帝王对原始道教的拒绝与利用的矛盾心态，并可以联想到《太平经》对汉代社会秩序造成的冲击与影响。

顺便说一下，刘向、刘歆父子在图书馆学方面颇有地位，汉成帝河平三年（前26），刘向领校"中秘书"（内秘府藏书），协助校理图书。刘向死后，刘歆继承父业。哀帝时，刘歆负责总校群书，在刘向撰的《别录》基础上，修订成中国历史上第一部图书分类目录《七略》。《七略》创立的六分法分类体系是我国最早的图书分类法，著录图书上万卷，其分类体系对后世影响极大。著名的《山海经》就是刘向与其子刘歆共同编订成书的。

说图

《太平经》共有图六幅，其中三幅分别是《中华道藏》第七册《太平经》卷之九十九《乘云驾龙图》（图1）、《太平经》卷之一百的《东壁图》和《太平经》卷之一百一的《西壁图》。其余三幅在卷一百三，其图分别为

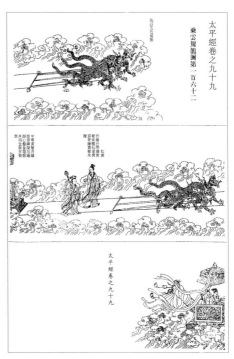

图1　乘云驾龙图

图2 横幅《乘云驾龙图》

《虚无之室》和两幅完全相同的《无为》图，故不在此篇中讨论。

《乘云驾龙图》《东壁图》《西壁图》这三幅图在《中华道藏》第七册中出现两次，除了《太平经》之外，在《太平经合校》中再次出现。由于排版的原因两次截图并不相同，《乘云驾龙图》原图为横轴长幅（图2）。

《乘云驾龙图》描绘的是一幅神仙乘云驾龙出行的场景，在道教图像中云气往往是天界与人间的分隔。道教讲求得道升仙，但描绘神仙出行也如古代帝王出行时车舆步辇、仪卫卤簿、百官相随。《太平经》的作者将凡间的这种等级制度移植到天国，这是古代中国车服制度对道教影响的反映。

图中两行文字十分醒目："中尊黄服，青缘。从官绛服，皂缘。"这是对辇车之上人物服装颜色的描述。另一行字是："红裳，青绿（缘），白带，浅黄裙，朱履。仙童黄裳，青缘，黄裙，朱履。"很显然这是对车前仙童玉女服装的描述。道家的服饰款式与颜色十分复杂，据朱越利《道教答问》记载：

> 自刘宋陆修静始，道教服饰有了大体一致的样式规定。现在的道装有大褂、道袍（或称得罗），戒衣、法衣、花衣（或称作班衣）。大褂、道袍为日常服，戒服在受戒时穿，法衣是做法或宗教大典时高功和方丈穿的法服，花衣是经师上殿时穿的绣花衣。

龍以五色裝飾

　　道士帽称巾。据清代闵小艮《清规玄妙》说：全真之巾有唐巾、冲和巾、浩然巾、逍遥巾、紫阳巾、一字巾、纶巾、三教巾、九阳巾等九种。九种的说法不完全一样，还有纯阳巾、南华巾、庄子巾、荷叶巾、混元巾、九梁巾、诸葛巾等说法，又有太阳巾、包巾（幅巾）等。

　　道人戴的冠子有黄冠、五岳冠、莲花冠、星冠、五老冠等。当我们翻阅道教典籍，看到最多的服饰颜色描述是：

天尊，碧冠、黄服青缘、绿帔黄缘。

天尊，绿帔红袍、青缘、青冠。

天尊，绿金冠、绛袍皂缘、红帔皂缘、红膝衣、皂履。

天尊，绛袍皂缘、帝浅红袍、皂金缘，二侍从红袍皂履。

天尊，青冠、绛袍皂缘、皂履。

天尊，青冠、浅青帔、红膝衣、缕金朱履。

太上三元君，碧苍冠、浅绿帔、红膝衣。

太微天帝君，青冠、红袍青缘。

太极上真君三元内宫真人，碧冠、浅绿云鹤帔。

扶桑大帝君，帝金冠、绛服青缘。

太素上真天皇白帝君，金冠、绛服青缘。

南极上真赤帝君，冠间金、绛服青缘。

这种较为复杂的色谱是道教宗派不一、时代不断变迁留下的印记。其中有必要对"皂""青""碧"三种颜色多说几句。皂色指的是黑色，这从"青红皂白"这句成语中就能得出结论；古代中国对黑色还有其他不同的称呼，例如"玄"和"青"，玄色与皂色的不同不仅是黑色纯度的差异，更主要的是观念上的区别：玄色是"玄之又玄"的神秘色彩，皂色则为世俗认定的普通黑色。因此一般以"玄衣纁裳"描绘冕服，玄为天色，黑中微赤；纁为地色，赤绛微黄，用来强调天子的正统。而对于一般人的服饰就用皂色来形容，因黑色威严，故衙门差役常服，如皂衣、皂吏之类。一般来说青色是接近湛蓝天空的颜色，但也可以青色形容黑，例如苏曼殊的"淡扫蛾眉朝画师，同心华鬊结青丝"。而上面那些"青冠""青缘"到底是黑色还是天青色呢？从元代壁画《神仙赴会图》和永乐宫《朝元图》来看，冠虽然有个别"青冠"，但多数还是黑色或者深色的，这与我们现在看到的道教多以黑色为冠色的情况相类。而衣袍的缘多是皂色或者白色，也有青冠青缘的情况，而青冠皂缘很少见。倒是有些冠上的装饰五光十色，有的镶嵌金银为饰，有的为玉之碧色，这或许就是道家"碧冠""碧苍冠""金冠""绿金冠""冠间金"的由来。当然，尽管壁画在一定程度上反映了现实生活，可是壁画毕竟是艺术品，不能完全等于真实情况，所以对于"青冠"需要具体分析，既有天青色，也应该有黑色。

道教崇尚青色，认为黑色也是青色之一种。《说文解字》载："青，东方色也，木生火，从生、丹。丹青之信言必然。凡青之属皆从青。"清代高士闳一得《清规玄妙》则载："凡全真服式，唯青为主。青为东方甲乙木，泰卦之位，又为青龙生旺之气，是为东华帝君之后脉，有木青泰之喻言，隐藏全真性命双修之义也。"

在五方五行五色中，东方之木属青色，为青阳之气。东方主生，是道教信仰中的"十洲三岛"之所，是修行者向往的理想境地。

《东壁图》（图3）与《西壁图》所要表达的思想并不复杂，那就是扬善惩恶。学者张鲁君在《〈太平经〉图像作于明代考》中分析道：

　　《东壁图》是一幅劝善图，图后文字称其为"上古神

太平經卷之一百

東壁圖第一百六十三

仙女九人如仙童
玉女取宜裝飾

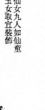

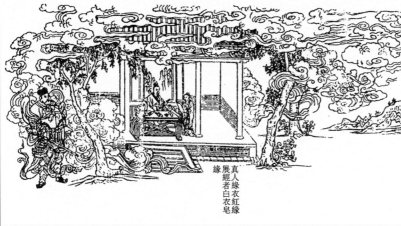

真人綠衣紅綠
展經者白衣皂
緣

神將冠衣甲履
并紅綠同金取
受戒弟子取宜
裝飾

著東壁

上古神人戒弟子後學者爲善圖象。陰祐利人常吉，其功增倍。陽善者，人即相冗答而解。陰善者，乃天地諸神知之，故增倍也。積德者，富人愛好之，其善自日來也。人之所譽，鬼神亦然，因而祐助之。好道者長壽，乃與陰陽同其憂，順皇靈之行，天地之性得其道理，故天祐之也，失者亂，故天不祐之也。夫求善以善，無可怪者。學以仁得之，道之始也。以道得之，道之上也。以德得之，道之中和也。以仁得之，道之咄，慎之慎之，行無妄也。極思此書，傳之後世，可可無傷也。隨四時轉，道之

图3　东壁图

太平經合校卷一百一

太平經卷之二百一
己部之十六

經一〇一·二上·二四

西壁圖第一百六十四

中尊綠衣皂緣
餘畫像人物山
色云氣并宜取
宜採飾

[並]鈔己一九上·二·二圖經一〇一·七上·六

❶上古神人真人誡後學者爲惡圖
象，無爲陰賊，不好順事，反好爲害❷嫉
妒，令人死凶。天道不可彊劫，劫❸必
致兵喪威之死，滅世亡道❹，神書必敗，
欲以爲利，反以爲害，此即響應天地之
性也。乃致自然之際會，審樂以長存，
慎之慎之。無好無❺害，善者自興❻，惡

图4 《西壁图》全貌

1076

人戒弟子后学者为善图象",可知它因著东壁而得名,与《乘云驾龙图》根据图画内容命名方式不同。由于善是生之门户,东方主生,故著于东壁。

图中占据主要位置的是祥云缭绕的讲经堂,两边则是受戒的弟子及仙女。图中对人物服饰也有说明,分别为:"真人绿衣,红缘。展经者白衣,皂缘。""神将冠衣甲履,并红绿(缘)同金,取(宜装饰)。"(疑脱字,从《太平经合校》中补齐三字。)而对众仙女以及受戒弟子则简略为"取宜装饰"。

《西壁图》(图4)与《东壁图》相对应,主题是劝人止恶,图后文字称其为"上古神人真人诫后学者为恶图象",可见也是因著于西壁而得名。恶为死之门户,西方主杀,故著于西壁。(张鲁君、韩吉绍《〈太平经〉图像作于明代考》)图后文字说:

观此二象(指图中内容),思其利害。凡天下之事,各从其类,毛发之间,无有过差。但人不自精,自以不知,罪名一著,不可奈何。不守其本,身死有余过。乃为恶于内,邪气相召于外。故前有害狱,后有恶鬼,皆来趋斗,欲止不得也,因以亡身。故画象以示后来,贤明得之以为大诫。

图中既有血腥杀伐、身首异处的惨状(图5),也有天神循循善诱、告诫弟子的场景。其作恶者所受惩处的画面与佛教十八层地狱之描绘有异曲同工之妙。

值得注意的是两图说明文字相差无几,可是《西壁图》的长度明显长于《东壁图》,内容也较《东壁图》丰富。我国的宗教建筑具有方正平直、前后均衡、左右对称的特点,据此估计《东壁图》极有可能是不完整的。

此外还有令人费解的地方。图中"中尊绛衣皂缘,余画像人物山色云气并宜取宜装饰"的说明文字(图6)为宋体,并且未加标点。《中华道藏叙例》第九条明确规定:"原符图之中或上下的注文,以及由文字组成的图版,均不标点,以免造成版面错乱。"由此可

图 5 西壁图中的杀伐场面

图 6 讲经堂与说明文字

以明确这些未加标点的字是原图本身就有的。可是问题在于，如果是汉代的图像绝不会出现宋体字。宋体字作为印刷字体的出现，是雕版印刷史上的一大进步，其名为宋体，实际上却形成于明朝。我们知道宋体字肇始于宋，成型于明，而汉代基本使用汉隶。尽管《太平经》为汉代著作已经成为大部分人的共识，其所反映的道教思想也应该是汉代的现实情况，可是从文中的说明文字来看，至少插图似乎为后人增补的。

《道藏》中的图像大量出现在宋代以后，这显然是雕版印刷的功劳。明代学者胡应麟说："雕本肇自隋时，行于唐世，扩于五代，精于宋人。"这是因为隋唐时期国家统一强盛，文化繁荣发展，特别是大业元年（605）隋炀帝设置进士科，科举制度亮相以后，刺激更多的人读书，人们对书籍有了非常大的需求。随之雕版印刷便不断发展改进，到了北宋庆历年间，毕昇发明了被称为我国古代"四大发明"之一的"活字印刷术"，活字印刷影响了世界文明进程和文化发展。

可是事实真的是这样吗？印刷术真的到了隋唐就会一下子冒出来吗？曾有人提出自己新的看法，认为印刷术可以追溯到更早，春秋时期"完璧归赵"的和氏璧不就被秦始皇雕琢为"传国玉玺"吗？这个应该是印刷术的雏形。可是，虽然印信印章与印刷的原理是一样的，但它们还是两种非常不同的东西。首先是材质不同，雕版印刷是不会选择过于昂贵的材料的。更为重要的是，印刷是为了便于扩散而采用的复制方法，而印信则是为了验证身份而强调私用凭据的方式，二者的作用与性质截然不同，不应该混为一谈。

其实雕版印刷与佛教的传入有着不解之缘。佛教是在汉代传入中原的，洛阳白马寺被称为"中国第一古寺"，建于东汉永平十一年（68），是佛教传入中国后兴建的第一座官办寺院。佛家僧侣或者俗家弟子为了获得佛陀的造像，于是就在木板上镌刻佛像，然后大量印制到纸张上以满足需求。这种佛像捺印与雕版印刷有些关联。

当然也有人说晋代葛洪的《抱朴子》一书中就有"古之人入山者，皆佩黄神越章之印，其广四寸，其字一百二十"的记载。这是用道家的符印情况以证明雕版印刷起于晋代。

于是有人以史书记载为例证，说明汉代就有印刷。清代的郑机在《师竹斋读书随笔汇编》中写道："汉刊章，捕张俭等，《集览》：'刊章，印行之文，如今板榜。'是印板不始于五代。"所谓"刊章"就相当于现在的通缉令，汉时有一个名叫张俭的人因为反对有权势的宦官而被官府采用布告的方式通缉。把布告刻板印刷，张贴各地，自然比一张一张地书写要快多了。

我们说以上的例子虽然是大量复制，但是却有"印"无"刷"，算不得印刷。而"刷"是雕版印刷术必不可少的操作特征。捺印操作中有"压"无"刷"，故在中国语境中说"捺印"是"盖指模或图章，作为本人负责或承认的凭据"。古文中"印"与"抑"相通，本身就有用力按下之意。

《道藏》曾经有过多次编纂和整理，所收道经的种数和卷数不断增加。唐玄宗崇信道教，开元中派人搜访道经，纂修成藏，御制《琼纲经目》，此藏可称为《开元道藏》。这是有史可查的第一次。大中祥符初年，宋真宗命王钦若领校《道藏》，凡 4359 卷，篇目曰《宝文统录》。宋徽宗崇宁中重校《道藏》，政和中刊《万寿道藏》。明朝两次纂校《道藏》，先后由第四十三代天师张宇初、通妙真人邵以正负责。明英宗正统十年（1445），刊校事竣，共 5305 卷，480函，仍以《千字文》为函目，自天字至英字，系梵夹本，名曰《正统道藏》。明神宗万历三十五年（1607），天师张国祥刊《续道藏》，自杜字至缨字，凡 180 卷，32 函，名曰《万历续道藏》。1923 年 10月至 1926 年 4 月，由徐世勋、傅增湘等主持，以北京白云观所藏明《道藏》为底本，由上海商务印书馆影印线装缩印本，称为涵芬楼影印《道藏》。1977 年，台湾艺文印书馆缩印《道藏》。我们所使用的《中华道藏》是由张继禹主编、2004 年华夏出版社出版的图书。

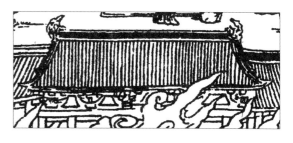

图7-8 《太平经》中鸱吻图像局部

面对如此众多的版本，此《太平经》到底属于哪个朝代整理的成果呢？

我们可从图像中的建筑特点得到提示。图像中出现带有鸱吻（或称鸱尾）的建筑（图7—8），而鸱吻的建筑形制在北魏时期是比较普遍的，《北史·高道穆传》载李世哲"多有非法，逼买人宅，广兴屋宇，皆置鸱尾"。汉代是否有鸱吻的建筑形式还是存疑，有人说已知的汉代资料中尚无有关鸱吻的记载，有人说正脊两端使用鸱吻最早见于西汉武帝时。据笔者所看到的资料，基本上是后人描写汉武帝时建筑出现鸱吻，《唐会要》中记载，汉武帝建的柏梁殿上已有"虬尾似鸱"一类的东西，唐代苏鹗《苏氏演义》卷上也载：

蚩者，海兽也。汉武帝作柏梁殿。有上疏者云："蚩尾，水之精，能辟火灾，可置之堂殿。"今人多作鸱字，见其吻如鸱鸢，遂呼之为鸱吻，颜之推亦作此鸱。

《事物纪原》卷八引吴处厚《青箱杂记》：

海有鱼，虬尾似鸱，用以喷浪则降雨。汉柏梁台灾，越巫上厌胜之法。起建章宫，设鸱鱼之像于屋脊，以厌火灾，即今世鸱吻是也。

以上文献基本是一条线索而辗转传抄，说的本是同一个建筑。当然汉代的建筑已经没有实物可以作证，即使有鸱吻也应该仅仅是鸱吻的雏形，而且并不普遍。

张鲁君、韩吉绍亦在《〈太平经〉图像作于明代考》一文中分析道：

秦汉时期的殿脊和檐多为直形且较短，有些突兀、僵硬的感觉，而魏晋南北朝时期建筑风格有了较大改变，脊和檐的长度增加，檐角多上翘，整个曲线更加柔和美观。隋唐时期建筑风格与魏晋南北朝有一脉相承之势，但更加饱满柔和。

另外，服饰也传递了朝代信息。通天冠应为"乘舆所常服"，图中为尊者所服通天冠（图9）。查阅历代《舆服志》可知，直到《新唐书》梁冠才开始出现二十四梁的极限。《宋史》解释为："通天冠二十四梁，为乘舆服，以应冕旒前后之数"，而在此之前大多为五梁冠或三梁冠。辽代为三梁冠，金、元为七梁冠，而到了明代规定"一品至九品，以冠上梁数为差"，公冠八梁，侯七梁，伯七梁，一品冠七梁，二品六梁，三品五梁，四品四梁，五品三梁，六品、七品二梁，八品、九品一梁。而图中尊者冠八梁。

唐代时，通天冠风格出现几个重要变化：一是颜题成为很规范的帽圈形；二是整个帽身改为向后倾斜；三是金博山缩小成圭形，上面饰有文字或附蝉；四是冠上装饰有珠玉；五是帽身上有等距离的直纹线，叫作通天冠的梁。图中通天冠帽身后倾，金博山很小，其风格显然不同于唐代以前的通天冠。

从《东壁图》中坐具（图10）来看，真人读经出现了高坐具的情况，其绘画不会早于唐代。我们知道高坐具是唐中后期才出现的，到了宋代才在民间普及。而汉代基本上还是席地而坐。孙机

图9 《太平经》之通天冠

图 10 《东壁图》之讲经图局部

先生在《中国古代物质文化》一书中说："早期传入的佛像中无疑应有'倚像'，即倚坐之像；而倚坐也就是垂足坐。""世俗人物坐椅子者，最早见于陕西西安唐天宝十五载（756 年）高元珪墓壁画。"

　　《东壁图》中所绘仙女皆冠大花（图 11）。沈从文在《中国古代服饰研究》中指出："妇女花冠起源于唐代，盛行于宋代。"簪花的习俗在我国已有两三千年的历史。周昉的《簪花仕女图》就形象地

图 11 《太平经》之仙女图

图 12 《太平经》之龙

再现了唐朝妇女簪花戴彩的情况。但是簪花在宋代才得到了朝廷的认可，宋廷专门规定，皇帝赐花百官。《宋史·舆服五》载：

> 中兴，郊祀、明堂礼毕回銮，臣僚及扈从并簪花，恭谢日亦如之。大罗花以红、黄、银红三色，栾枝以杂色罗，大绢花以红、银红二色。罗花以赐百官，栾枝卿监以上有之；绢花以赐将校以下。太上两宫上寿毕，及圣节、及锡宴、及赐新进士闻喜宴，并如之。

这种风俗不可能不影响宗教绘画的创作。

还有图中龙的形态也暗示了朝代信息。《龙与中国文化》一书描述明龙："角、发、须、眉、鳍、鬣、肘毛一应俱全，其中发部多改向后飘洒为向上飞扬，如顺风而行风吹所致，具有浓重的图案化色彩；龙口或张或闭，处理灵活自如；龙鼻端多被处理呈'如意形'，以强化其吉祥含义，且无论龙头俯、仰、正、侧，鼻端如意仍多保持完整形态。"张鲁君从龙的形态演变分析了插图（图12）的创作年代，由此认为："《乘云驾龙图》中的龙尽管眉毛、鼻子画法有差异，但其头发明显是向上而非向后飞扬，这与明龙的特征非常吻合。"

当然最为明显的证据莫过于版图中所插入的宋体字。综上所述，考《道藏》曾在明代重修，故这几幅图极有可能因原图残破，编纂者参照旧图而于明代重新绘制。

　　从以上分析我们看到服饰文化与物质文明发展密切相关，如建筑、印刷等。近年来我们的服饰文化研究逐步拓展深入，注重服饰与技术发展、民族融合、政权更迭、人文进步、物质进化的相互关照，这是十分可喜的现象。

参考文献：

[1]　班固 . 汉书 [M]. 北京 : 中华书局，1962.

[2]　陈寿，裴松之 . 三国志 [M]. 长沙 : 岳麓书社，1990.

[3]　范晔 . 后汉书 [M]. 张道勤，校点 . 杭州 : 浙江古籍出版社，2000.

[4]　高承，李果 . 事物纪原 [M]. 金圆，许沛藻，点校 . 北京 : 中华书局，1989.

[5]　李延寿 . 北史 : 高道穆传 [M]. 北京 : 中华书局，1974.

[6]　沈从文 . 中国古代服饰研究 [M]. 上海 : 上海书店出版社，2006.

[7]　苏鹗 . 苏氏演义（外三种）[M]. 吴企明，点校 . 北京 : 中华书局，2012.

[8]　孙机 . 中国古代物质文化 [M]. 北京 : 中华书局，2014.

[9]　脱脱 . 宋史 : 舆服五 [M]. 北京 : 中华书局，1977.

[10]　魏隐儒 . 中国古籍印刷史 [M]. 北京 : 印刷工业出版社，1984.

[11]　张继禹 . 中华道藏 [M]. 北京 : 华夏出版社，2004.

[12]　张鲁君 .《道藏》图像研究 [M]. 济南 : 齐鲁书社，2017.

[13]　朱越利 . 道教答问 [M]. 北京 : 华文出版社，1989.

[14]　刘志雄，杨静荣 . 龙与中国文化 [M]. 北京 : 人民出版社，1992.

[15]　张鲁君，韩吉绍 .《太平经》图像作于明代考 [J]. 世界宗教研究，2009(03):47—58+153.

《洞玄灵宝三洞奉道科戒营始》

［南北朝］

说人

关于《三洞奉道科戒》的作者,《正统道藏》载为"金明七真撰",然而金明七真为道教之神仙人物，似是托名。敦煌遗经有《三洞奉道科戒》早期传世抄本四件。关于该书的成书时间，任继愈先生主编的《宗教大辞典》定为:"本书出隋以前,为道教较早之戒律仪范。"季羡林先生主编的《敦煌学大辞典》则说"据考此经当为南北朝后期至唐初"作品。

考《正统道藏》所收"金明七真"所撰其他道家典籍,托名"金明七真"的作者当为南朝梁后期人。

《正统道藏》正乙部所收作者为"金明七真"的《上清金真玉皇上元九天真灵三百六十五部元箓》有序言:

> 金明曰: 七真先以癸亥岁五月五日午时受太上玉晨君上元灵录（箓），于今九载，七真宝录（箓）以摄神气，未尝亏诞神文也。七真重以今太清五年太岁辛未五月一日午时，高上天宝玉皇降真于带岭琼宫之中，重为七真品定《上元九天真灵玄录（箓）》，官将位号，于是正焉。……今故序此篇，即以明之功乎。后贤至人信尚之士，可不奉而行焉?

太清，为梁武帝的年号，此年号只从547年至549年，但金明七真所称"太清五年"亦有缘由。梁简文帝太清三年（549）即位后改年号为"大宝"，然而在江陵的萧绎，即后来的梁元帝一直沿用"太清"年号，至太清六年（552）始改为承圣元年。南朝陈徐陵《在北齐与梁太尉王僧辩书》起首"太清六年六月五日孤子徐君顿首"，所以，金明七真所记"太清五年"可信。

另在《正统道藏》所收"金明七真"所撰的《无上三元镇宅灵箓》载：

> 无上上上元始太上玉皇无极大道君，以岁在壬申十月十五日寅时，道君临降于昆仑山层城上官。尔时列真于虚空之中，威光炜烨，虚凝霄景之上。明命告金明七真曰："尔当为来运十方天人正法中师，以不若欲为真者，先当以救世为急，即应广加功德，开度天人也。其功无上，功成德普，自得道矣。"

此处"壬申"年当为"太清六年"，因为下一个"壬申"年为隋大业八年（612）。上引《上清金真玉皇上元九天真灵三百六十五部元箓》所载金明七真在"癸亥岁"曾"受太上玉晨君上元灵录（箓）"，此"癸亥"为梁武帝大同九年（543），若大同九年金明七真年三十岁左右，到大业八年则年百岁左右。金明七真能活百岁，且尚能著书立说，显然难以令人信服。故《无上三元镇宅灵箓》所载"壬申"年即应为"太清六年"，金明七真的主要生活时期应在南北朝梁陈之际。

道教渊源于古代社会的巫祝，承袭了殷周对天神、地祇、人鬼的崇拜，它有别于社会其他宗教的特点在于信奉战国以后的神仙之说，相信仙真、仙境的存在，相信人可以学道积道，成为长生久视的仙人。对神、仙、鬼的信仰，便是早期道教在教理教义方面的核心。道教从汉顺帝时期张道陵创立行世，至今已有一千八百余年的历史。

在道教发展的早期，道士的服饰尚没有统一的式样，直到南朝时始由陆修静制定了相应的道戒，才有了法定的道士服装，道士的衣着开始制度化。《历世真仙体道通鉴》卷二十四说，陆修静"立道士衣服之号，月披星巾，霓裳霞袖，十绝灵幡，于此着矣"。这里所说到的月披星巾、霓裳霞袖、十绝灵幡等，均是道士的服饰种类，代表着道士服饰的基本特点。以至于人们从服饰方面便可以辨认出道士的身份，甚至还能够辨认出他们的品阶或道职。不管时代怎样变化，唯独作为老子徒弟的道士的服饰，则不追随时尚，仍保持古制。

前道教协会常务副会长张继禹主编的《中华道藏·传授经戒仪注诀·衣服法第九》中写道：

> 衣者，身之章也。道俗不可混杂，若出家超世，一通而已。至于陆通散发，徒跣倮形，有之与无，弗拘限制。其涉世居家，又不得过三通。通过三者，急以施人。积而能散，转伪成真，真人建学，修身率众，应须两通。常令新净，故随布施，施与法人，人非法者，不得充用，秽辱真正，深宜防之。良无其人，火净如法。非唯衣服，爰及屋宇，林席帷帐、屐履被毡褥，食器书疏，触物堪施则施人，不堪则净。巾帽服饰，袴衫裙襦，行縢臂衣，事事各二。其一分别异室安处，法事则着，事竟脱之。别箱各箧，内外不参，每使香洁，齐整副称，大小厚薄，布绢随时，富不得奢靡，贫不得秽陋，调和中适，依按师仪。受法之初，便应令备。贫未悉具，浣濯中延要服所须，大略如左：葛巾，单衣，被，履，手板。

陆修静（406—477），字元德，道教上清派宗师。南北朝时吴兴东迁（今浙江吴兴）人，懿族（对"道"坚决拥护的人），三国吴丞相陆凯的后裔。笃好文籍，穷究象纬。陆修静主张儒、佛、道三教合流，认为斋醮是求道之本，然后复以礼拜，课以诵经，即能成道。陆修静是南朝刘宋时道教之集大成者，生平主要的著述领域是道教。其著述现存者大多收载于明《正统道藏》。

南北朝正是道教得以规范从而发展壮大之际。北魏太武帝时期，封建史上第一位被皇帝承认的天师——寇谦之称奉太上老君之命，对北朝道教进行改造，道教成为北魏国教，所以北朝历代皇帝都得临坛受道家法箓，老子之教大行于天下；南朝宋文帝时期，上清派传人陆修静吸收儒家、佛教仪式对南天师道进行改造。寇谦之和陆修静的改革，使道教教规教戒、斋醮仪范基本定型，各种规章制度全面而系统。而道教服饰也正是此时由陆修静开始形成制度。

《陆先生道门科略》称此前道士也有法服："旧法服单衣袷帻，箓生裤褶，所以受治之信，男赍单衣墨帻，女则绀衣。"现在则改以巾褐裙帔为道士之法服。

《太平御览》卷六百七十五引《传授经》说："陆先生云对上下接，谓之俯仰之格，披、褐二服也。"披，即披肩，又作"帔"；褐，按《玉篇》作"袍"解。说明自陆修静后，道士法服规定为巾褐裙帔。

结合成书时间，陆修静生活于公元 5 世纪，本书作者金明七真生活于公元 6 世纪，故本书正是以陆修静之归纳与规定为依托，在陆修静之后对道士女冠法服做详尽描述。

说书

《洞玄灵宝三洞奉道科戒营始》简称《三洞奉道科戒》（图 1），敦煌抄本题为《三洞奉道科戒仪范》。原书三卷，依经录出，"指修时要，凡五百十二条，仪范八章"，后人析为六卷。敦煌抄本所存卷三至卷五，与《道藏》本略同。书开篇曰：

> 七真曰：寻三洞大经，率备威仪科戒。若道士，若女冠，举动施为，坐起卧息，衣服饮食，住止居处，莫不具于经旨。其立观度人，造像写经，供养礼拜，烧香明灯，读诵讲说，传授启请，斋戒轨仪，修行法相，事事有则，

图 1 《中华道藏·洞玄灵宝三洞奉道科戒营始》内页

皆著科条，其来已久。但文字浩漫，披按顿周，或一时虽见，过后便忘，或见而不行，或行而不遍，或各率乃心，任情所施，登坛入静，各异威仪。礼忏读经，人为轨则，递相指斥，罕共遵行，遂使晚学初门，莫详孰是，既多方丧道，则寡识迷途，惰慢日生，威仪时替。加复竞为辞饰，争逞伎能，启告之辰，皆兴新制，陈谢之日，全弃旧仪，岁月久盈，科戒遗泯，积习生常，十不存一。若依经戒者，具科行事，反见嗤鄙，违损正典，既而昧多悟少，达竟更迷，守法不精，翻致诮废，眇详先世，已其陵迟，俯思今后，浸成深谷，故指修时要，凡五百十二条，仪范八章，分为三卷，题曰：三洞奉道科戒，皆依经录出，非构虚词，庶万古同轨，十方共则，与我齐者，宜弘之焉。各疏品目，列于篇首云尔。

此述明确无论道士（男性道人）或女冠（女性道人），在生活作息、衣服饮食、住止居处等方面都要遵循科仪戒律，但由于条目众多而又历史悠远，执行力度或不尽如人意。为免见而后忘、知而不行、行而不遍等情况发生，故将仪范戒律归纳总结为此书，便于修道之人遵守和弘扬。

此书之内容分为两类，自卷一至卷三依义类各疏品目，即所谓"指修时要，凡五百十二条"，凡十品，如《罪缘品》叙罪业因缘、《善缘品》叙福善缘对《总例品》叙罪善惩奖、《置观品》叙道观建制《造像品》叙神像制造及供奉规范、《写经品》叙抄书写经法要、《度人品》叙度人出家入道之法度、《法具品》叙法具供养之道等。卷四至卷六为仪范，凡八种，即所谓"仪范八章"，内容包括诵经、讲经、修道品阶（法次）、斋戒等宗教活动的仪式。如《诵经仪》叙读诵经之法度、《讲经仪》叙讲经之法度、《法次仪》叙道士及女官法位次第阶级、《法服图仪》叙道士女冠之法服制作及规格、《常朝仪》叙朝仪法度、《中斋仪》叙斋醮仪式法度、《中会仪》叙中会法度、《度人仪》叙度人仪式。

　　本书《法服图仪》一节规定了道士女冠各个品阶的法服衣冠。其服饰不外法服、冠巾、靴履三大项。即按道士入道年限及学道之深浅，分为若干等级，对每个等级道士的衣服、冠巾、靴履，应该使用什么布料，应采的颜色、纹饰，应取的样式等，做出具体的规定。每个等级的道士皆须按此着装，不得混淆。若有违反者，以夺算惩处。算为寿命，夺算则为减除寿命。晋葛洪《抱朴子内篇·微旨》载："月晦之夜，灶神亦上天白人罪状。大者夺纪，纪者三百日也。小者夺算，算者三日也。"另外，此节还讲了法服在道士女冠诵经斋醮等仪式中的重要性："道士、女冠若不备此法衣，皆不得轻动宝经。具其法服，皆有神童侍卫。"并详细列出了各品阶法服所对应的神童侍卫数量、性别。

　　《洞玄灵宝道学科仪》（原题太极太虚真人撰）的《敬法服品》一节亦言：

　　　　科曰：凡是道学，当知入道，上衣、中衣、下衣，皆当尊敬，不得漏慢。出家之人，若道士，若女冠，上衣褐帔，最当尊重。何者？天尊圣人，皆同此服。

　　此书之作，对后世道派融合及宗教形式规范化，曾产生较大影响，是研究道教史的重要资料，同时也是我们研究道教服饰的入门基石、必读书目。

说图

《法服图仪》开篇道：

　　　　科曰：服，以象德仪形。道士女冠，威仪之先，参佩经法，各须具备，一如本法，不得叨谬。违，夺算三千六百。

　　其认为服饰象征着人的品德和礼仪，体现着修道之人的威严，在诵经讲法时必须要穿着相应的法服，否则就会减除寿命。以此体现出法服在修道中的重要性。

凡常女冠法服玄冠上下黄裙帔十八條列圖如左

凡常道士法服平冠上下黄裙帔二十四條列圖如左

图2　常道士法服　　　　图3　常女冠法服

《法服图仪》接下来便列出了各品阶法服的图文介绍，包括正一法师、高玄法师、洞神法师、洞玄法师、洞真法师、大洞法师、三洞讲法师、大洞女冠、山居法师、常道士、常女冠等几个品阶的法服，而每种法服又都包括冠、褐、裙、帔。下面将选择部分有代表性的法服与大家分享。

《法服图仪》规定：

　　凡常道士法服：平冠，上下黄裙帔，二十四条。

常道士，即初入道门之男性一般道人。其法服为平冠，上下黄裙帔二十四条（图2）。《三洞法服科戒文》亦规定："一者初入道门，平冠、黄帔。"

《法次仪》载：

　　科曰：道士、女冠法位、次第、称号，各有阶级，须知尊卑上下，不得叨滥，今具之于下，宜熟详之。违，各夺算一千二百。

常女冠，即初入道门之女性修道人。法服为玄冠，上下黄裙帔十八条（图3）。

女道士与男道士服饰基本相同，从文中看唯冠制与帔的条数有异。冠是道士们为仿效神仙世界、辨别品第而戴在头上的一种装饰之物，其含义和今天的帽子大不相同，是体现道士等级身份的一种象征性的饰物。书中道士图中称冠曰"平冠"，笔者从图中看道士所戴之冠应是月牙冠或偃月冠，形如弯月，应是黄色，是受真戒的道士戴的。女冠图中称"玄冠"。关于玄冠，《洞玄灵宝道学科仪·巾冠品》云：

图4 根据唐代老子造像所绘莲花冠示意图

> 若道士，若女冠，平常修道，戴
> 二仪巾。巾有两角，以法二仪。若行
> 法事，升三箓众斋之坛者，戴元始远
> 游之冠，亦有轻葛巾之上法，元始之
> 所服，故天真上圣，或巾九德，或巾
> 七星者，即冠巾有七星之文也，亦谓
> 玄冠。玄即天也，亦言天有七星。

从本书内容来看，书中写到戴"玄冠"者除"女冠"外还有"正一法师""洞玄法师"以及"洞神法师"，可知此处的玄冠的等级不会如"道士"所服"平冠"一般低下，而是具备比较高的等级。《洞玄灵宝道学科仪》著于南朝宋时，正好处于陆修静制定道教服饰同时期，两部经典极有可能在创作时相互借鉴。故《洞玄灵宝道学科仪》描写的玄冠也极有可能正是本书中的玄冠。

图5 宋《三才定位图》圣祖画像

图4是笔者根据唐代老子造像所绘莲花冠示意图，此造像中老子所戴莲花冠非常清晰，冠上没有任何饰物。而莲花加以如意式样的冠，从画像及雕像来看，最早出现于宋代（图5）。

所以，作于南北朝时期的《洞玄灵宝三洞奉道科戒营始》原书的插图是不太可能出现如意莲花冠这样的图像的。因道教流传至今日，冠的式样和意义已发生巨大变化，当今道教使用的冠中，如意莲花冠是常见的一种，其余的冠式在隋唐以前的古籍图像中并未寻见踪迹。

我们可以推测，因为在后世道教的发展中，最初的一些服饰经过更替、变迁，发展至今日样貌和从前大不一样，而现在常用的如意莲花冠不大可能经过那么多变迁仍没有发生任何变化，从南北朝一直流传至今。因本书是由敦煌抄本整理而来，便有可能是后人在抄录时对于内容有所修改增补，正如《宋史·艺文志》著录敦煌抄本《三洞奉道科戒仪范》时仅作三卷，而《洞玄灵宝三洞奉道科戒营始》为六卷。

关于帔的条数，《洞玄灵宝道学科仪·制法服品》曰：

> 内外法服，须有条准。若始得出家，未渐内箓，上衣仙褐法帔，皆应着条数，不合着二十四条。若受神咒五千文，皆合着二十四条，通二十四气；若年二十五已（以）上，受洞神灵宝大洞者，上衣仙褐合着三十二条，以法三十二天，天中之尊，法帔二十八条，以法二十八宿，宿中之神，亦听二十四条。随道学之身，过膝一尺。皆以中央黄色为正。若行上法，听着紫。年法小，为下座者，勿着紫。若中衣法衫、筒袖、广袖，并以黄及余浅净之色为之。皆大领，两向交下，揜心已（以）上覆内衣六寸。若内衣、法裙，听以余浅深色为之……皆垂及踝。若女冠具上法者，听以轻紫纱为褐，若裙必用深黄，不得辄用余浅色。其上、中、下之衣，不可计缘之内外，皆大幅帖缘为之。

图如左

正一法师玄冠黄裙绛褐帔二十四条列

图6　正一法师法服

"帔二十四条""帔十八条"，即指衣料被剪裁之条块（幅）数，亦即将此条块加以缝合而成衣的"条缝"数。此法亦源于古制。《礼记·深衣》即规定深衣须裁剪成十二幅后加以缝合，谓："制十有二幅，以应十有二月。"诸如此类的中国传统服饰在数量的运用上皆取以中国传统数字，而此处常道士所着帔为"二十四条"盖对应中国传统二十四节气，法帔二十八条则对应二十八星宿。而女冠的十八条作何解释，至今还没有一个准确的答案。

正一法师：玄冠、黄裙、绛褐、绛帔，二十四条。

正一法师的法服（图6）在色彩上出现了变化，不再是上下皆黄，而是上绛下黄。虽然仍是二十四条之帔，但是以颜色与常道士法服相区分。

据《洞玄灵宝道学科仪》所述，道士平时戴巾、帻，作法事时戴冠，材质为葛布并绘有七星之纹的巾称之为玄冠。七星，即北斗七星，指天枢、天璇、天玑、天权、玉衡、开阳、摇光七颗星。道教称北斗七星为七元解厄星君，居北斗七宫，即：天枢宫贪狼星君、天璇宫巨门星君、天玑宫禄存星君、天权宫文曲星君、玉衡宫廉贞星君、开阳宫武曲星君、摇光宫破军星君。

图7　高玄法师法服

在道士冠中，还有五老冠、星冠、莲花冠，莲花冠又称上青冠，形如莲花，高功所戴；五老冠则形如莲瓣，上绣五老像，亦为高功所戴。戴冠意味着道士参加法事活动，要衣冠整齐出场。

《洞玄灵宝三洞奉道科戒营始》强调："服，以象德仪形。道士女冠，威仪之先，参佩经法，各须其备，一如本法，不得叨谬。"可知道士服饰有显示威仪的重要作用。

高玄法师：玄冠、黄裙、黄褐、黄帔，二十八条。

高玄法师之法服（图7）与正一法师法服的颜色与帔的条数均不相同，颜色与常道士相同，帔之数量达到二十八条。

本书中所述的几种冠，见于史料甚少。前面我们说了，道教服饰直到南北朝才有了统一的规定，但任何改变都是循序渐进的，从混乱到定型，这之间必定有一个漫长的过程。陆修静于公元5世纪提出道教服饰的制度，将之定为巾褐裙帔，直到百余年后，本书才详写了何等级别的道士穿何种巾褐裙帔。而此类规定往往只是一种理想状

高玄法师玄冠黄裙黄褐黄帔二十八条列图如左

图 8　北朝墓女乐俑

态，即书中说常道士戴平冠、三洞讲法师戴元始冠等，是作者根据当时道教的信仰、神仙体系等做出的最合适的安排。而在当时的社会中，也许未能完全实现。这种现象在其他领域并不少见，例如《周礼·考工记》中提出了城市营建的理想方案，但是完全符合《周礼》所描述的城市直到元代才出现；又例如，《周礼·春官·司服》中规定帝王及群臣的礼服形制，但在后来秦汉朝的实践中，因社会动荡、经济欠发达等原因，这些制度也并未能完全实现。故而，对于本书所写的法服，外形上我们很难从古籍古画中寻出端倪，但是作者想表达的理想状态是如何，我们兴许可以推知一二。

说凡常道士法服"平冠"：平，有"普通"之意，如"平平""平常"；也有表示"平坦"之意。平冠之"平"，或表示是一种普通的冠，因佩戴者为初入道门的道士，其修为不高，身份也是最为普通；或表示是一种外形上的"平"，即可能是一种平顶的道冠；或两者皆有。无论如何，平冠当为道教法服中最基本的一种冠，此观点该是毋庸置疑的。

"上下黄裙帔",是黄色衣裳之意,即黄色上衣和黄色裙子。黄色在五行学说中为土色、为中,即为大地的颜色,为中和转化的颜色,是道教中非常重要的颜色,是青赤黄白黑中的五正色之一。《洞玄灵宝道学科仪·制法服品》曰"皆以中央黄色为正",说明黄色是五正色中的黄色,而非间色,初入道门的道士上下都着黄色。

至于衣裳的制式,既然道教是中国汉民族本土宗教,其衣裳制式定不会脱离于汉服的体系。即道教法服必然是以汉服的基本形制为依托,以色彩、材质、纹样、尺寸等与平常衣服区分开来供给特定场合的特定人群穿着的(这也是中国传统服饰从古至今不变的定律)。既然本书作于南北朝时期,那我们只需了解南北朝时期的汉服形制即可。根据一些绘画和陶俑,可以发现南北朝时期的汉服基本形制仍然是中国传统的交领右衽、上衣下裳、宽袖大袍的式样(图8)。

《洞玄灵宝道学科仪》中"皆大领,两向交下,掩心已(以)上覆内衣六寸"便是描述衣服的形制。"大领"即"交领",两边的襟向下交叠,在心脏上方的位置合拢,即上述交领右衽。

> 山居法师法服:二仪冠、上下黄裙帔,三十六条。

"山居法师"在本书的《法次仪》中并没有提及。唐代史崇玄整理前代道家典籍所成的《一切道经音义妙门由起》记载:"所以称为道士者,以其务营常道故也。"又引《三洞奉道科诫》曰:

> 道士有六阶,方外之士也。一天真道士,二神仙道士,三山居道士,四出家道士,五在家道士,六祭酒道士……山居道士者,无为无欲,守道守精,气冠烟霄,心凝淡泊,即许由、巢父之比也。

图9 山居法师法服

山居法师法服二仪冠上下黄裙帔三十六条列图如左

宋代吕太谷《道门通教必用集·太上出家经训》说：

> 《出家因缘经》云：道士凡有七阶，天尊言一者天真，谓体合自然，内外纯静；二者神仙，谓变化不测，超离凡界；三者幽逸，谓含光藏辉，不拘世界；四者山居，谓幽潜学道，仁智自安；五者出家，谓舍诸有爱，脱落嚣尘；六者在家，谓和光同尘，抱道怀德；七者祭酒，谓屈己尘凡，救度危苦。

《洞玄灵宝道学科仪》之《山居品》曰：

> 凡是道学，当知道之布化，圣人设法，接引初行，隐遁山林。出家之者，若道士，若女冠，当栖息山中，以求静念，不交常俗，引命自安，避诸可欲，去诸秽乱。

综上所述，山居法师当是道士中于山林之间修炼者，是道士位阶中第四类道士（有的典籍分为七阶，有的典籍将幽逸与山居合为山居，共六阶）；按后世至今道士种类来分，应是全真教道士的前身之一。以上引文中，天真、神仙、幽逸、山居、出家五种当是后世全真教的前身，而在家和祭酒则是正一道士的前身。全真教有严格的戒规，即道士必须出家住观，不能拥有妻室，须蓄发，戒律严格。而正一道士可以有家室，不住宫观，可以不蓄发，宫观清规不如全真教严格。除此之外，两者在创教时间、经典等方面都有不同，但与本文无关，此处不多赘述。

关于二仪冠，《洞玄灵宝道学科仪》道："若道士，若女冠，平常修道，戴二仪巾。巾有两角，以法二仪。"

"二仪巾"为"有两角"之巾，那么二仪冠则是有两角之冠。"二仪"最早出自《周易·系辞上》"易有太极，是生两仪"。二仪即两仪，即指阴阳。

帔三十六条，三十六条代表三十六天。"三十六天"是茅山宗根据道生万物的宇宙创世理论，构想出来的神仙所处的空间。据宋代张君房编撰的《云笈七签》卷二十一"天地部"称，道教构想的地上之天共有三十六层，故名三十六天。道教称神仙所居的天界有三十六重。

列圖如左 三洞講法師元始冠黃褐絳裙九色離羅帔

图 10 三洞讲法师法服

三洞讲法师：元始冠、黄褐、绛裙、九色离罗帔。

三洞讲法师的法服（图 10）与前述几种有很大不同，玄冠改为元始冠，衣服色彩为上黄下绛，与正一法师上绛下黄刚好相反。

三洞讲法师在本书的《法次仪》中亦未提及。但按照书中法服叙述的顺序（正一法师、高玄法师、洞神法师、洞玄法师、洞真法师、大洞法师、三洞讲法师），三洞讲法师的位阶是在大洞法师之上的。现存各道教记载的道士法位并不完全一致，但通观各典籍，归纳总结，我们可知，在南北朝之后的朝代，道教法位根据三洞四辅说有一个大致的框架，即道士的法位可分为正一部的初入道门、清信弟子、清信道士、正一道士等，太玄部的道德、高玄弟子及高玄法师等，洞神部的洞神弟子、洞神法师等，洞玄部的洞玄弟子、洞玄法师等，洞真部的洞真法师、三洞弟子、三洞法师、大洞法师等。三洞四辅说的太平部和太清部则不在受法教程中。道士受法教程即入门道士按照修行的阶段从师父那里得到经典和符箓的种类。

洞神法师：玄冠、黄裙、青褐、黄帔，三十二条。

洞神法师的法服（图11）与前者都不相同，帔的条数为三十二，颜色多了青色。

后世道教发展愈发繁荣，道士数量大为增加，道教对道士位阶做了细化和增加（增加了神咒、升玄道士等)，但大体框架并未改变。至宋代以后，才做了一些大的调整，此处略去不讲。

本书《法次仪》载：

科曰：道士、女冠法位、次第、称号，各有阶级，须知尊卑上下，不得叨滥，今具之于下，宜熟详之。违，各夺算一千二百。

其叙述的道士法次依次为：

1.正一箓生弟子，治气男官、女官

2.三一弟子、赤阳真人

3.治气正一盟威弟子

4.阳平治太上中气，领二十四生气，行正一盟威弟子，元命真人

5.太玄都正一平气，系天师阳平治太上中气，二十四生气督察，二十四治三五大都功，行正一盟威、元命真人

6.洞渊神咒大宗三昧法师、卜兆真人

7.老子青丝金纽弟子

8.高玄弟子

9.太上高玄法师

10.太上弟子

11.洞神弟子

12.无上洞神法师

13.昇玄法师

14.太上灵宝洞玄弟子

洞神法师玄冠黄裙青褐黄帔三十二条列圆如左

图 11　洞神法师法服

洞玄法师芙蓉冠黄褐黄裙紫帔三十二条列图如左

图 12　洞玄法师法服

15. 无上洞玄法师

16. 洞真法师

17. 无上洞真法师

18. 上清玄都大洞三景弟子

19. 无上三洞法师

法次最高者为第十八、十九的上清玄都大洞三景弟子和无上三洞法师，其中无上三洞法师的法次应能对应"三洞讲法师"。按照三洞四辅说，三洞讲法师也应是道士中法位最高者。

　　洞玄法师：芙蓉冠、黄褐、黄裙、紫帔，三十二条。

洞玄法师法服（图12）最大的变化在于出现了芙蓉冠和紫帔。

此处补充一点，笔者在翻阅众多道教典籍中关于道士法位的内容时，发现道士（天师道道士）最高等级法位皆是某某大洞法师（或弟子）或某某三洞（讲）法师，例如本书的上清玄都大洞三景弟子、无上三洞法师／三洞讲法师，《正一受道威仪》的大洞法师、《三洞法服科戒文》的三洞讲法师、《洞玄灵宝三师名讳形状居观方所文》的大洞三景弟子、《受箓次第法信仪》的上清玄都大洞三景弟子某真人……但若是某某大洞法师（弟子）与某某三洞法师（弟子）同时出现，三洞的法次一般会高于大洞法位。例如本书中虽没有说明，但是《法服图仪》中大洞法师的法服为"元始冠、黄裙、紫褐、五色云霞帔"，而三洞讲法师的法服为"元始冠、黄褐、绛裙、九色离罗帔"。紫褐与绛褐的等级不能直接说明高低，但是在这两个法位之下的洞真法师的法服也用的紫褐，大致能证明紫褐等级低于绛褐。另外，大洞法师的帔是五色云霞帔，三洞讲法师的帔是九色离罗帔，根据中国古代服饰等级的区分规律来看，色彩越高级，纹饰越复杂，等级即越高。"九色"比"五色"色彩复杂，且"离罗"在道教中也表示色彩绚丽交错之意。故能得知三洞讲法师所服九色离罗帔比大洞法师所服五色云霞帔等级更高，即三洞讲法师的法次等级高于大洞法师。

即使在北宋编撰的《三洞修道仪》中大洞部道士法位位于三洞部道士之上，属于最高法次，但大洞部道士的具体法位为上清大洞三景弟子、无上三洞法师。无上三洞法师排于最后，仍是三洞法师居于最高法位。以上仅为笔者个人观点，日本学者小林正美所著《唐代的道教与天师道》则认为大洞法位与三洞法位等高。

洞真法师：元始冠、青裙、紫褐、紫帔、青裹，表二十四条，裹十五条。

洞真法师的法服（图 13）没有了黄色。从上述道士、法师的法服来看，当时道教服饰的冠式无非平冠、玄冠、元始冠、芙蓉冠几种，但是在颜色的搭配上却十分灵活，通过黄、绛、青、紫排列组合出不同的变化来区分法位。

图 13　洞真法师法服

（图中文字：洞真法师元始冠青裙紫褐紫帔青裹表二十四条裹十五条列图如左）

关于元始冠，唐代张万福《三洞法服科戒文》规定：

一者初入道门，平冠、黄帔。二者正一，芙蓉玄冠、黄裙、绛褐。三者道德，黄褐、玄巾。四者洞神，玄冠、青褐。五者洞玄，黄褐、玄冠，皆黄裙对之。冠象莲花，或四面两叶，褐用三丈六尺，身长三尺六寸，女子二丈四尺，身长二尺四寸，袖领带褙，就令取足，作三十二条，帔用二丈四尺，二十四条，男女同法。六者洞真，褐帔用紫纱三十六尺，长短如洞玄法，以青为里，袖领褙带，皆就取足，表二十五条，里一十四条，合三十九条，飞青华裙，莲花宝冠，或四面三叶，谓之元始冠；女子褐用紫纱二丈四尺，长二尺四寸，身二十三条，两袖十六条，合三十九条，作青纱之裙，戴飞云凤炁之冠。七者三洞讲法师，如上清衣服，上加九色，若五色云霞，山水袖帔，元始宝冠。皆环佩执板，师子文履，谓之法服。

本书中戴元始冠者为洞真法师、大洞法师与三洞讲法师，故《三洞法服科戒文》中说：

六者洞真，褐帔用紫纱三十六尺，长短如洞玄法，以青为里，袖领带褙，皆就取足，表二十五条，里一十四条，合三十九条，飞青华裙，莲花宝冠，或四面三叶，谓之元始冠。

七者三洞讲法师，如上清衣服，上加九色，若五色云霞，山水袖帔，元始宝冠。

此段文字描写与本书的法位是一致的，有一定的可借鉴之处。

大洞法师：元始冠、黄裙、紫褐，如上清法，五色云霞帔。

从前文叙述可知，正一法师戴芙蓉玄冠，道德法师未明说，洞神法师戴玄冠，洞玄法师戴玄冠。后面说“皆黄裙对之”，意即前面几种法位的法服都是搭配黄色下裙的。后又紧跟“冠象莲花，或

云霞帔列图如左

大洞法师元始冠黄裙紫褐如上清法五色

图 14 大洞法师法服

四面两叶"，后文也有"莲花宝冠，或四面三叶，谓之元始冠"，要想知道元始冠究竟为何物，就要弄清"四面两叶"与"四面三叶"为何物。

"或"字在古代汉语中有几种意思：1. 有的，有的人；2. 表选择，或者；3. 通"惑"；4. 语气词，加强语气。从这几种释义来看，只有第一种和第二种在这里能说得通。首先，如果取"有的，有的人"的意思，那么上面的话表达的意思就是：几种法师的法服对应的都是黄色下裙，冠的外形像莲花，有的冠是洞玄法师所戴四面两叶的，有的冠是四面三叶的，如洞真法师所戴莲花宝冠。这样的冠称之为元始冠。如此解释，则"四面两叶"与"四面三叶"是一种冠的不同造型特点与形式，或许是有四个面，有两或三片叶子。

若是取"或者"这一释义，则意思是：几种法师的法服对应的都是黄色下裙，用莲花外形，如洞玄法师所戴四面两叶的冠，或如洞真法师所戴的四面三叶莲花宝冠，后面这种四面三叶冠才叫元始

1104

冠。如此解释，那么"四面两叶"与"四面三叶"就各是一种独立的冠式，而不是仅仅依附于莲花形状的冠的一种特点而已，那么元始冠就是这种"四面三叶"冠。

但是，由于文中明确说到了"正一，芙蓉玄冠"，此冠既然名为芙蓉，外形也该是后文描述到的"冠象莲花"，后面洞神、洞玄法师也都是戴"玄冠"，极有可能是作者为了行文规范，每句四字，而使"芙蓉玄冠"简称之。故"冠象莲花"一句确定是用来形容前面几位法师的冠的，既然如此，后面的"四面两叶"就不能作为一个独立个体存在，而是作为形容莲花冠的一个特点。

如此说来，后面的元始冠的形制也好解释了，是一种外形像莲花，有四个面三片叶子的冠。这也符合等级制度——法冠是四面，但法位最高的洞真法师有三叶，而其他的只有两叶。况且从字面意思来看，四个面也不可能只有两叶或者三叶，至少也需要四叶才符合实际。正如佛教中的三叶冠，也只有三个面而已。

关于黄褐、绛裙，本书中对正一法师的法服描写是黄裙、绛褐，其色彩和等级最高的三洞讲法师并无二致，只是褐与裙的颜色对调而已。这说明在道教中黄色、绛色都是较为尊贵的颜色。而真正区分等级除了上面说的冠之外，最重要的就是帔了。

九色离罗帔的离罗，东晋道经《大洞真经》卷三曰：

> 七炁离罗，大混黄宁_神，六甲_{辅神}辅魂，内注六丁_{阴神}，三真_神入胃，流液太明_{心神}，五符上皇，泥丸常生，九真_{九真}下映，日母_{正会幕}同耕，游眄徘徊，双盖华婴，上到紫房，披巾羽青，七世父母，各得反生。

黄宁是道教中的神名。道教存思法，通过存想身体中的诸神，吐纳气体，达到调理身体养生的目的。七炁同七气，七炁离罗，即言身体内七气交错混合、相互流通。这里的离罗有交错的意思。本书《造像品》云：

> 天尊上帔，以九色离罗，或五色云霞山水，杂锦黄裳，

图 15 大洞女冠法服

金冠玉冠。左右皆缨络环佩，亦金玉冠，彩色间错，上帔
皆不得用纯紫丹青碧绿等。

此处言"帔"不得用纯色，要用"九色离罗"，即意多色交错缤纷。
故九色离罗帔即色彩缤纷、光彩绚丽的帔。

大洞女冠：冠飞云凤气之冠。

大洞女冠是法位等于大洞法师的女性道人。大洞女冠法服（图
15）除冠外，同大洞法师。黄裙、紫褐，如上清法，五色云霞帔。

科曰：女冠法服衣褐并同道士，唯冠异制。法用玄纱，
前后左右皆三叶，不安远游。若上清大洞女冠，冠飞云凤
气之冠。

飞云凤气之冠：凤，百鸟之首，也是古代传说中的鸟王，雄的
叫凤，雌的叫凰，通称凤。它是原始社会时期人们想象中的保护神，
形象经过逐渐演化完美而来。凤比喻有圣德之人，是封建时代吉瑞
的象征。飞云凤气，从字面意思结合中国古代传统来看，便是有凤

飞云腾之式；飞云凤气之冠，当然也是凤凰飞翔、祥云环绕样式的冠服。

紫褐、黄裙：紫色在道教中象征祥瑞和高贵，成语中的"紫气东来"说的就是老君爷骑牛出函谷关的故事。

五色云霞帔：即为绘有五彩斑斓的云霞之帔，意同九色离罗帔，表现的是"帔"的绚丽华贵。

中国自古以来就有用鸟类羽毛装饰身体的习俗，一些远古时代遗留的壁画中也有许多头插羽毛、身披羽饰的人物形象，体现了古代先民对鸟类的崇拜，其中对仙鹤的崇拜更是达到了极致。中国自古就认为鹤是仙禽，是高洁尊贵的鸟，神仙常以仙鹤作为坐骑。道教的神仙体系中自然也将这纳入其中，道教称成仙为"羽化"，称去世为"驾鹤西去"。最初的道士以身披羽衣为荣，也是模仿化身仙鹤的样子以求得道成仙。只是羽衣难得，于是羽衣的形态被保留下来，只是以一种同样宽袖大袍的披物——鹤氅代替。

随着后世的演变，鹤氅的形态渐渐固定为一种对襟、宽袖、衣身开衩缘边的外披衣物。而各法位的法服之帔，大抵也由羽衣演化而来。

道教既然是中国本土宗教，其服饰体系必不会脱离于中国传统服饰。中国传统服饰分为礼服与便服，便服是日常穿着生活、劳作之服，礼服则是特别时间、特定场合、特殊人群应该穿着以表现礼仪、等级尊严的服饰。不论是皇亲贵胄、官职人员，还是道士女冠，都有其相应的礼服和便服。虽同在一个体系，会遵循基本的裁剪、礼制等，但根据不同的人物分类，便会有不同的发展走向。一般的礼服根据中国传统人伦、礼制等制定；官职人员的礼服则是根据相应官职象征意义有区分，例如后世文官武官品级不同，其官服补子不同，皇家帝王同理；道士则是根据其信仰、神话体系等制定法服（礼服）。纵使各类礼服各有不同，但都有其基本等级制度，而其等级又都遵守以色彩、材质、纹饰等区分的基本规律。至于历朝各代的服饰及法服皆不尽相同，也不过是因为礼制体系的完善，世人世界观、价值观的发展与变化，宗教神仙神话体系的完善以及宗教内部人员的增减等。

道教服饰不仅对道士本身有一定的约束，同时也更大程度地区分了神圣与世俗之间的差别。在某种程度上来说，道教服饰能够警醒世人、教化百姓。即《天皇至道太清玉册》所说：

> 古者衣冠，皆黄帝之时衣冠也。自后赵武灵王改为胡服，而中国稍有变者，至隋炀帝东巡便为畋猎，尽为胡服。独道士之衣冠尚存，故日有黄冠之称。

参考文献：

[1] 太极太虚真人.洞玄灵宝道学科仪 [M]// 张继禹.中华道藏.北京：华夏出版社，2004.

[2] 张万福.三洞法服科戒文 [M]// 张继禹.中华道藏.北京：华夏出版社，2004.

[3] 忻丽丽.道经词语"离罗"考释 [J] 古汉语研究，2011（04）：56—63.

[4] 任继愈.宗教大辞典 [M].上海：上海辞书出版社，1998.

[5] 季羡林.敦煌学大辞典 [M].上海：上海辞书出版社，1998.

[6] 张继禹.中华道藏 [M].北京：华夏出版社，2004.

[7] 葛洪.抱朴子内篇全译 [M].顾久，译注.贵阳：贵州人民出版社，1995.

[8] 小林正美.唐代的道教与天师道 [M].王皓月，李之美，译.济南：齐鲁书社，2013.

《三衣显正图》[宋]

说人

《大正藏》第四十九册《佛祖统纪》（宋志磐撰）卷第二十七《净土立教志·往生高僧传》载：

> 妙生，会稽人。习律学，日践净土之业。与大通本禅师居潮山象坞，共明此道。一夕，会门人讽弥陀经，就榻端坐，取临终香焚之，合掌迎顾，嗒然而化。

在妙生的另一篇佛教著述《佛制比丘六物图辩讹》中首页落款为"绍圣三年会稽沙门妙生述"，而同时代另一位高僧元照在《佛制比丘六物图》首页则标注为"大宋元丰三年夏首余杭沙门元照于天宫院出"。"元丰"是宋神宗赵顼的一个年号，元丰三年当为 1080 年。"绍圣"是宋哲宗赵煦的年号之一，绍圣三年是 1096 年。可见妙生所处时代晚于元照，一般来说也年少于元照。这一点在《卍续藏经》文章的排列次序上也可以得到印证。

元照、妙生两位律师同在百越，坐而论道，就三衣六物辩证论法，其背后展现的是北宋时期杭州一带的佛教延续以及律宗的兴盛。而且佛教自汉代传入中原已达十个世纪之久，汉地高僧法显、玄奘、义净等持续西行求法，而西方番僧迦叶摩腾、安世高、鸠摩罗什相继东来传法，随着交流的深入，印度佛教诸部教理渗入，中土佛教门派各自立户，由此带来了佛家"法服"和"常服"在款式、色彩上的繁杂。至此到了应该梳理一下数百年以来本土佛教服饰纷杂、色彩多样的情况以正本清源的时候了。此为北宋时期相继出现允堪

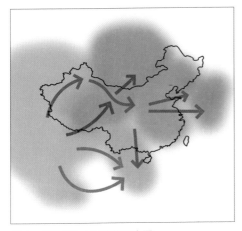

图1 佛教传入中国路线示意图

的《衣钵名义章》、元照的《佛制比丘六物图》《释门章服仪应法记》《道具赋》、妙生的《三衣显正图》《佛制比丘六物图辨讹》等一批佛教服饰专论的基本原因。

回顾一下佛教传入中原的历程（图1）对理解和研究佛教服饰是一个很好的开始，通过这段历史我们可以了解佛教在中原流传的历程，进而了解佛教服饰不断演化的过程，而研究佛教服饰的目的之一就在于探明佛教本土化的渐变过程。

佛教传入中国有三条路线。第一条路线是从印度过中亚，经新疆穿河西走廊一带，然后到达中原。这条路线又分为南北两路。北路是由印度翻越克什米尔高原入中亚，经疏勒（今喀什）、龟兹（今库车一带），过吐鲁番、哈密到敦煌。玄奘取经走的就是北路。南路是由敦煌穿沙漠，经过鄯善，到于阗（今和田）入中亚，到达印度。法显传法走的就是南路。第二条路线就是所谓经由缅甸穿越云贵川的茶马古道。季羡林先生坚持佛教是先传入中原，然后传入西域的。第三条路线便是海路，即从斯里兰卡经过爪哇、马来半岛，到达广州。义净西行便是取道海路。

由此看来印度与中原山水阻隔、道路绵长，加之历史、地域、气候、民族、风尚等诸多方面的原因，必然造成佛教衣饰的"走样"。纵观佛教服饰在中国本土化的过程，实在是中国文化吸纳、消融外来文化最显著的例子，也是中国文化具有包容特质的具体表现，更说明中国人灵活机动、善于洋为中用、不墨守成规、顺天行事的天性。

佛教传入中国，总体来看，在南方形成南传佛教，在青藏高原形成藏传佛教，在中原形成了汉传佛教。由于所用文献都是汉文著作，因此本文仅就汉传佛教的服饰加以论述。

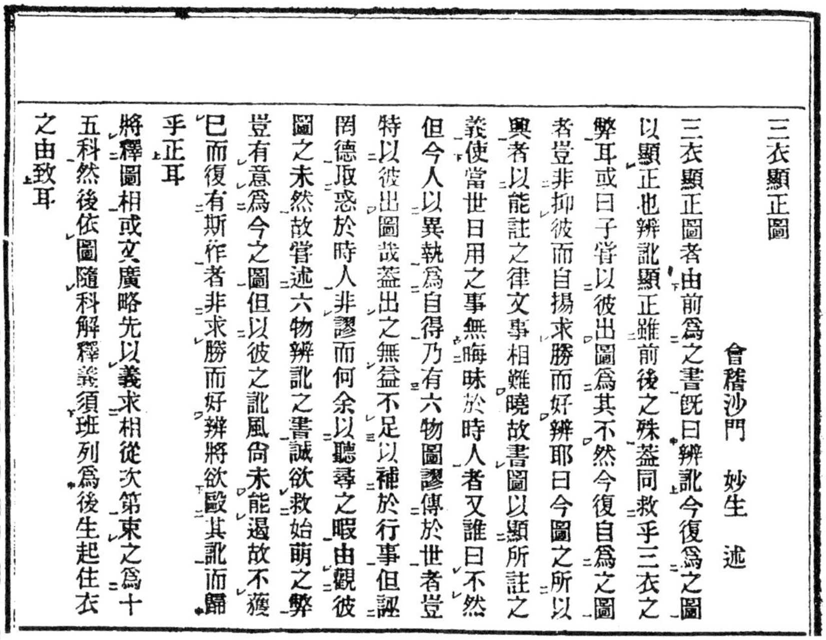

三衣顯正圖

會稽沙門　妙生　述

三衣顯正圖者由前爲之書既曰辨訛今復爲之圖以顯正也辨訛顯正雖前後之殊蓋同救乎三衣之弊耳或曰子甞以彼出圖爲其不然今復自爲之圖者豈非抑彼而自揚求勝而好辨耶曰今圖之所以興者以能詮之律文事相難曉故書圖以顯所詮之義使當世日用之事無晦昧於時人者又誰曰不然但今人以異執爲自得乃有六物圖謬傳於世者豈特以彼出圖哉蓋出之無益不足以補於行事但誣罔德取惑於時人非謬而何余以聽尋之暇由觀彼圖之未然故甞述六物辨訛之書誠欲救始萌之弊豈有意爲今之圖但以彼之訛風尚未能遏故不獲已而復有斯作者非求勝而好辨將欲毆其訛而歸手正耳

將釋圖相或文廣略先以義求相從次第束之爲十五科然後依圖隨科解釋義須班列爲後生起住衣之由致耳

图 2 《卍续藏经》第一〇五册《三衣显正图》

说书

自南山律宗开山之祖释道宣（596—667）在显庆二年（657）撰成《释门章服仪》之后，释门对戒律研究持续不断，到了宋时出现了一个小高潮。允堪、元照、妙生等律师纷纷撰文阐述自己对佛教服饰的理解和见解，因而留给我们一批非常珍贵的第一手资料。

妙生律师的《三衣显正图》（图 2）开门见山：

> 三衣显正图者，由前为之书，既曰"辨讹"，今复为之图以显正也。辨讹显正虽前后之殊，盖同救乎三衣之弊耳。

犹如中医辨证施治，妙生用《佛制比丘六物图辨讹》"祛邪"，用此《三衣显正图》"扶正"，可见妙生用心良苦。面对不同声音，妙生坦言：

> 或曰子尝以彼出图为其不然，今复自为之图者，岂非抑彼而自扬，求胜而好辨耶？……尝述六物辨讹之书，诚欲救始萌之弊，岂有意为今之图，但以彼之讹风，尚未能

遏，故不获已，而复有斯，作者非求胜而好辨，将欲殷其讹，而归乎正耳。

《三衣显正图》全文五千三百余字，配图三幅，另有一小图随文。妙生律师以十五个部分分别叙述三衣的诸项问题，看过这十五个部分的标题，你会对本文有个直观的认识和了解。

- 初示衣财色量
- 二长短条表法
- 三刺一边缦缝
- 四押叶鸟足缝
- 五条叶靡左右
- 六助力撲四角
- 七四周当安缘
- 八节角刺卍字
- 九明破缘三缝
- 十重作缦刺缝
- 十一前后缀钩纽
- 十二肩上撲垢腻
- 十三辨撲钩纽处
- 十四会摘解文
- 十五画图凭肘量

妙生随后解释为何如此层层推进，展开叙述对三衣的正确认识和制作方法：

前十二段且欲生起文之次第，俾世人观图见文为作衣之式，不虚设也。所以示衣财色量最居首者，由作衣诸法所托，皆依皆财体如法而生。然后三种坏色度身长短义之次第，故须先明财体染坏既已，如法度身肘量，将欲割截必分其长短，故长短条表法次二。而生长短既彰，必先逐条横刺一边，为其叶相，故刺一边缦缝次三。而生横叶一边既已缦刺，其开一边者当作鸟足缝而押定之，故押叶鸟足缝次四。而生随条刺毕，当合诸条次第相押，如横叶刺之之法，竖而刺之，故条叶靡左右次五。而生条叶靡顺刺之既已，而四角助力准文撲之，故助力撲四角次六。而生衣相既成，犹恐四周有速坏义，故四周安缘次七。而生四周安缘既已，如法当准传文刺其万字，故节角刺卍字次八。而生刺之毕，而四周缘尚恐未坚，当准他部破缘缝之，故

破缘三缝次九。而生条叶边缘工已成，就尚为单作，故重
作缦刺缝次十。而生簪刺既毕，及夫披着必须钩纽，故前
后缀钩纽次十一。而生披时挽处受腻必多，虑其数浣，故
辨揲垢腻处次十二也。此十二段生起次第，以为作衣之伦
叙，无错谬之失矣。若下二衣单作时，则除第十重作缦刺
缝，但十一科而已，其余三段之文前后无在，皆前笔之便，
盖辨其失有无之义耳。

未读全文，仅看目录，已经感觉到妙生律师对三衣深入的理解、
全面的叙述，从衣服的量裁到缝纫的针法，从安缘、揲角到钩纽、
浣洗，无微不至，无以复加。且文中所论多有出处，是研究僧服法
衣不可多得的材料。

僧衣随着时代的前进而不断变迁，在佛教本土化的过程中不断
完善，在越来越深入的探讨和争论中，其形制逐渐步入正轨、得到规范。

说图

长久以来总有一个疑问在心头徘徊，佛从西方落户中土，为
何在传输的路上只留下星星点点的遗迹和遗址，却没能在沿途播种
扎下根来呢？甚至现在印度佛教似乎也成为"出口转内销"的稀罕
物。写到这里笔者才静心思考起来，完全从一个外行的角度揣摩起
来。或许有人说这就是猜，笔者倒觉得是一种推测，唯一的规则就
是需要符合逻辑。任何社会都需要一个被大众所接受的意识或者说
理论体系，成为所有社会成员的文化认同，用以统一大部分人的意
志和行动，给人们以一种精神寄托和价值诉求，宗教往往承担了这
样的社会功能，在现实生活中给人们一种心灵指引和行动力量。佛
教之所以在印度失去统治力，在西域没能广泛传播，除了其他宗教
的不断扩张与侵入，佛教本身也出现了变异。在印度，佛教逐步与

婆罗门教融合并同质化，导致佛教失去了自己的特色，也失去了自身的吸引力，最终佛教失去了主体性，被日益兴起的印度教所融。而在西传过程中又遇到伊斯兰的武力行教，不施行偶像崇拜的伊斯兰教所到之处佛教寺院、佛像均遭到毁灭之灾，佛教也就失去了立足之地。

而佛教在中国被统治者认可并利用，佛经在最初的翻译过程中有许多道士参与其中，客观上也加速了佛教本土化的进程。中国素重礼仪，国人对佛教的吸收与容纳，在很大程度上是以"礼"作为取舍标准的。而佛教的高僧大德又能够应机施教，主动从中国固有文化中吸取营养，所以佛教在中原站稳了脚跟。尽管中原也曾出现过北魏太武帝、北周武帝、唐武帝和五代时期周世宗这几位皇帝发动的灭佛运动，即遭到所谓"三武一宗"之厄，但是在与儒家和道家不断互动中成长的佛教却并没有沉沦，而是受到了上至皇帝下到黎民百姓的普遍拥戴和信仰。唐代著名诗人杜牧诗句"南朝四百八十寺，多少楼台烟雨中"就是佛教全盛时期的真实写照。

社会需要宗教，宗教需要信众，一种宗教的建立需要有四个必备条件：其一，有完备的教义，并以经典形式记录并传播；其二，有具体的崇拜形象，常以艺术形式加以固定；其三，有自己严密的组织形式；其四，有自己独特的根据地，也就是活动场所。而一种符合本土习惯的仪式无疑是凝聚信众的固化剂，大到教堂、道观、寺院的建筑形制，小到宗教的服饰礼仪，都是这种仪式感的外壳。正是这种仪式感让信仰变得更有力量，成为信众自觉的行动，所以我们看到至今在各地留下的古建筑大多是宗教建筑，这也算是宗教留给我们的一份遗产。

僧服是佛教本土化最重要的部分，由于地域和气候的不同，僧服的改良成为必然。因对佛教原典的不同解读，也因为众僧将不同佛教部的教义传入中国，出现理解的偏差和纷争是不可避免的。我们将印度佛教称为原始佛教，其教义规定僧服主要有三衣（图3—5），

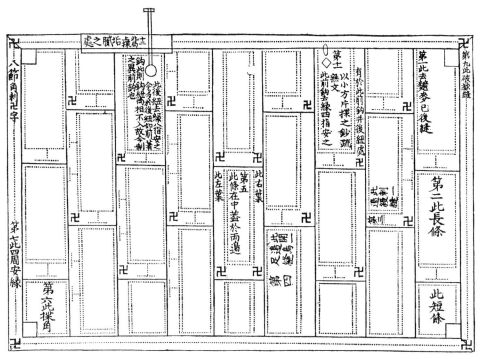

图3　妙生所绘制的僧伽梨

即为：安陀会，意译为"院内道行杂作衣"或"中着衣"；郁多罗僧，意译为"入众衣"或"上衣"；僧伽梨，意译为"入王宫聚落衣"或"众聚时衣"。加上僧祇支和涅槃僧，合称为"五衣"。

妙生所绘三衣图与元照所绘的图相比较，明显要详细而精致得多。

僧衣共有九品，"下下品"九条、"下中品"十一条、"下上品"十三条，这三品衣全是每条两长一短；"中下品"十五条、"中中品"十七条、"中上品"十九条，这三品衣全是每条三长一短；"上下品"二十一条、"上中品"二十三条、"上上品"二十五条，这三品衣全是每条四长一短。上图（图3）的僧伽梨即是一个九条衣，应该属于下下品，如图所示为二长一短。

在妙生所绘制的僧伽梨图中，都根据文章内容用文字标注说明，图文对照，更易于理解作者的描述内容。例如图中"第二，此长条

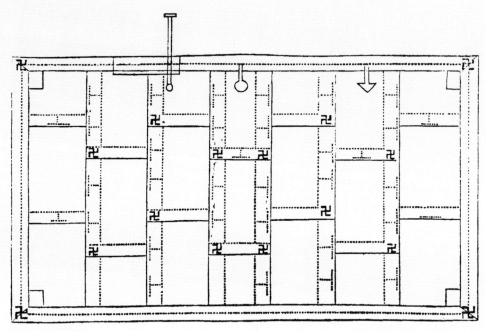

图 4　郁多罗僧

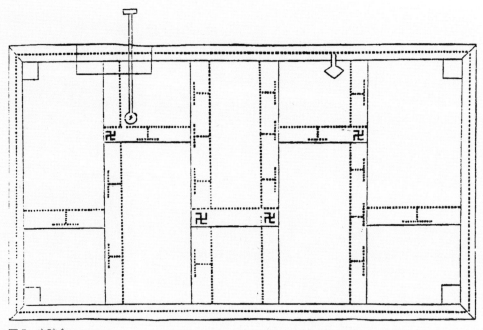

图 5　安陀会

此短条"的说明文字，对应原文中："二、长短条表法：图中长条者表圣增也，短条者表凡减也，故《羯磨疏》云圣增而凡减，喻长多而短少也。""第六，此揲角"，对应的原文是："六、助力贴四角：图中揲四角者，此皆助力，以免速坏无别义也。故《业疏》云：为揲治擎举相助为力也。"

有关僧服的形制、材料、制作、名称及含义，以及在中国出现的新型僧服，另有《佛制比丘六物图》图解一文详述，在此我们更多的是讨论僧服的颜色问题。

"三衣"有一个大家都熟悉的名字——袈裟。袈裟为梵语，本意为坏色、不正色、赤色、染色。元照在《佛制比丘六物图》中写道：

> 律云，上色染衣不得服，当坏作袈裟色（此云不正色染），亦名坏色，即戒本中三种染坏，皆如法也。一者青色（僧祇，谓铜青也。今时尼众青褐，颇得相近），二者黑色（谓缁泥涅者。今时禅众深黪并深苍褐，皆同黑色），三木兰色（谓西蜀木兰，皮可染作赤黑色，古晋高僧多服此衣。今时深黄染绢，微有相涉，北地浅黄，定是非法）。

既然袈裟本意有赤色之意，又用袈裟统称三衣，那么用赤色的袈裟一定是顺理成章的事情。可是《萨婆多毗尼毗婆沙》卷八中说衣不得用黄、赤、青、黑、白五大色。《五分律》卷二十中则说不听"着纯青黄赤白黑色衣"。而《四分律·衣揵度》云："如是十种衣应染作袈裟色持。"

或许是翻译出了问题，或许是佛教诸部对色彩有不同的规定。我们知道色彩名称是一种很深奥的学问，同一种色彩会有不同的表述，如黑色亦有玄色、墨色、缁色之别称。也有不同的色彩却用相同的表述，如青丝为黑发，而青山之青则是绿色的表达，完全没有黑色的含义。这也许都是造成对佛教服色产生误解的原因。"赤色"是古代中国一个经常使用的色彩词语，有人说其实就是红色。这种观点感觉过于简单，缺乏仔细的分析。古人经常用赤色形容太阳以及火的颜色，如宋代张君房的小道藏《云笈七签》中有说："常存心中有日象，大如钱，在心中，赤色。又存日有九芒。"杜甫有"春旱天地昏，日色赤如血"的诗句。《洪范·五行传》也载："赤者，火色也。"《说文解字》写道："赤，南方色也。从大从火。凡赤之属皆从赤。"在甲骨文中赤字 $\hat{\mathcal{L}}$ 像一个人（大）身在熊熊大火之中。

即便是红色也有深浅之分，朱红色在古代是正色，皇帝御批用朱红，皇家建筑也以朱红色装饰宫墙，官宦或者富裕人家往往将大门涂成朱红色，否则不会有"朱门酒肉臭，路有冻死骨"之名句流传。《易·困卦》曰："困于赤绂。"郑注曰："朱深曰赤。"可见赤色、红色并不是同一种颜色，白居易的"赤玉何人少琴轸？红缬谁家合罗裤"便是明证。如果按照"不正色"或"坏色"来理解袈裟，就容易得多，因为无论深浅都已经不是正色了。故此我们无论在印度还是中国都常看到赤色的袈裟，义净的《根本说一切有部毗奈耶杂事》卷二十九中说，佛的姨母大世主与五百释女，在劫比罗城多根树园，听佛说法，三请出家而佛不许。佛从劫比罗城去往贩苇聚落的时候，大世主与五百释女便自剃头发，着赤色僧伽胝衣，追随佛后，一直到相思林中因阿难的恳求，才得到佛的允许而出家。《大唐西域记》卷二中说："如来僧伽胝袈裟，细氎所作，其色黄赤。"周叔迦在《漫谈汉族僧服》一文中说，佛教传入中国以后，僧侣还是披赤衣的。《弘明集》载汉末牟融的《理惑论》说："今沙门被赤布，日一食，闭六情，自毕于世。"

直到现在，沙门的袈裟还是以赤色为主。而所谓赤色似乎是红色与黄色不同比例的混合，各种赤色也是有细微变化的，黄色成分多了接近火，红色成分多了则接近血。稍微分析一下黄、赤、青、黑、白这五种颜色，不难看出这五种颜色是三原色加上黑与白的组合，而三原色本无"赤"色而是"红"色。因此袈裟色的"赤"必定是"坏色"，而只要是"不正色"就没有违背佛教原典。

色彩，是中国人认识世界的一种途径，按照中国的色彩观念，颜色也有尊卑，原色为尊，间色为卑，复色最下。所谓坏色一定不是原色，甚至不是间色。用色相、纯度和明度都不鲜明的颜色为衣，一定让人将其与"苦修"产生联想，这才是运用袈裟色的本初之意。

佛家三衣的颜色是很有讲究的。佛家规定，第一，颜色不许用上色或纯色；第二，所有新衣必须有一处点上另一种颜色，以破坏衣色的整齐而免除贪着，这叫作"坏色"和"点净"。

在颜色方面，周叔迦在《漫谈汉族僧服》中指出：

> 《萨婆多毗尼毗婆沙》卷八中说，衣不得用黄赤青黑白五大色。又有纯色，如黄蓝、郁金、落沙、青黛及一切青者不得着用。绀黑青作衣也不许用。只可用皂、木兰作衣。非纯青、浅青及碧，许作衣里。赤黄白色不纯大的，也许作衣里用。紫草、榛皮、蘗皮、地黄、红绯、黄栌木都是不如法色。

又《摩诃僧祇律》卷二十八中说比丘：

> 不听着上色衣，上色者，丘佉染、迦弥遮染、俱鞞罗染、勒叉染、卢陀罗染、真绯郁金染、红蓝染、青染、皂色、华色，一切上色不听。应用根染、叶染、华染、树皮染，下至巨磨汁染。

那么这"坏色"从何而来呢？《毗尼母经》卷八中说：

> 诸比丘衣色脱，佛听染用十种色。十种色者：一泥，二陀婆树皮，三婆陀树皮，四非草，五干陀，六胡桃根，七阿摩勒果，八佉陀树皮，九施设婆树皮，十种种杂和用染。如是等所应染者，此十种色。

什么是"点净"呢？就是在新制的衣服上，点上一块不同的颜色，并且这个颜色也不可使用正色。佛教对此也有明文规定，《毗尼母经》云："是衣三点作净法，一用泥，二用青，三用不均色。用此三种三点净衣。"

总而言之，佛制袈裟染色，主要用意在于"毁其形好，僧俗有别"。

如《梵纲经》卷下说，无论在何国土，比丘服饰必须与其国人俗服有别。

"袈裟"的制式，也有它的一些原因和含义。首先，印度地处于热带，人们多着白衣。佛教为了僧俗有别，所以规定衣服染色。其次，白色俗装，比较亮丽；法衣坏色，不求美艳。第三，割截缝制，能杜防典卖，且无法移作他用。第四，染污杂碎，能除爱美心理。最后，割截染坏，可息盗贼夺衣之念。

佛教初入中土自然会有一些"水土不服"，教义虽在，形制与颜色却难免变化。由于佛教戒律中对僧衣的形制、穿着有着详细的规定，所以在总体上基本延续旧制的基础上，汉僧又根据中原地理气候的变化加以改进。为了御寒起见，除了将三衣作为"法服"之外，又增补了"常服"，使用汉地原有的服装制定了颜色规则，稍微改变其式样而成为固定的僧服。例如"缁衣"之类就是人们最初对汉僧常服的称呼，后来逐渐成为沙门的代名词。汉朝时平民并不常穿黑衣，《汉书·成帝纪》载永始四年（前13）诏："青绿，民所常服，且勿止。"《汉书·龚胜传》颜师古注云："白衣给官府趋走贱人，若今诸司亭长掌固之属。"可见汉时平民习尚青绿，并以青绿色衣服为常；平头百姓并不衣白，只有给官府当差的人才穿白色的衣服。其实汉时官府侍卫之流还是穿黑衣的，《汉书·谷永传》载："擢之皂衣之吏。"皂衣、白衣成为官衣，那么老百姓的青绿之衣更显五花八门了。

而缁衣与白衣成为僧俗的对称则是在三国时期以后。自古白衣都是常见服色，即使是王公天子也曾衣白衣，《日知录·杂论·白衣》道：

> 白衣者，庶人之服，然有以处士而称之者。《风俗通》："舜禹本以白衣砥行显名，升为天子。"《史记·儒林传》："公孙宏以《春秋》，白衣为天子三公。"

何以白衣演化成庶人专有之称呢？

《诗》："麻衣如雪。"郑氏曰：麻衣，深衣也。古时未有棉布，凡布皆麻为之。《记》曰"治其麻丝，以为布帛"是也。然则深衣亦用白。

所谓白衣，当为不染色之本白之衣，就是灰白色的衣服。省去染色之功，免除劳苦之役，何乐而不为也。随着生活条件的改善，政治上的宽松，在西汉董仲舒时那种"散民不敢服杂彩，百工商贾不敢服狐貉"的情形大为改观。稍有条件者，便受爱美之心的驱使，染衣上色展示美好。而家徒四壁者只能依然衣白。三国战乱民不聊生，所以流行白色衣服且不带纹饰，而此时僧众逐渐增多，所以"缁素"也就成为僧俗的对称。

依照周叔迦先生的分析，汉僧"何以选用缁色，虽难考定，大约是从道士的服色来的。魏郦道元《水经注》卷六《束水注》云：'地有固活、女疏、铜芸、紫范之族也。是以缁服思玄之士，鹿裘念一之夫，代往游焉。'称道家采药之辈为'缁服思玄之士'，可见缁色是中国古代宗教服色，因而沙门在常服上也选用此色。释道之分只在用冠、用巾之不同，结果黄冠成为道士之专称，缁衣成为沙门的别号。其后僧俗众多，缁衣者众，道士不得不改变他们的服色，而缁服便成为僧侣的专门服色了"（见周叔迦《漫谈汉族僧服》）。

《续高僧传·法上传》曰："自（法）上未任已（以）前，仪服通混。一知纲统，制样别行，使夫道俗两异，上有功焉。"

上文说到在古印度，因为地处亚热带，所以衣色尚白，无独有偶，在我国也曾出现过白衣僧人，据唐代笔记小说《酉阳杂俎》记载："北朝僧尼有白色法服，青布袈裟。"明代《山堂肆考》也说："今制禅僧衣褐，讲僧衣红，瑜伽僧衣葱白。瑜伽，今应赴僧也。"

到了明代洪武初年，朝廷正式制定了僧人的服色。明《礼部志稿》云：

洪武十四年令，凡僧道服色，禅僧茶褐常服、青绦、玉色袈裟。讲僧玉色常服、绿绦、浅红色袈裟。教僧皂常服、黑绦、浅红袈裟。

法服颜色除了受地域、气候影响之外，世俗社会上层机构对佛教服色的影响也是不能忽略的。据《僧史略》载，北周武帝禁沙门服缁，令改服黄色，从此，僧人常服的颜色便多样起来了。清代《坚瓠集》"僧衣"一条说：

> 僧旧着黑衣，元文宗宠爱欣笑隐，赐以黄衣，其徒后皆衣黄。……欧阳原元《题僧墨菊》诗云："芯蒻元是黑衣郎，当代深仁始赐黄。今日黄花翻泼墨，本来面目见馨香。"

统治者的干预势必造成袈裟颜色的混乱，宋代赞宁《僧史略》卷上云："今江表多服黑色赤色衣，时有青黄间色，号为黄褐、石莲褐也。东京关辅尚褐色衣，并部幽州则尚黑色。"

然而这绝非仅有，《僧史略》载："则天朝僧法朗译大云经，陈符命言：法朗等皆赐紫袈裟。"这是所谓"赐紫袈裟"的由来。《旧唐书·高宗本纪》载："文武官三品已（以）上服紫，金玉带，四品深绯，五品浅绯，并金带，六品深绿，七品浅绿，并银带，八品深青，九品浅青，输石带，庶人服黄，铜铁带。"《新唐书·车服志》也有类似记载，唐高祖武德年间规定，亲王及三品以上色用紫，四品、五品色用朱，六品、七品色用绿，八品、九品色用青，流外官、庶人、部曲、奴婢色用黄和白。

原本佛教三衣只是用来区分不同场合而穿用，到了唐代就打上深深的等级烙印，使得佛教法服具有了中国式的特点。《资持记》曰：

> 今时沙门多尚紫服。按《唐纪》，则天朝薛怀义乱于宫庭，则天宠用，令参朝议。以僧衣色异，因令服紫袈裟，带金龟袋。后伪撰《大云经》，结十僧作疏进上，复赐十僧紫衣龟袋。由此弊源一泄，于今不返。

宋代时朱熹看到寺院僧人的斋供，曾经感慨："三代礼乐，犹存于释氏。"我们应该看到存于释氏的何止礼乐。

佛家对于衣色有"衣不得用黄、赤、青、黑、白五大色"的戒律。在印度，教团中不得以五色为法衣之色，认为此五色为华美之色。

图 6　根据《四分律行事钞资持记》所绘之插图　　　　图 7　相生相克图

而庄严极乐净土之颜色，及千手观音手持物中之五色云，皆为此五色。在密教以五色配合五智、五佛、五字、五大、五根、五方、五转、五形等教义或方向。丁福保《佛学大辞典》对"五色"解释如下：

> 青黄赤白黑为五色，亦曰五正色，亦曰五大色。又绯、红、紫、绿、琉黄为五间色。《行事钞资持记》下一之一曰："言上色者总五方正间。青黄赤白黑，五方正色也；绯红紫绿琉黄，五方间色也。"各色配方位，则如左。（图 6）

殊不知这五色正暗合了我国的五行五色。邹衍是战国时期阴阳家学派代表人物与五行学说代表人物，五行学说认为世界上的一切事物，都是由木、火、土、金、水五种基本物质之间的运动变化而生成的。郑玄在《洪范注》中解释道："行者，顺天行气也。"这五行用五种颜色来表示就是青、赤、黄、白、黑，所指示的方位就是东、南、中、西、北。（图 7）

木：东—青。

火：南—赤。

土：中—黄。

金：西—白。

水：北—黑。

与其说这仅仅是巧合，莫如说古代人们在对于自然界的认知上是有相通之处的，也是互相借鉴的。

佛教在本土化的进程中即受到传统民间风俗的影响，反过来又渗透到世俗生活的方方面面，例如喝"腊八粥"本是佛教特有纪念日中的一项活动，后来传到民间，"腊八粥"成为一种深受人们欢迎的节令小吃。又如土葬原是我国传统的葬法，民间一直有"入土为安"的丧葬观念。汉代以前人们把焚尸作为奇耻大辱。如战国时燕军围攻齐国即墨城，掘齐人冢墓，大烧死尸，齐人"望见皆涕泣，俱欲出战，怒自十倍"。但在佛教传入中国后，火葬却逐渐成为仅次于土葬的一种主要葬法。火葬本是古印度的葬法，在佛教里称为"荼毗"之法。它随着佛教东来之后，先是流行于僧人中间，宋代以后才在民间盛行起来。如《东都事略·太祖纪》载建隆三年（962）宋太祖曾敕令："近代以来，遵用夷法，率多火葬，甚愆典礼，自今宜禁之。"宋高宗绍兴年间，大臣范同上奏："今民俗有所谓火化者，生则奉养之具，唯恐不至，死则燔爇而弃捐之。"顾炎武《日知录》也指出："火葬之俗，盛行于江南，自宋时已有之。"

在日常生活中我们会说有些来访的客人是"无事不登三宝殿"，还会去寺庙烧香拜佛、许愿还愿、放生，这些也是佛教在生活中教化作用的体现。即便是不信佛的人也会偶尔"临时抱佛脚"，希冀"有求必应"。

佛教的许多专有名词后来都被世俗社会所运用，例如刹那、世界、如实、实际、实相、觉悟、净土、彼岸、因缘、三昧、公案、烦恼、解脱、方便、涅槃、婆心、回向、众生、平等、现行、相对、绝对、知识、唯心、悲观、泡影等，可见佛教对中国传统文化的影响。

还有一个词语"天衣无缝"，比喻事物周密完善，找不出破绽或漏洞。何为"天衣"？即佛教谓诸天人所着之衣。佛教有大智慧，有奇妙幻想，人的衣服要种植桑麻棉花、纺线织布、着色染整、裁剪缝纫，佛教则一步到位，像采摘果实一样从树上摘下衣服。《弥勒经》说在弥勒世界人寿八万四千岁，农作物一种七收，树上生衣，路不拾遗，夜不闭户，并且没有刀兵之灾。《郁单曰品》云："复有衣树，高七十里，花果繁茂。其果熟时皮壳自裂，出种种衣。"《弥勒下生经》亦云"自然树上生衣，极细柔软"。由于天衣是如意树上生长出来的，所以无织无裁，自然也就无缝。天衣无缝也无重量，所以自由随心、飘逸自在。果真如佛家所言，那也是社会的福利啊。

爱因斯坦说，科学没有宗教是跛足的，宗教没有科学是盲目的。佛教传入中国的过程，是中国文化吸纳、消融外来文化最显著的例子，也是中国文化具有包容特质的具体表现。我们要正确认识佛教深奥的哲理、高超的智慧、豁达的生活态度，逐步从世俗化走向理性化。

参考文献：

[1] 班固.汉书[M].北京：中华书局，1962.

[2] 褚人获.坚瓠集[M].李梦生，校点.上海：上海古籍出版社，2012.

[3] 段成式.酉阳杂俎[M].方南生，点校.北京：中华书局，1981.

[4] 丁福保.佛学大辞典[M].北京：中国书店，2011.

[5] 高楠顺次郎，渡边海旭，小野玄妙，等.大正新修大藏经[M].台北：新文丰出版有限公司，1973.

[6] 顾炎武.日知录集释[M].黄汝成，集释.栾保群，吕宗力，校点.上海：上海古籍出版社，2006.

[7] 刘昫，等.旧唐书[M].北京：中华书局，1975.

[8] 欧阳修，宋祁.新唐书[M].北京：中华书局，1975.

[9] 彭大翼.山堂肆考[M].上海：上海古籍出版社，1992.

[10] 王称.东都事略[CP/DK]//文渊阁四库全书.上海：上海人民出版社，1999.

[11] 俞汝楫.礼部志稿[CP/DK]//文渊阁四库全书.上海：上海人民出版社，1999.

[12] 周叔迦.佛教基本知识[M].北京：中华书局，1991.

《佛制比丘六物图》［宋］

｜说人

　　关于《佛制比丘六物图》的作者元照律师能找到的资料并不多，其在本书的书名下也仅仅留下"大宋元丰三年夏首余杭沙门元照于天宫院出"寥寥数字。《大正藏》第四十九册《佛祖统纪》（宋志磐撰）卷第二十七《净土立教志·往生高僧传》载：

　　　　元照，住灵芝弘律学，尤属意净业。一日会弟子讽观
　　经及普贤行愿品，加趺而化。西湖渔人皆闻空中乐声。

　　仅依托这些文字，我们对元照还只能有一个十分模糊的认识，而面对浩瀚的佛家著述也难以入手检索元照的更多描绘，幸有丁福保《佛学大辞典》、吕征等所作《中国佛教人物》等研究成果拿来借用以飨读者。《释门正统》卷八、《咸淳临安志》卷七十九及《灵芝崇福寺记》亦有所载。

　　元照律师（1048—1116），字湛然，号安忍子。俗姓唐，浙江余杭人，是北宋时期弘传律宗和净土宗的一位高僧。少年离俗，十八得度，从神悟处谦学天台教，而志在毗尼。后礼广慈受菩萨戒，嗣允堪南山正传。宋元丰（1078—1085）年间，主昭庆寺，弘律传戒。晚迁灵芝寺，居止三十年，世称灵芝尊者。于政和六年（1116）九月圆寂，世寿六十九。谥号"大智律师"。著有《观无量寿佛经》及《阿弥陀经》之注释书，另以天台宗旨注释道宣之《四分律删繁补阙行事钞》，撰成《四分律行事钞资持记》，异于允堪注释之《会正记》所采取律之立场，故世称其法系为资持派。

元照本是允堪的再传弟子，允堪住持西湖菩提寺，专弘律学，撰有《行事钞会正记》，以释律宗初祖南山道宣的《四分律删繁补阙行事钞》。但两人在"绕佛"是左是右和衣制长短的看法上不同，元照别撰《四分律行事钞资持记》，故此杭州南山律宗遂分"会正""资持"两家。允堪和元照同为北宋人，元照年少于允堪。可是其《四分律行事钞资持记》被认为是对唐代道宣《四分律删繁补阙行事钞》注释最为详尽精准的版本。以至于后人逐渐专弘《资持记》，并推其为南山律宗正统，允堪《会正记》遂不流传。

杭州向有"东南佛国"之称。杭州之佛教肇始于东晋，展开于五代，兴盛于南宋，佛教是其历史文化的重要元素。戒律学作为佛教三学之一，律宗作为中土佛教八大宗派之一，其重要性不难想见。元照就是既精研律学，又兼弘净土的重量级人物。

元照的思想，主张戒律和净土并重。他常对门徒说："生弘律范，死归安养，平生所得，唯二法门。"元照倡导律、净二学相结合，并著书、造像、讲学、传戒，从事多方面的弘法活动，在当时享有很高的声望。苏东坡即受其影响为母和妻的冥福而画弥陀佛像供养于佛寺中，并称："钱塘元照律师，普劝道俗，归诚西方极乐世界。"

元照是一位主张文墨的人，一生勤于著述且成果颇丰。律学方面有《四分律行事钞资持记》四十二卷、《四分律羯磨疏济缘记》二十二卷、《四分律含注戒本疏行宗记》二十一卷，净土方面有《观无量寿佛经义疏》三卷、《阿弥陀经义疏》一卷，杂著《芝园集》二卷、《补续芝园集》一卷、《芝苑遗编》三卷。他又撰《法住记》(释《遗教经论》)一卷、《报恩记》(释《盂兰盆经疏》)一卷、《应法记》(释道宣《释门章服仪》)一卷、《佛制比丘六物图》一卷、《道具赋》一卷。并删定《比丘尼戒本》，共计著书百余卷。以上著述中，前三种最负盛名，是后世研究戒律的人不可缺少的参考书，其价值之高，好似道宣的《行事钞》。

元照住持灵芝寺三十余年，徒众达三百余人，甚至有海外僧人远来求法，请得元照所著书稿携归高丽，雕版流通。元照的影响力可见一斑，后净业弟子推师为祖，将元照定为中国律宗二十一祖之列。

说书

"经、律、论"是《大藏经》的三个组成部分。"经"即"经典"之意，是佛一生所说的言教的汇编，它是佛教教义的基本依据，上契诸佛之理，下契众生之机，有关佛陀教说之要义，皆属于经部类。"律"是佛所制定之律仪，能治众生之恶，调伏众生之心性，有关佛所制定的教团之生活规则，皆属于律部类。"论"是对经、律等佛典中教义的解释或重要思想的阐述，它在佛教中一般被认为是菩萨或各派的论师所作。简而言之，佛家弟子记录佛的言论为藏经，弟子对经文的理解总结为藏论，对戒的总结为藏律。

元照所处的宋代曾有禅僧轻视戒律和念佛，而戒律之学正是律宗所依托的理论基础，因此元照深入研究戒律，极力倡导依经律修持，强调传戒仪式的重要性和比丘受持净戒的必要。元照认为："律，佛所制也；教，佛所说也；禅，佛所示也。"

元照在传戒方面，撰有《受戒方便》《授大乘菩萨戒仪》《剃发仪式》等文（俱见《芝苑遗编》卷中），是今日研究北宋时期传戒仪式的重要史料。僧服是佛教僧侣的"法衣"，是各种仪式必不可少之物，自然得到元照的格外重视，因此有此专著——《佛制比丘六物图》流行于世。

所谓"六物"，是僧人出行必备的物品，包括三衣（僧伽梨、郁多罗僧、安陀会）、钵、尼师坛（敷布坐卧之具）、饮水所用之漉水囊。最初佛教出家者之特征系以三衣一钵为代表，故将三衣一钵视为神圣之物。《佛学大辞典》载："三衣虽在六物之中，然为六物

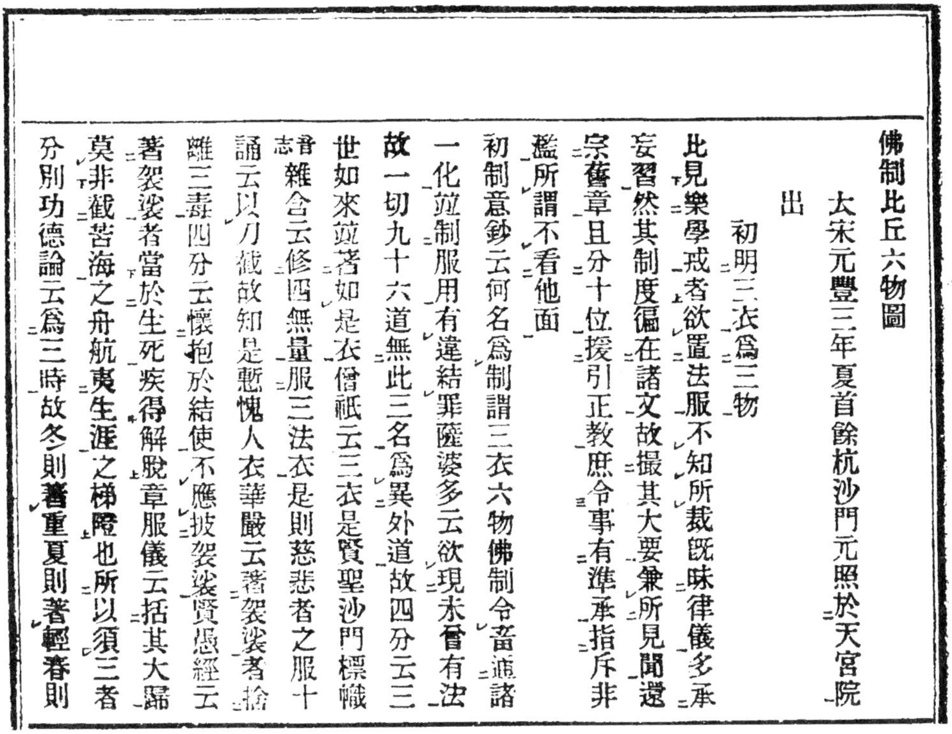

佛制比丘六物圖

大宋元豐三年夏首餘杭沙門元照於天宮院

出

初明三衣爲三物

比見樂學戒者欲置法服不知所裁既昧律儀多承妄習然其制度徧在諸文故撮其大要兼所見聞還宗舊章且分十位援引正教庶令事有準承指斥非濫所謂不看他面

初制意鈔云何名爲制謂三衣六物佛制令畜通諸一化並制服用有違結罪薩婆多云欲現未曾有法故一切九十六道無此三名爲異外道故四分云三世如來並著如是衣僧祇云三衣是賢聖沙門標幟雜含云修四無量服三法衣是則慈悲者之服十誦云以刀截故知是慙愧人衣華嚴云著袈裟者捨離三毒四分云懷抱於結使不應披袈裟賢愚經云著袈裟者當於生死疾得解脫章服儀云括其大歸莫非截苦海之舟航夷生涯之梯隥也所以須三者分別功德論云爲三時故冬則著重夏則著輕春則

图 1 《卍续藏经 · 佛制比丘六物图》内页

中之根本，故特标举之，如言诗书六经也。”

佛家弟子生活中一切靠他人布施之理由，主要是为使出家人之欲望减少至最低限度，故规定不可携带其他物品。后来也有一些变化，如增加裁缝用具之针、筒，形成八物。又如《敕修百丈清规》卷五所载，参禅行者，将入丛林，必须先办资生顺道之具，即：三衣、坐具、偏衫、裙、直裰、钵、锡杖、主杖、拂子、数珠、净瓶、漉水囊、戒刀等十五物，此皆为增长善法之具。

僧衣是佛家弟子的生活资具，亦是出家人的特征，《四分律行事钞》卷下之一说：“三衣者，贤圣沙门标帜。”所以元照专门写就《佛制比丘六物图》详细叙述有关僧衣的来龙去脉、个中缘由。

《佛制比丘六物图》（图 1）文字不足一万字，插图七幅。除去论述钵、尼师坛、漉水囊的文字外，大约用三分之二的篇幅介绍三衣。对制三衣的目的及三衣的名称、含义、材料、剪裁、颜色、量衣、制作、条数、穿法等都做了详尽的描述，是具体了解僧衣的重要篇章。然而不同的人对于僧衣的规定和要求会有不同的见解与解读，而且随着时代的变迁和地域的变化，僧衣也出现不同的种类和形式，如会稽沙门妙生就持有与《佛制比丘六物图》相左的主张，并著书《佛制比丘六物图辩讹》予以阐述。

可是无论如何，僧衣是为了对抗世俗欲望之道的观念是始终如一的。魏晋以后，统治者为了拉拢和利用宗教，曾有过赐袈裟给高僧大德的做法，所赐袈裟制作精良、珍贵无比，寺庙将此作为一种荣誉与褒奖。谁愿意在清贫中挣扎呢？在了断世俗欲望的同时，僧侣同样需要丰衣足食。随着社会物质财富的增加，现在僧服已经比过去精致多了。可是如今有的寺院则特制豪华袈裟，似乎有炫富之嫌，与佛家制衣初衷背道而驰。《佛祖历代通载》卷六说："比丘衣服华丽大违戒律，非佛意也。"

宗教是人类社会发展到一定历史阶段出现的一种文化现象，本有引导信众远离世俗的宗旨，若佛家为世俗所侵岂不是缘木求鱼，本末倒置了。

是书不足万字，现将其目次内容录于下：

一、明三衣为三物

二、释名

三、明求财

四、明财体

五、明色相

六、明衣量

七、明条数多少

八、明重数

九、明作衣法

十、加法行护

钵多罗第四物

尼师坛第五物

漉水囊第六物

说图

佛教产生于公元前5世纪的古印度，之所以在印度前面特意加上一个"古"字，是因为释迦牟尼佛的故国在迦毗罗卫国。现代考古确认，迦毗罗卫城的王宫遗址在如今尼泊尔国中，古印度的版图和现在是不一样的。尼泊尔古称廓尔喀，因此也有人以廓尔喀曾是中国的藩属国为由说释迦牟尼佛出生在中国。廓尔喀确实曾是藩属国，不过那是清乾隆朝的事情了。雍正皇帝认为："凡臣服之邦皆隶版籍。"释迦牟尼诞生之时相当于中国春秋战国时代，华夏诸侯烽烟四起，群雄逐鹿，哪里还顾得上这个千年以后的藩属国呢？而且藩属国本身就意味着归顺与臣服，而实际上这种宗藩关系只是维系中国和周边各国友好关系的一种形式，并不具有统治和被统治的实质性内容，也就是说其未在朝廷的统辖之内。

佛教最初传入中国的年代传说纷纭，很难考定，基本上有四种说法：

（一）先秦说。所据资料为《列子·仲尼第四》，谓："丘闻西方有圣者焉，不治而不乱，不言而自信，不化而自行，荡荡乎民无能名焉。"由此推断孔子已知佛为大圣人。

（二）始皇说。证据是《佛祖统记》有记载："秦始皇四年，西域沙门室利房等十八人，赍佛经来化，帝以其异俗，囚之。夜有丈六金神破户出之。帝惊，稽首称谢，以厚礼遣出境。"

（三）西汉说。"伊存口授《浮屠经》"见于多种正史。《三国志·魏书》卷三十裴松之注及《魏书·释老志》《隋书·经籍志》《太平御览》

《史记正义·大宛列传》《通典》《通志》均有记载。

（四）东汉说。《后汉书·西域传》谓："明帝梦见金人长大，顶有光明，以问群臣，或曰：西方有神，名曰佛，其形长丈六尺，而黄金色。帝于是遣使天竺，问佛道法，遂于中国图画形像焉。"

《资治通鉴·汉纪三十七》载："初帝闻西域有神，其名曰佛，因遣使之天竺，求其道，得其书及沙门以来。"

佛教史认为，汉明帝永平七年（64）派遣使者十二人前往西域访求佛法。永平十年（67），迦叶摩腾与竺法兰以白马驮经书、佛像来华，明帝为纪念白马驮经，将二僧所住的鸿胪寺改名为"白马寺"，其成为中国第一座佛寺。佛教作为一个宗教，得到了政府的承认崇信，在中国初步建立了它的基础和规模，可以说是始于汉明帝年代：

> 佛法传入中国近两千年，但是在汉族、藏族、傣族等民族间存在着不同的佛教系统，传流时间也有先后。因此各族的僧侣服装各不相同。特别是在汉族中由于地区太广，南与热带接壤，北与寒带相邻，而且流传时间也最久，以致汉族僧侣的服装在各时代中变迁很大，在形色上也最复杂，与印度原始的僧侣服制差别很大。（周叔迦《漫谈汉族僧服》）

下面我们主要对汉族僧侣的服装进行探讨。

（一）三衣

僧服主要有三衣，即为安陀会、郁多罗僧和僧伽梨。《大坚固婆罗门缘起经》卷下载："谓一类人起正信心，修出家法。……但持三衣一钵，余无所有。"

"安陀会"是五条布缝成的里衣（图2），也称为内衣、作衣、作务衣、中宿衣、中着衣。此衣是由五条布做成，其制法，共分五条，每条一长一短，故名五条衣。此衣为贴身衬体所用，又称下衣，通常用于营作众务或就寝时所穿着，为三衣中最小之衣。

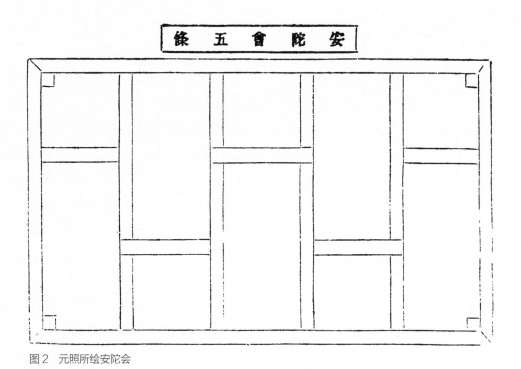

图2　元照所绘安陀会

图3　元照所绘郁多罗僧

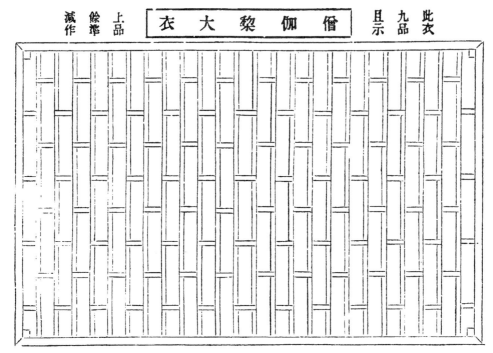

图 4　元照所绘僧伽梨

　　"郁多罗僧"是七条布缝成的上衣（图 3），礼诵、听讲、说戒时所穿。它由七条布缝成，每条两长一短，共计二十一隔。此衣穿在五条衣之上。因覆于左肩，又称覆左肩衣。"七衣"是听经闻法、诵经礼忏或是大众集会时用的，所以它也叫作"入众衣"。

　　"僧伽梨"是九条乃至二十五条布缝成的大衣（图 4）。因必须割截后制成，故称重衣、复衣、重复衣。因其条数多，故称杂碎衣。此衣共有九品，故称为"九品大衣"。其中下品有九条、十一条、十三条之分，皆二长一短；中品有十五条、十七条、十九条之分，皆三长一短；上品分为二十一条、二十三条和二十五条，皆四长一短。这里的长多而短少表示圣增而凡减之意。这是僧人的礼服。凡说法、见尊长、进王宫、乞讨布施时必须穿着，故称祖衣，亦称入王宫聚落衣。又以其为诸衣中最大者，也称大衣。

从文献记载来分析，三衣并不会同时全部穿在身上，安陀会作为"作务衣""中宿衣"使用最多，以印度的气候来看，杂作劳务及就寝时，一件衣服足矣，而当大众聚会之时则外面套上郁多罗僧。至于作为礼服的僧伽梨，因穿着场合较为隆重，故此应是内着安陀会，外套僧伽梨。这样既不会层层叠叠，又适合古印度的气候条件。

我们有时候也会把这三衣分别叫作五条、七条和九条衣。若问为何是单数而不是双数，答案就是单数为阳。佛教认为，奇数属阳，阳能生万物。三衣的条数、隔数越多，着衣者的身份越高贵。《佛制比丘六物图》载：

> 《羯磨疏》云：所以极至二十五者，欲为二十五有作福田故。所以唯只非双者，沙门仁育同世阳化，故非偶数。所以长短者，如世稻畦随水处高下别也。又为利诸有，表圣增而凡减，喻长多而短少也。

"三衣"的剪裁缝合都作长方和正方的水田形状，所以又名田相衣、水田衣。关于田相衣的缘起，载于《僧祇律》：

> 佛住王舍城，帝释石窟前经行，见稻田畦畔分明，语阿难言：过去诸佛，衣相如是，从今依此作衣相。

《增辉记》也说：

> 田畦贮水，生长嘉苗，以养形命；法衣之田，润以四利之水，增其三善之苗，以养法身慧命也。

三衣总称为袈裟，三衣为衣服种类之名，袈裟为衣服颜色的总称。袈裟本意是赤色，用赤色的名称作为衣服的总号，这就说明在习惯上三衣总是赤色的。如《四分律·衣揵度》云："如是十种衣应染作袈裟色持。"《一切经音义》卷五十九载："加沙字本从毛，作毲（毟）毟二形。葛洪后作《字苑》，始改从衣。案外国通称袈裟，此云不正色。……真谛三藏云：'袈裟，此云赤血色衣。'"

关于三衣也就是袈裟的颜色问题我们在另外一篇文章中会详细叙述，在此不多赘言。

（二）剪裁、材质及缝法

袈裟的制法，先割截成片，而后缝缀，以示田相，称为割截衣，久而久之"割截衣"亦成为袈裟之异称。将织物经过割截做成袈裟，这样经过裁割的衣服当然不能挪作他用，也使得穿着者不再对华丽服饰有所贪恋。三衣虽皆以割截为法，若财少难办时，也允许以外叶揲于不割截、无田相之缦衣上，称为揲叶。这可视为安陀会之变种，特允许叠作叶，称为褶叶。北宋僧人允堪所著《衣钵名义章》载：

> 得衣财少不容割截及揲叶，故开缦也。谓不立条相，但缘四边及揲钩纽处可也。

这种无田相之衣也有自己的专用名称——缦衣，此为梵文的意译，音译是"钵吒"。可以说这是一种非正规的法服，供沙弥、沙弥尼未受具足戒时穿用。

关于袈裟之材质，佛家称为衣体或衣财。有关衣体之种类，《善见毗婆沙律》卷十四举驱磨、吉贝、句赊耶、钦婆罗、娑那、婆与伽等六种，《十住毗婆沙论》卷十四举出居士衣、粪扫衣二种，《摩诃僧祇律》卷二十八列七种，《四分律》卷三十九举出十种。大凡僧众之法衣，以避在家并外道人所用者为旨，即在异于俗。所以《四分律》卷四十列举绣手衣、草衣、树皮衣等，为外道之法，僧众不着用。《佛制比丘六物图》亦认为："世多用绢绌者，以体由害命，亦通制约。今五天竺及诸胡僧，俱无用绢作袈裟者。"

《佛制比丘六物图》载：

> 律云：若细薄生疏（蕉葛生绝并不可用）、绫罗锦绮、纱縠紬绡等，并非法物。……自古有道高僧，布衲艾絮，不杂一丝。天台唯被一衲，南山缯绀不兼，荆溪大布而衣，永嘉衣不蚕口，岂非慈恻之深？真可尚也。

所以说"一丝不挂"原是佛教用来比喻人没有一丝牵挂。这从另一个侧面反映了僧服不用丝绸而只用粗布的基本事实。

三衣缝法可分为马齿缝、鸟足缝二种（图5）。《三衣显正图》载：

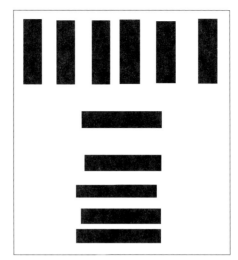

图5　缝法示意图

以叶相一边既开，当于三四寸间，时作鸟足缝以押定之（准钞亦得作马齿缝）。故《羯磨注》云：听作鸟足缝。疏解云：押叶丁字有三又相准，此横竖叶相未必全开，有人据钞引《五分》云：缝叶着衣乃至一切吉罗者。

（三）钩纽及衲衣

元照在本书第九节中特意叙述"作衣法"，就三衣的割截、施纽、安揲、揲叶等详加解说。

例如："《三千威仪》云：四角安揲。《四分》云：挽令角正等。世云四天王者亦非也。"袈裟四周设缘，以防破损。缘内边之四隅设揲，称四揲，俗称四天王，有助贴治轻举之功用。《三衣显正图》说："揲四角者，此皆助力以免速坏，无别义也。故《业疏》云，为揲治擎举相助为力也。"从以上叙述对照来看，元照的看法与妙生略有不同。

关于袈裟的钩纽，元照说："安钩约处揲以方物，本在助牢。"妙生则说："其左右竖边钩纽相无定量之文者，良由人身量有大小不定，盖度身而安也。"这是二者从不同角度对钩纽的作用与制作进行解说。

对于钩纽之位置以及方式，有一些不同的说法。《羯磨疏》云：

前去缘施钩者，谓逼边缘，四指安钩，拟反向后八指取纽也，以覆左肩，故有远近。今世覆臂，故前八指，又退缘内，俱颠倒也，故垂前一角，为象鼻相。

《行事钞》云：

> 佛自教比丘施靬纽法，前去缘四指施靬，后去缘八指
> 施纽，应如是作。

可见妙生所言是依据个人身材"度身而安"。"及夫披着必须钩纽，故前后缀钩纽"，就固定衣物的方式看，僧衣有钩、纽、带、环四种方式。就材料而言亦有多种，后来汉僧发明以象牙、骨角、香木做成的圆环，置于胸前用来固牢袈裟，称为哲那环。元代郑元祐的《遂昌杂录》卷一记有这样一个故事：

> 师其姓者，杭人，家居拱北楼之西。其家营利非一端，
> 而打银其一也。暗门外慧光庵尼无著者，张循王九世女孙
> 也，以陋故不嫁，而挟嫁赀，故优裕。师一日访无著，延
> 师于饭，饭竟，出一银香合，重二十两，尘土蒙垈如漆黑，
> 无著诲师，令其打一二十哲那环。师持合至家，剪开乃赤
> 金也，复裹合扣无著，以香合金合也，银合耶？无著笑曰：
> "银合耳。"师以剪开合示之，始知其为赤金。若师者营利
> 者也，设心如此，谓之无好人可乎！

我们用"丝丝入扣"形容一个事情做得细腻准确、周密合拍，有人说所谓丝丝入扣与僧人所穿僧服上的"哲那环"有关。

元照在《佛制比丘六物图》"制意"一节写道：

> 《僧祇》云，三衣是贤圣沙门标识。……《多论》云：
> 一衣不能障寒，三衣能障等。《戒坛经》云：三衣断三毒也。
> 五条下衣，断贪身也。七条中衣，断嗔口也。大衣上衣，
> 断痴心也。

僧衣的另一名称是"衲衣"，衲是补缀的意思。因为袈裟是由许多碎布补缀而成的，所以译作衲衣。《大智度论》云："五比丘问佛：当着何衣？佛言：应披衲衣。"

后来僧侣的常服也常是破旧而经过补缀的，于是衲衣成为僧服

的通用名称。僧侣经常以衲僧、老衲、布衲、野衲、拙衲等自称。按佛教规定，衲衣之制有五种：道路弃衣、粪扫处衣、河边弃衣、蚁穿破衣、破碎衣。唐慧琳《一切经音义·大宝积经》卷二载：

> 粪扫衣者，多闻知足上行比丘常服衣也。此比丘高行制贪，不受施利，舍弃轻妙上好衣服，常拾取人间所弃粪扫中破帛，于河涧中浣濯令净，补纳成衣，名粪扫衣，今亦通名纳衣。

因此袈裟又有了众多的别名，《佛制比丘六物图》载：

> 或名袈裟（从染色为名），或名道服，或名出世服，或名法衣，或名离尘服，或名消瘦服（损烦恼故），或名莲华服（离染着故），或名间色服（三色成故），或名慈悲衣，或名福田衣。

此外还有离染服、解脱服、无上衣、粪扫衣、去秽衣、无垢衣、忍辱铠等。因而袈裟有如下之功用，首先杜绝法衣他用，第二使僧尼舍离对衣服的贪欲，最后避免他人盗取。《大乘本生心地观经》卷五列举袈裟十利，即穿袈裟有十种功德：

> 一以之覆身，离羞耻而具惭愧；二离寒热、蚊虫、恶兽；三示现沙门之相，见者欢喜，离邪心；四是人天宝幢相，可生梵天之福；五穿着之时，生宝塔想，灭除诸罪；六染为坏色，断离五欲想，不生贪爱；七袈裟是佛净衣，永断烦恼而作良田；八消罪而生十善；九如良田，能增长菩提之道；十如甲胄，烦恼之毒箭不能害。

（四）五衣、偏衫及直裰、海青

僧衣在三衣之外还有两衣，合称五衣。此两衣一个是僧祇支，另一个是涅槃僧。僧祇支乃梵文 Samkaksika 的音译，在汉地有多种名称：覆肩衣、掩腋衣、覆腋衣等，作为三衣的内衬。涅槃僧是裙子，《资持记》卷中云：涅盘僧，此云内衣，即是裙也。男曰涅盘僧、女曰厥修罗。由于教义、风俗、气候等原因，印度僧服的形制只有"三衣"和"五衣"，统称为法衣。我们可以看到三衣是"法服"，其余两衣为内衬。而"三衣"的区分只是场合的不同，安陀会用于就寝与杂务时（也有研究认为安陀会是用于下身的裙子），郁多罗僧用于集会时，僧伽梨是僧人的礼服。这样，真正起到"法服"作用的只有郁多罗僧和僧伽梨，其他三种当为内衣。印度属于热带季风气候，"三衣"搭配两衣足矣，而到了汉地四季分明，寒冬腊月滴水成冰，三衣自然不足以御寒，因此被汉僧保留下来的实际上只有郁多罗僧和僧伽梨，在袈裟之内再穿上俗服就是自然而然的事情了。

由此佛教传入中原以后不久其服装系统就分为"法服"和"常服"两种。法服基本延续古印度佛法成规，"常服"则相对灵活且杂乱，直到明朝才有了官方的明文规定。这种杂乱的现象一直被佛家弟子所诟病。隋末的丧乱，使僧侣服装又与俗服混同起来，这是佛家所不能容忍的。《续高僧传·慧休传》云："荒乱之后，法律不行，并用铜盂，身御俗服，同诸流俗。"唐义净《南海寄归内法传》卷第二《衣食所须》章载："且如神州祇支，偏袒覆膊，方裙、禅裤、袍襦，咸乖本制。"又云："考其偏袒正背，元是踵斯而作，剩加右畔，失本威仪。"又云："自余袍裤裈衫之类，咸悉决须遮断。""严寒既谢，即是不合擐身，而复更着偏衫，实非开限。"又《尼衣丧制》章载："东夏诸尼衣皆涉俗，所有着用多并乖仪。"又云："祇支偏袒衫裤之流，大圣亲遮。"从中可看出唐时僧尼着用俗服，如禅袍、襦衫、裈裤等类。

依照佛教的着衣法，袈裟有通挂左右肩之"通肩"与裸露右肩披挂左肩之"偏袒右肩"两种（若细分还有搭肘、覆肩袒右等形式）。在对佛及师僧修供养时，偏袒右肩；若外出游行或入俗舍时，披通肩法。《释氏要览》曰："律云，一切供养，皆偏袒。示有便于执作也。"《法华经》曰："偏袒右肩，右膝着地。"

那么佛家为什么要袒露右肩呢？对于这一点有过多种解释，主要有表示尊敬和便于劳作两点。不过对于华夏民族来说，袒左还是袒右，含义却大相径庭。

按照中国的礼俗"凡礼事皆左袒"。古行礼时，袒出上衣之左袖，以左袖插入前襟之右，而露出裼衣；或袒所有衣服之左袖，而露出左臂。只有在以下两种情况才袒出右肩，一个是古代罪人受刑的标志，一个是参加起义举事的标志。前者如《仪礼·觐礼》载："乃右肉袒于庙门之东，乃入门右北面立告听事。"这是说诸侯向天子汇报自己的所作所为，因担心有什么罪过，故预先袒露右臂，以示甘愿认罪受刑。郑玄注："右肉袒者，刑宜施于右也。凡以礼事者，左袒入。"后者有《汉书·陈胜传》载："乃诈称公子扶苏、项燕，从民望也。袒右，称大楚。"颜师古注："袒右者，脱右肩之衣。当时取异于凡众也。"

佛教的"偏袒右肩"之穿衣法明显有悖于中国古代礼治，加上气候的原因，迫使僧尼做出改变。改变的结果是出现了一种称为"偏衫"的僧服，《释氏要览》卷上引竺道祖《魏录》云：

> 魏宫人见僧袒一肘，不以为善，乃作偏袒，缝于僧祇
> 支上相从，因名偏衫。今开脊接领者盖遗魏制也。

至于"偏衫"的具体形制，还未见到实物，只能从文字描述中去揣摩，元照《佛制比丘六物图》曰：

> 此方往古并服祇支，至后魏时，始加右袖，两边缝合，
> 谓之褊衫，截领开裾，犹存本相。故知偏衫左肩，即本祇
> 支，右边即覆肩也。

《大宋僧史略》则云：

> 后魏宫人见僧自恣偏袒右肩，乃一施肩衣，号曰偏衫。
> 全其两扇衿袖，失祇支之体，自魏始也。

如果仅从文字中我们还是难以理解其"截领开裾""开脊接领"到底是怎么一回事。不过我国苗族一种衣服的剪裁方式（图6）似乎有助于我们理解。

从图中可以看出，将一块长方形布裁出一条缝，这道缝就是衣

图6　苗族服饰之一

服的前襟，也就是"开裾"或者"开脊"，然后在缝的顶端裁剪出领口，用另外一块布接出领子，就是所谓"接领"或"截领"。

从上文中的字里行间可以看出"偏衫"大约出现于北朝时期，无非是在覆肩衣上加上右边的袖子，使之方便穿脱并覆盖双肩。这样就形成了中原特色的加袖法衣，进而出现了较为统一的内穿常服、外覆偏袒法衣参与佛事的办法。

而为何明明是将偏于左边的覆肩衣接上右边的袖子使之更为平衡，可是却名曰"偏衫"呢？笔者猜测这是中国僧人对古印度佛法教义的一种尊重，既然佛法规定的僧祇支为正，那么经过改造的自然就称为偏了。或者是因为偏衫之偏即是强调原本袒露的右侧已经全齐两袖了。如果有兴趣大家可以对覆肩衣的佛像做一个实地考察，统计一下历代佛像穿着覆肩衣的数量变化，由此会得到较为明确的结论，或许这正是僧服逐渐演变的关键所在，正是佛教本土化的例证。

白化文先生在《汉化佛教法器服饰略说》中谈道："三衣展开来

像一条方形大床单，因而又被称为'方袍'。僧人被文士称作方袍客，简称也叫方袍。"唐代许浑《泊蒜山津闻东林寺光仪上人物故》诗云："云斋曾宿借方袍，因说浮生大梦劳。"这可看作袈裟在中国的雅称。

除此之外，根据中原的地理环境和气候条件，中国的僧服还有"直裰"与"海清"也值得说一说。白化文先生介绍：

> 一种是"直裰"。又作直缀，缀有"缝合、连缀"之意。它是把褊衫和僧裙（厥修罗的变种）连接缝合在一起的僧服。它介于法服与常服之间，从唐代末年开始流行。禅宗的僧侣特别重视它，有时作为代用的法衣来穿。出家五众全可以穿。

据宋朝赵彦卫《云麓漫钞》载："古之中衣，即今僧寺行者直掇。"看来直裰与古代中衣有着紧密的联系。两宋时期的直裰多为僧侣穿着。然而到了元明以后直裰不仅是僧人穿着，也成为俗人家居常服。而且道士也穿，故此又有"道袍"之称。苏辙在《答孔平仲惠蕉布》诗中称："更得双蕉缝直掇，都人浑作道人看。"从苏辙的诗句中，可知在当时的文人中也有穿直裰的。依白先生观点，僧俗直裰有别，俗家直裰是大袖袍，缘宽边，下加襕，前系长带。

宋代郭若虚在《论衣冠异制》中谓："晋处士冯翼，衣布大袖，周缘以皂，下加襕，前系二长带。隋唐朝野服之，谓之冯翼之衣，今呼为直掇。"宋朝蜀人冯鉴著的《续事始》引《二仪实录》载："（袍）无横襕谓之直掇。"由此看来同为直裰确有加襕与无横襕之区别，但无疑都是袍服一类。而且从"隋唐朝野服之"来看，直裰缘起较早，保留了汉服的一些元素，到了唐朝已经普及。

汉魏的俗服是常常变更的。《抱朴子外篇·自叙》云："俗之服用，俄而屡改，或忽广领而大带，或身促而修袖，或长裾曳地，或短不蔽脚。"

幸而有法上任昭玄统以后，僧侣的常服，在式样上有了特殊的规定，无形之中也为那时的百姓服装留下一个范本。虚云大师曾经提到过僧服与汉人俗服的关系，笔者找到这段论述节选之与大家分享，慢慢体会，兴许读者能找到一些有价值的线索。

《虚云和尚自述年谱》载背景：1953年4月，中国佛教协会正式成立。大会中有提议毁戒者，师诃之，撰文寄慨：

俗有言："秀才是孔子之罪人，和尚是佛之罪人。"初以为言之甚也，今观末法现象，知亡六国者六国也，非秦也；族秦者秦也，非天下也；灭佛法者，僧徒也，非异教也。今因答客问，一发所蕴。

…………

前年中国佛教协会开成立大会，大家议论：佛法之灭，是佛弟子自己灭的，政府不管你灭不灭。开会时候，政府派员出席，会中许多教徒纷纷讨论。所谓教徒者，竟提出教中《梵网经》《四分律》《百丈清规》这些典章害死了许多青年男女，应该取消。又说大领衣服是汉人俗服，不是僧服，现在僧人应当要改革，不准穿，如其再穿，就是保守封建制度。又说信教自由，僧娶尼嫁，饮酒食肉，都应自由，谁也不能管。我听说这番话，大不以为然，与他们反对。

…………

《百丈清规》由唐至今，天下奉行，他们要改；汉朝到今，穿的大领衣也要改。你看是不是末法？因此和他们争论，说你们要改，你改你的。佛是印度人，印度一年分三季，一季四个月。我国一年分四季，一季三个月。我国有甲子分年号，印度没有，所以改朝换代，未免不错乱，故弄不清楚。玄奘在印度十八年，也未曾确定了年代。……

…………

政府见闹得不可开交，就问改制的原故。有人说僧尼要穿坏色衣。政府问："何为坏色？"能法师说："袈裟才是坏色，其他不是。"大家听了齐声说："只留袈裟，取消其他。"

我说能法师说的不错。梵语袈裟，华言坏色，有五衣、七衣、大衣三种，并一里衣和下裙。印度用三衣裙就是我们此土的衣裤。此衣裙随身，睡以为被，死亦不离。佛说法在印度，气候暖，中国气候冷，所以内穿俗服，不准彩色，将俗衣染成坏色。如做佛事外搭袈裟，袈裟便不常着，看为尊敬了。宋、金、元朝代把汉衣改了，僧人至今未改，汉衣成了僧衣，故说这个大领衣就是坏色衣。若说划清界限，就不要改，若将大领衣改了，则僧俗不分了，就是僧俗界线分不开。

政府听我此说，赞成同意我说，并说佛律祖规不能改动，加以保留，暂告结局。你看这是不是僧人自毁佛法？云老矣，无力匡扶，惟望具正知见的僧伽共挽狂澜，佛法不会灭的。

抛开当时的政治因素，我们从这段话中能解读出怎样的信息呢？第一，袈裟是坏色衣，也就是复色。第二，随着佛教的本土化，为适应温度环境，僧服也有所改良。"内穿俗服"就是佛教本土化的结果。第三，僧衣自汉以来都是大领衣，"宋、金、元朝代把汉衣改了，僧人至今未改，汉衣成了僧衣"。由此应该能看出僧服与汉服的关系。尽管僧服已经不是"交领右衽"的典型汉服，起码应该是早期俗服的标准版。虽然两千年来沧海桑田，俗服百变，而佛教却不经意间将一个古老的服装式样的轮廓保存下来，不能不说是一个意外收获。

"海青"是另一种僧服的别名，亦是脱胎于古代宽袍大袖的袍服。之所以得名海青，据明人郑明选《秕言》卷一言："吴中方言称衣之广袖者谓之'海青'。"李白诗云："翩翩舞广袖，似鸟海东来。"盖东海有俊鹘名海东青，李白言翩翩广袖之舞如海东青也。因此，后

钵多罗第四物

图7　元照所绘钵

来把鸟名借作僧袍名。星云法师所著《无声息的歌唱》亦言海青本是雕类的鸟名，生得俊秀文雅，常在辽东海边飞翔，其状类似衫之大袖。因此，把海青鸟名，借来当作大袍的名字。

海青取意于"海"，浩瀚深广，乃容万物，自在无碍；"青"，青出于蓝，意在鞭策修道者，不同凡俗，代代更胜。海青在当下是中国式样的"法服"，佛家弟子在比较正规的场合用作外衣。海青有黑、黄两色，黑色是一般僧人所服，而黄色只限于方丈和法会中主持的大法师才能穿。

（五）钵、"尼师坛"及"漉水囊"

这里附带简单说一下六物之余下的"钵""尼师坛"和"漉水囊"（图7—10）。

钵即是碗，元照在《佛制比丘六物图》中说道："僧祇钵是出家人器，非俗人所室。"《十诵》云："钵是恒沙诸佛标志，不得恶用。""钵"是梵语，也是佛教的法器之一。《正字通·金部》解释说："钵，同盋，食器。梵语钵多罗。此云应量器，谓体色量三俱应法，故体用铁瓦二物，色以药烟熏治，量则分上中下。"《五分律》言："用木钵犯偷兰罪。"元照在本书中指出："今世中，有夹纻漆油等钵，并是非法，义须毁之。"

"三衣一钵"为印度佛教出家人的基本衣食用具，二者合称"衣钵"，是出家人必备之物。正因如此，"传衣钵"象征着为师者已经把自己理解的佛法奥义传授给弟子了。民间也常用"继承衣钵"来形容继承某人的思想体系、学术知识或技巧技能。

元照在《佛制比丘六物图》中说道："梵云尼师坛，此云随座衣，

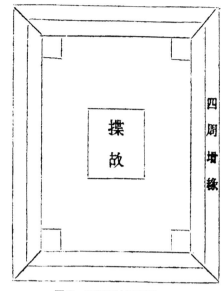

图8　元照所绘尼师坛　　　　　　　图9　元照所绘尼师坛

亦云座具，如此方隑褥之类。"《十诵律》卷十八中说，未敷尼师坛不得坐卧于大众之卧具上。尼师坛的尺寸因人而异，但大体有所规定：

> 长佛二搩手（准五分佛一搩手，周尺二尺，则长四尺也。量时尺寸须定，微出量外。律结正犯），广一搩手半（即三尺也）。上是本制量。

所谓搩手，便是以手张开（拇指、中指或食指）度量物体。然人的高矮不同、胖瘦各异，因而座具也网开一面允许在以上规定的基础上有所增加。故此本书展示两幅尼师坛的图像（图8—9）。

关于座具的制作方法也有具体规定：

> 色同袈裟。《十诵》：新者二重，故者四重，不得单作。《鼻奈耶》云：应安缘，五分须搩四角，四分作新者，须以故物。纵广一搩手搩之。

图示分明，在此不多赘言。

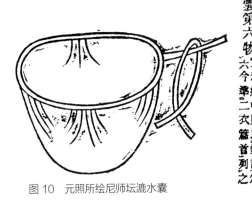

图 10　元照所绘尼师坛漉水囊

漉水囊（图 10）为第六物，元照云：

> 物虽轻小，所为极大。出家慈济厥意在此。……《四
> 分》："不得无漉袋。"

佛家之所以这样形容漉水囊，之所以重视漉水囊，实在是因为这是出家人须臾不可离身之物。佛教不主张杀生，可是当弟子外出时免不了会口渴而用水，而南亚次大陆地处热带、亚热带，水中多有小型生物，因此用水前，将其中生物滤出，并把它们放生，才符合佛教的戒律。《弥沙塞部和醯五分律》卷二十六中说：

> 有二比丘共道行，无漉水囊。渴欲饮水，见中有虫。
> 一比丘饮，一比丘不饮而死。饮水比丘往至佛所，以事白
> 佛，佛言："彼比丘有惭愧心，乃能守戒而死。从今不听
> 无漉水囊行，犯者突吉罗！"

由此看来带漉水囊是佛教清规。这里的"突吉罗"是梵文 Duskrta 的音译，意译有恶作、小过、轻过等，是佛教清规戒律中一种很轻的轻罪。如果犯了属于此罪规定范围内的错误，要是故意做出的，必须对另一个人（最好是和尚）忏悔；若是无心之过，就要自我反省。

漉水囊的种类，据《四分律》有勺形、横郭、漉瓶三种，《根

本萨婆多部律摄》说："滤物有其五种，一谓方罗，二谓法瓶，三君持迦，四酌水罗，五谓衣角。"这当是五种滤水工具。

关于滤水囊的使用，义净在《南海寄归内法传》卷一中有详细描述：

西方用上白叠，东夏宜将密绢，或以米揉，或可微煮。若是生绢，小虫直过，可取熟绢，笏尺（长）四尺，捉边长挽，褠取两头，刺使相着。即是罗样，两角施带，两畔置胸，中安横杖，张开六尺。两边系柱下，以盆承倾水之时，罐底须入罗内。如其不尔，虫随水落堕地堕盆，还不免杀。

如果仅是一人取水饮用，按照《四分律》的说法是"作抒形洒袋"，万不得已也可以使用所穿衣服的衣角滤水。

佛教教义深奥，关于服饰也常常上升到佛教理论高度去认识。在此仅就自己的理解讲述，有兴趣的朋友还是去看看佛教原典为好。

参考文献：

[1] 白化文.汉化佛教法器服饰略说 [M].北京：商务印书馆，1998.

[2] 陈寿，裴松之.三国志 [M].长沙：岳麓书社，1990.

[3] 丁福保.佛学大辞典 [M].北京：中国书店，2011.

[4] 震华法师.中国佛教人名大辞典 [M].上海：上海辞书出版社，1999.

[5] 冯鉴.续事始 [CP/DK]// 文渊阁四库全书，上海：上海人民出版社，1999.

[6] 范晔.后汉书 [M].张道勤，校点.杭州：浙江古籍出版社，2000.

[7] 葛洪.抱朴子内篇全译 [M].贵阳：贵州人民出版社，1995.

[8] 郭若虚，邓椿.图画见闻志 画继 [M].杭州：浙江人民美术出版社，2013.

[9] 净慧.虚云和尚全集 [M].郑州：中州古籍出版社，2009.

[10] 星云大师.无声息的歌唱 [M].北京：中华书局，2012.

[11] 列子译注 [M].严北溟，严捷，译.上海：上海古籍出版社,1986.

[12] 周叔迦.佛教基本知识 [M].北京：中华书局，1991.

[13] 周叔迦.法苑谈丛（插图本）[M].上海：上海辞书出版社，1999.

[14] 郑元祐.遂昌杂录 [M]// 笔记小说大观.扬州：江苏广陵古籍刻印社，1983.

[15] 赵彦卫.云麓漫钞 [M] 傅根清，点校.北京：中华书局，1996.

[16] 张自烈，廖文英.正字通 [M].北京：国际文化出版公司，1996.

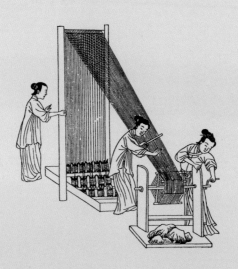

十一 其他

《古今图书集成》收录了大量的中国古代服饰文献资料，并含有丰富的图片。从服饰内容所占据的位置可以看出古代服饰不仅是时尚，更是礼仪规范、经济发展的体现与民族识别的工具。通过这些资料可以看出服饰并不是独立于其他部分而单独存在的，生活中的方方面面均与服饰有关联。《古今图书集成》是研究中国古代服饰重要的文献资料，对于研究我国古代服饰的发展以及服饰文化有着重要意义。

《古今图书集成》[清]

说人

陈梦雷（1650—1741），字则震，号省斋，又号天一道人，晚号松鹤老人，闽县（今福州市）人。他是我国清朝著名学者、文献学家。从小父亲对陈梦雷管教十分严格，"督课蚤夜不少休，以至起居坐立稍轻跛必戒，语言动作稍轻率必惩"。正是在其父陈会捷的严格教导下，陈梦雷从小勤学刻苦，再加上其天资聪慧，很快就展现出了过人的才华，十二岁考取生员，十九岁中举，一年以后便成了进士。虽然他博学多才，但是其仕途却不是一帆风顺，而是充满着坎坷，一生中两次被谪戍边外。康熙十三年（1674）的甲寅之变，是陈梦雷人生重要的转折点。陈梦雷因被人诬陷为耿精忠之臣而下狱，后被流放关外长达十七年之久，而反观他的好友李光地，因向康熙递交《蜡丸疏》得到康熙的赏识，从而平步青云。《蜡丸疏》顾名思义，就是将疏奏藏于蜡中，并将蜡做成丸状方便情报传递。《蜡丸疏》的主要内容是运用奇兵平定叛军的策略以及叛军的相关情报，但这份疏奏中只署了李光地自己的名字，只字未提是与陈梦雷共同商议的。陈梦雷知晓此事后顿感悲愤，心寒于好友在自己窘困之时只顾自身保命而不愿伸出援手，于是在清康熙二十三年（1684），将一篇题为《与李厚庵绝交书》（又名《陈梦雷与李光地绝交书》）的文章传入京城，一时之间朝野轰动，"蜡丸案"也开始进入人们的视野。《蜡丸疏》一案引发的纠葛贯穿了二人的后半生，同时也成为了世人议论的焦点，其间的是是非非、重重疑点，历史上的人们对此各执一词，只能留于后世人去评说。

陈梦雷一生著作繁多，主要著作有《松鹤山房诗集》《松鹤山房文集》《闲止书堂集钞》等，其中《松鹤山房诗集》与《松鹤山房文集》为研究陈梦雷提供了宝贵的资料，《闲止书堂集钞》中的内容均摘自这两本诗文集。他所编纂的《古今图书集成》为其一生最主要的成就。

康熙三十七年（1698）康熙皇帝东巡，陈梦雷得以放还，次年侍奉三皇子诚亲王胤祉读书。在与三皇子胤祉讲经论道之余，陈梦雷发现目前的类书有许多的不足，数目虽多但却没有详细的分类，"详于政典"，"但资词藻"，有许多缺点，因此决定编辑一部"大小一贯，上下古今，类列部分，有纲有纪"的大型类书。在胤祉的支持下，康熙四十年（1701）十月陈梦雷开始编纂，此时的陈梦雷已经年过半百。他将皇室"协一堂"所有藏书与家中的经、史、子、集共计一万五千余卷藏书进行汇总、分类，并在城北买"一间楼"雇人帮助缮写。经过"目营手检，无间晨夕"的辛勤编纂，历时五年，终于在康熙四十五年（1706）五月编成大型类书《古今图书集成》，共一万卷。

是书编成后却没能刊印。康熙六十一年（1722）康熙帝过世，其四子胤禛继位，年号雍正。胤祉因与废太子向来亲睦而被贬斥，陈梦雷遭到牵连，于雍正元年（1723）一月再度被流放到黑龙江。雍正帝下令由经筵讲官、户部尚书蒋廷锡重新编校此书，稍加改动，署名去掉陈梦雷的名字代之以蒋廷锡。

说书

《古今图书集成》自出版以来进行过多次的印行，目前可考证的版本为七个：

一、印制完成于雍正六年（1728）的铜活字本，也称为"武英殿本"。

二、光绪十四年（1888）图书集成印书馆印成的铅字排版，称为"铅字本"或"扁字本"。

三、光绪二十年（1894）上海同文书局依照殿本原式石版影印本，称"同文版"或"光绪版"。此版本较前两版增加了《考证》二十四卷。

四、1934年上海中华书局的胶版缩小影印本，称为"中华书局版"。

五、1985年中华书局与巴蜀书社联合以1934年版为底版进行影印出版。

六、1998年超星电子技术公司的光盘版。

七、1999年广西师范大学与广西金海湾电子音像出版社联合推出电子版，再现其最初版本——雍正六年（1728）武英殿铜活字本的风貌。

我们之所以把光盘版和电子版都算作图书版本之一，实在是因为电子版图书对于古籍巨大的普及和推动作用。

《古今图书集成》原名《古今图书汇编》，或称《文献汇编》，由康熙帝的三皇子诚亲王胤祉命陈梦雷编纂而成。康熙六十一年（1722），雍正帝下诏，将陈梦雷流放到黑龙江，之后雍正帝为《古今图书集成》写了序，并故意修改了本书的真正编者的名字，改为蒋廷锡，同时重新整理了《古今图书集成》的内容。但从《清实录》的《世宗实录》卷二所载康熙六十一年十二月十二日的雍正谕令中，可以推断出陈梦雷是本书真正的编纂者，即："陈梦雷处所存《古今图书集成》一书，皆皇考指示训诲，钦定条例，费数十年圣心，故能贯穿今古，汇合经史。天文地理，皆有图记。下至山川草木、百工制造、海西秘法，靡不备具，洵为典籍之大观。此书工犹未竣，着九卿公举一二学问渊通之人，令其编辑竣事，原稿内有讹错未当者，即加润色增删，仰副皇考稽古博览至意。"

《古今图书集成》编纂于清代中叶，此时的清朝正处于鼎盛时期，封建社会发展到较为成熟的阶段，社会相对稳定，这为学术的发展奠定了基础。我国历来有盛世修典的传统，唐代有四大类书《北堂书钞》《艺文类聚》《初学记》《白氏六帖》，宋代也有四大类书《太平御览》《册府元龟》《太平广记》《文苑英华》，明代有《永乐大典》。《古今图书集成》是现存中国历史上最大规模的类书。其编纂形式、内容、相关文献、体例等方面无不展现着它是中国古代类书的顶峰之作。类书是我国古代一种大型的资料性书籍，辑录各种书中的材料，按门类、字韵等编排以备查检。因此为了更好了解本书，现对其结构体系以及内容进行详细介绍。

《古今图书集成》的编排颇有条理，全书共一万卷，根据"天、地、人、事、物"这种传统的认识方法设计出的分类体系，让人感受到万事万物都有着千丝万缕的联系，每一个事物都不是独立存在的。全书由"汇编—典—部"三级类目构成，分为六汇编、三十二典、六千一百零九部，每一部又分为十个纬目，约一亿六千万字。通过这样细致的分类，形成了一个规模庞大而又结构严密的知识网络。六汇编分别为：历象汇编、方舆汇编、明伦汇编、博物汇编、理学汇编、经济汇编。雍正帝在御制序中评价这六汇编说："始之以历象，观天文也；次之以方舆，察地理也；次之以明伦，立人极也；又次之以博物、理学、经济，则格物致知、诚意正心、治国平天下之道，咸具于是矣。"

由此可见其容量之大，体系之丰富。每个汇编下又分为典，即：历象汇编，包括乾象典、岁功典、历法典、庶征典，共四典；方舆汇编，包括坤舆典、职方典、山川典、边裔典，共四典；明伦汇编，包括皇极典、宫闱典、官常典、家范典、交谊典、氏族典、人事典、闺媛典，共八典；博物汇编，包括艺术典、神异典、禽虫典、草木典，共四典；理学汇编，包括经籍典、学行典、文学典、字学典，共四典；经济汇编，包括选举典、铨衡典、食货典、礼仪典、乐律典、戎政典、祥刑典、考工典，共八典。

典下设部，每部中分汇考、总论、图、表、列传、艺文、选句、纪事、杂录、外编（缺者不设）。"汇考"是该事物发生的缘由、不同时期的名称、种类等详细信息的汇总。"总论"收录经书、注疏和子集中与该事物相关的论述。"图""表"则是收录山川、天文、禽兽、草木等的图片或表格。"列传"收录有关人物的事迹。"艺文"收录该事物的相关诗文，隋唐之前的较详细，宋代之后从简。如在《经济汇编·食货典·饭部》中收录了杜甫的《佐还山后寄》："白露黄粱熟，分张素有期。已应春得细，颇觉寄来迟。味岂同金菊，香宜配绿葵。老人他日爱，正想滑流匙。""选句"从诗文中摘选该事物的有关诗句。《理学汇编·字学典·书画部》中就收录唐王维的诗："屏风误点惑孙郎，团扇草书轻内史。""纪事"除汇考收的大事外，凡有关该事该物其他资料，依时代按正史、稗史、文集的次序收录。"杂录"收录该事物除总论中所收录以外的论述，如旁引、议论、未经考察的资料等。"外编"收录有关该事物的臆造之说。

这样，《古今图书集成》以各种专题事项为经目，以汇考、总论、图、表、列传、艺文、选句、纪事、杂录、外编为纬目，构成一个宏大而清晰的知识体系。

《古今图书集成》的内容极为丰富，几乎涵盖了中国古代各类资料，英国科学史家李约瑟将其称为"康熙百科全书"，包括天文星象、疆域图记、山岳形势、神仙传奇、花草树木、禽虫鸟兽、青铜器皿、农桑水利、冠服配饰、乐律舞蹈、货币量具、仪仗礼器、城制苑囿、军阵战备、百家考工。因是雍正下令印制，书中的图片均是由能工巧匠精心制作完成，图案精美，内容详尽。《古今图书集成》收集了大量关于中国古代艺术的文献，主要集中分布在《博物汇编·艺术典》《理学汇编·字学典》《经济汇编·礼仪典》《经济汇编·考工典》《经济汇编·乐律典》。

《古今图书集成》收录了大量的中国古代服饰文献资料，并

含有丰富的图片。如《经济汇编·礼仪典》中从三百一十七卷到
三百四十八卷，《经济汇编·食货典》中从三百一十一卷到三百二十
卷，均有关于服饰的记载；《经济汇编·考工典》和《经济汇编·戎
政典》中也有部分关于织染和甲胄的记载；另《方舆汇编·边裔典》
有关于海内外少数民族形象及服饰的记载。为方便查检，也让读者
对该书有一个直观印象，我们从万卷之中辑录服饰资料列表如下：

《古今图书集成·方舆汇编·边裔典》插图目录

第二十五卷	朝鲜部汇考 　高丽国				
第三十九卷	日本部汇考 　日本国				
第四十一卷	扶桑部汇考 　扶桑国图考				
	女国部汇考 　女国				
	文身部汇考 　文身国图考				
第四十二卷	东方未详诸国部汇考				
	大人国图考	君子国图考	元股国图考	毛民国图考	劳民国图考
	小人国图考	盖余国图考	困民国图考	长人国图考	女人国图考
第四十五卷	长股部汇考 　长股国图考				
	奇肱部汇考 　奇肱国图考				
第五十一卷	焉耆部汇考 　焉耆国				
	龟兹部汇考 　龟兹国				
第五十三卷	罽宾部 　撒马儿罕				
第五十五卷	于阗部汇考 　于阗国				
第五十六卷	条支部汇考 　波斯国图考				
第五十八卷	天竺部汇考 　东印度国　天竺国				
	乌孙部汇考 　乌孙国				

第五十九卷	悬渡部汇考 　悬渡国
第六十卷	大秦部汇考 　大秦国
第六十三卷	乌苌部汇考 　乌仗那国图考 犍陀卫部汇考 　乾陀国图考
第六十八卷	曹国部汇考 　苏都识匿国
第七十一卷	吐蕃部汇考 　吐蕃　西番
第七十二卷	哈密部汇考 　哈密国
第七十八卷	大食部汇考 　大食国　大食弼琶罗国　大食勿拔国　大食勿斯离国
第八十三卷	注辇部汇考 　注辇国 西洋琐里部汇考 　西洋国
第八十六卷	默德那部汇考 　回回国 天方部汇考 　默伽国图考
第八十七卷	西方未详诸国部汇考 　巫咸国图考　一臂国图考　三身国图考　丈夫国图考 　义渠国图考　拨拔力国图考　孝臆国图考　木兰皮国图考 　可只国图考　不剌国图考　诃条国图考　故临国图考 　麻嘉国图考　白达国图考　日蒙国图考　七番国图考 　黑暗国图考　担波国图考　黑蒙国图考　歇祭国图考 　土麻国图考　包石国图考　正瑞国图考　讹鲁国图考 　屹鲁国图考　阿思国图考　退波国图考　阿萨国图考 　悄国图考　藏国图考　鸠尼罗国图考　沙弼茶国图考 　眉路骨国图考　结宾郎国图考　麻阿塔国图考　新千里国图考 　昏吾散僧图考　巴赤舌国图考　陇木节国图考　采牙金彪图考 　巢鲁果讹图考　斯伽里野图考　阿里车卢图考
第九十卷	贯胸部汇考 　穿胸国图考
第九十四卷	安南部汇考 　交趾国
第九十六卷	长肱部汇考 　长臂国图考
第九十七卷	爪哇部汇考 　大阇婆国图考　诃陵国图考　莆家龙图考　瓜哇国图考

第九十八卷	三佛齐部汇考 　　三佛齐国图考
第九十九卷	顿逊部汇考 　　顿逊国图考
第一百卷	琉球部汇考 　　大琉球国图考　小琉球国图考
第一百零一卷	暹罗部汇考 　　暹罗国图考 真腊部汇考 　　真腊国图考
第一百零二卷	参半部汇考 　　道明国 憻婆登部汇考 　　婆登国图考 婆罗部汇考 　　婆罗国图考
第一百零三卷	占城部汇考 　　占城国图考
第一百零四卷	丹眉流部汇考 　　登流眉图考 蒲甘部汇考 　　蒲甘国图考
第一百零七卷	南方未详诸国部汇考 　　羽民国图考　结胸国图考　苗民国图考　讙头国图考 　　厌火国图考　载国图考　交胫国图考　岐舌国图考 　　不死国图考　三首国图考　凿齿国图考　雕题国图考 　　枭阳国图考　氐人国图考　卵民国图考　三身国图考 　　蜮民国图考　张弘国图考　义和国图考　禺中国图考 　　列襄国图考　盐长国图考　朱卷国图考　赢民国图考 　　木直夷图考　婆罗遮国图考　无腹国图考　缴濮国图考 　　猴狮国图考　入不国图考　三蛮国图考　近佛国图考 　　马罗国图考　乌衣国图考　红夷国图考　晏陀蛮国图考 　　佛啰安国图考　麻离拔国图考　三伏驮国图考 　　勿斯里国图考　宾童龙国图考　单马令国图考 　　默伽腊国图考　蜒三蛮图考　印都丹国图考 　　沙华公国图考　的刺普刺国图考　昆仑层斯国图考 　　南尼华罗国图考　方连鲁蛮图考
第一百 二十一卷	匈奴部汇考 　　匈奴图考
第一百 二十四卷	跋踵部汇考 　　跋踵国图考
第一百 二十七卷	回纥部汇考 　　回鹘图考　都播国图考　骨利干国图考

第一百 二十九卷	契丹部汇考
	黑契丹图考
	大汉部汇考
	大汉国图考
	狗国部汇考
	狗国图考
第一百 三十九卷	北方未详诸国部汇考
	聂耳国图考　无脊国图考　一目国图考　柔利国图考
	深目国图考　无肠国图考　博父国图考　拘缨国图考
	欧丝国图考　鬼国图考　毛民国图考　苗民国图考
	元丘国图考　钉灵国图考　铁东国图考　大罗国图考
	波利国图考　野人国图考　后眼国图考　深烈大国图考
	吉慈厄国图考　灭吉里国图考　阿黑骄国图考
	女慕乐国图考　摆里荒国图考　无连蒙古图考
	吾凉爱达图考　木思奚德图考

《古今图书集成·经济汇编·考工典》文献目录

	汇考	总论	图表	列传	艺文	选句	纪事	杂录	外编
第九卷　染工部	汇考	—	—	—	艺文	—	纪事	杂录	外编
第十卷　织工部	汇考	—	—	—	艺文	—	纪事	杂录	—

《古今图书集成·经济汇编·戎政典》文献目录

	汇考	总论	图表	列传	艺文	选句	纪事	杂录	外编
第二百六十七卷　甲胄部	汇考	—	—	—	艺文	—	纪事	杂录	—

《古今图书集成·经济汇编·食货典》文献目录

	汇考	总论	图表	列传	艺文	选句	纪事	杂录	外编
第三百一十一卷　币帛总部	汇考	总论	—	—	艺文	—	纪事	—	外编
第三百一十一卷　葛部	汇考	—	—	—	艺文	选句	纪事	杂录	—
第三百一十二卷　绵部	汇考	—	—	—	—	选句	纪事	杂录	外编
第三百一十二卷　丝部	汇考	—	—	—	艺文	选句	—	—	—
第三百一十三卷	—	—	—	—	—	—	纪事	杂录	外编
第三百一十三卷　绒部	汇考	—	—	—	—	选句	纪事	杂录	外编
第三百一十三卷　布部	汇考	—	—	—	艺文	选句	—	—	—
第三百一十四卷	—	—	—	—	—	—	纪事	杂录	外编
第三百一十四卷　褐部	汇考	—	—	—	—	选句	纪事	杂录	—
第三百一十四卷　帛部	汇考	—	—	—	艺文	选句	—	—	—
第三百一十五卷	—	—	—	—	—	—	纪事	杂录	外编
第三百一十五卷　绢部	汇考	—	—	—	艺文	选句	—	—	—

	汇考	总论	图表	列传	艺文	选句	纪事	杂录	外编
第三百一十六卷	—	—	—	—	—	—	纪事	杂录	外编
第三百一十六卷 练部	汇考	—	—	—	艺文	选句	纪事	杂录	—
第三百一十六卷 罗部	汇考	—	—	—	艺文	选句	—	—	—
第三百一十七卷	—	—	—	—	—	—	纪事	杂录	外编
第三百一十七卷 绫部	汇考	—	—	—	艺文	选句	纪事	杂录	外编
第三百一十七卷 纱部	汇考	—	—	—	—	选句	纪事	杂录	外编
第三百一十八卷 缎部	汇考	—	—	—	艺文	选句	纪事	杂录	—
第三百一十八卷 锦部	汇考	—	—	—	艺文	—	纪事	杂录	外编
第三百一十九卷 毡罽部	汇考	—	—	—	—	选句	纪事	杂录	外编
第三百一十九卷 皮革部	汇考	—	—	—	—	—	—	—	—
第三百二十卷	—	—	—	—	—	选句	纪事	杂录	—
第三百二十卷 胶部	汇考	—	—	—	—	选句	纪事	杂录	外编

《古今图书集成·经济汇编·礼仪典》文献目录

	汇考	总论	图表	列传	艺文	选句	纪事	杂录	外编
第三百一十七卷 – 第三百二十九卷 冠服部	汇考	—	—	—	—	—	—	—	—
第三百三十卷	—	总论	—	—	艺文	选句	—	—	—
第三百三十一卷	—	—	—	—	—	—	纪事	杂录	外编
第三百三十二卷 冠冕部	汇考	—	—	—	—	—	—	—	—
第三百三十三卷	汇考	总论	—	—	艺文	选句	—	—	—
第三百三十四卷	—	—	—	—	—	—	纪事	杂录	外编
第三百三十五卷 衣服部	汇考	—	—	—	—	—	—	—	—
第三百三十六卷	汇考	总论	—	—	艺文	—	—	—	—
第三百三十七卷	—	—	—	—	艺文	选句	纪事	—	—
第三百三十八卷	—	—	—	—	—	—	纪事	—	—
第三百三十九卷	—	—	—	—	—	—	—	杂录	外编
第三百四十卷 袍部	汇考	—	—	—	艺文	选句	纪事	杂录	—
第三百四十卷 裳部	汇考	总论	—	—	艺文	选句	纪事	杂录	—
第三百四十一卷 衫部	汇考	—	—	—	艺文	选句	纪事	杂录	外编
第三百四十一卷 袄部	汇考	—	—	—	艺文	—	纪事	—	—
第三百四十一卷 蓑衣部	汇考	—	—	—	艺文	—	纪事	杂录	—
第三百四十一卷 雨衣部	汇考	—	—	—	—	选句	纪事	—	—
第三百四十二卷 带佩部	汇考	总论	—	—	艺文	选句	—	—	—
第三百四十三卷	—	—	—	—	—	—	纪事	—	—
第三百四十四卷	—	—	—	—	—	—	—	杂录	外编
第三百四十四卷 巾部	汇考	—	—	—	艺文	—	纪事	杂录	外编

		汇考	总论	图表	列传	艺文	选句	纪事	杂录	外编
第三百四十五卷	裙部	汇考	—	—	—	艺文	选句	纪事	杂录	外编
	裤部	汇考	—	—	—	艺文	选句	纪事	杂录	外编
第三百四十六卷	袜部	汇考	—	—	—	艺文	选句	纪事	杂录	—
	履部	汇考	总论	—	—	—	—	—	—	—
第三百四十七卷		—	—	—	—	艺文	选句	纪事	杂录	外编
第三百四十八卷	屐部	汇考	—	—	—	—	选句	纪事	杂录	—
	靴部	汇考	—	—	—	艺文	选句	纪事	杂录	外编
	行縢部	汇考	—	—	—	—	—	纪事	杂录	—

从服饰内容所占据的位置可以看出古代服饰不仅是时尚，更是礼仪规范、经济发展的体现与民族识别的工具。通过这些资料可以看出服饰并不是独立于其他部分而单独存在的，生活中的方方面面均与服饰有关联。《古今图书集成》是研究中国古代服饰重要的文献资料，对于研究我国古代服饰的发展以及服饰文化有着重要意义。

说图

被称之为"大清百科全书"的《古今图书集成》中插图数目众多，分布在各个汇编当中，这些插图均为木版画。郭味蕖在《中国版画史略》中称："书中插图，虽然是杂取各书，加以排比，但其中一部分插图，也具有自己的特色。"

清代版画对于宫廷人物形象描绘得十分精致，人物皆以白描的形式呈现，线条细腻且富有变化，通过线条的弧度和转折的角度来表现衣服的厚度与质感。虽然对于五官的刻画以及衣服的褶皱处理显得十分雷同，缺乏变化，但利用线条的变化能够将不同服饰特点精准地表现出来（图1—2）。

线条是白描的主要表现语言，对线条的疏密、粗细、虚实的运用可展现画面中的体积感、动态感和空间感。白描最早可追溯到

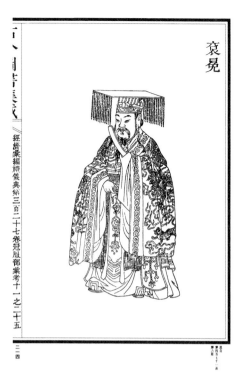

图 1—2 选自《经济汇编·礼仪典·冠服部》

新石器时期，陶器和壁画上的各式装饰纹样无不向人们展示着最早的"白描"画作。在往后的几千年历史长河中，白描以多样的表现方式出现在世人的面前。无论是魏晋时期笔法刚劲的"曹衣出水"，还是盛唐时期笔法圆转飘逸的"吴带当风"，白描在众多画家的笔下表现着其独特的艺术魅力。根据线条不同的表现效果，古人将各类描法进行了系统的总结，称之为"十八描"。十八描常被认为是十八种描绘服饰的技法，其实则不然，其描法可用于人物画亦可用于花鸟画。

　　"十八描"最早是在明代邹德中的《绘事指蒙》一书中完整提出。此书的第二十三节中对古今的描法进行了简单的概括，即"描法古今一十八等"。值得注意的是这里的"十八"并非是实指，而是虚指，只是为了表达"多"这一概念。文中所概括的十八种技法分别为：高古游丝描、琴弦描、铁线描、混描、曹衣描、钉头鼠尾描、橛头

图 3　选自《经济汇编·食货典·蚕桑部》　　　图 4　选自《经济汇编·礼仪典·冠服部》

钉描、蚂蝗描、折芦描、橄榄描、枣核描、柳叶描、竹叶描、战笔水纹描、减笔描、枯柴描、蚯蚓描、行云流水描。

各描法均依照其笔迹形状而命名，如高古游丝描，亦称"春蚕吐丝描"，其线条形似游丝，线条均匀、自然。《绘事雕虫》说："游丝描者，笔尖遒劲，宛如曹衣，最高古也。"以此笔法绘制出的服饰极具灵动性，飘飘如仙。古人多将其用于描绘文人、学士、贵族、仕女等（图 4）。

铁线描、琴弦描、曹衣描、混描同高古游丝描一样都没有顿挫。琴弦描与高古游丝描同属一类描法，但较高古游丝描其线更加有力、线条更粗，犹如乐器上的弦，此描法适合于表现丝绢质地垂降衣纹。在高古游丝描之后产生了铁线描，高古游丝描与其最大的不同在于，高古游丝描只有圆转没有硬转，铁线描线似铁丝弯折，没有粗细变化，笔法遒劲有力，常用于表现硬质衣料，由其勾勒成形的衣纹线条，常常稠叠下坠，有若"曹衣出水"（图 5）。另有"曹衣出水"之说的曹衣描，其线条直挺，垂感非常强，衣衫紧贴身躯，宛如刚从水里走出来一般。北宋郭若虚的《图画见闻志》中就有"曹衣出水描"的记载："曹之笔，其体稠叠而衣服紧窄。"

"曹衣描"是曹仲达所创，曹仲达十分擅长绘画人物和佛教图像。有趣的是，他十分精于画外国的佛像，且他的画有明显的异域风格，这与他的生长环境不无关系。曹仲达原为中亚粟特的曹国人，是少数民族画家。正是因为他的生活背景及文化背景与中原文化大相径庭，在两方文化的影响下，他的画别具一格、独树一帜。与"曹衣出水"相对照的技法则是"吴带当风"，此绘画风格为吴道子所创，"吴之笔，其势圆转而衣服飘举"。其线条有顿挫，又轻重多变如兰叶般，极富动感，所绘人物衣带宛若风中摇曳的兰叶，故被称之为"兰叶描"（图6）。不过此技法并没有收录在十八描中。

图5 选自《经济汇编·礼仪典·衣服部》

"吴道子笔法超妙，为百代画圣。早年行笔差细，中年行笔磊落，挥霍如莼菜条。人物有八面，生意活动，方圆平正，高下曲直，折算停分，莫不如意。"此为元代汤垕在《画鉴》中的评价。

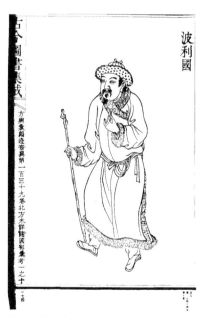

图6 选自《方舆汇编·边裔典·北方未详诸国部》

在十八描中与兰叶描的技法属于同一类型的有柳叶描和竹叶描，都是虚入虚出的笔法。在画面上，竹叶描与柳叶描这两者所展现的效果看着很近似，但可依据描绘时手腕下笔的轻重、刚柔、徐疾与线条长短等细微的变化来加以区分。柳

图7 选自《方舆汇编·边裔典·北方未详诸国部》

叶描线宛如柳叶，较兰叶稍短，轻盈灵动，常被人用于描绘质地轻薄的衣料。由宋代墨竹画技法演变而来的竹叶描因其线条与竹叶无异而得名，王瀛曾如此评价竹叶描："视芦叶为短，似柳叶为长。"古代画家多用之以表现粗质材料制成的衣服，如麻、棉布等（图7）。

白描始于新石器时代，成熟于北宋时期，往后的南宋、元、明时期风格多样，但在清朝，白描绘画一度出现衰退的景象，无论是绘画的题材方面还是技法风格上都少有突破，缺乏创新。

与白描绘画衰落的景象形成对比的则是版画的发展，清朝版画数量之多可以说是中国古代版画集大成时期。清代的统治者为了稳固政权，在"文治"的政策下，科学、小说等书籍插图大量减少，而"农业"插图的数量不减反增，其数量超过了中国历史上任何一个朝代，这与自古以来统治者"重农"的思想不无关系。正因如此，农耕图像的木刻版画在清代迎来了它的鼎盛时期，这个时期的木刻版画极大程度上起到了普及农业知识和推广农耕技术的作用，最大程度地再现了当时的农业生产生活。大部分作品人物形象逼真、比例精准，造型呈现出不同的变化。无论是宫廷版画还是民间木刻版画，都是以线为主，其笔法源于中国传统水墨画，通过匠人们高超的技艺雕刻在木板上，既有中国传统水墨画的"柔"又有版画独有的"力"。

《古今图书集成》中的插图属于宫廷木刻版画，均是由全国数一数二的画师和雕刻工匠一同完成的。其线条平稳有力，极富变化，具有较高的艺术价值。以《经济汇编·食货典·蚕桑部》中的《茧瓮图》为例（图9），图中人物比较写实，画中人的穿着各具特点：卖茧瓮的人身着短衫，这是庶民阶级最为平常的打扮，衣服用线较粗，描

图8　选自《经济汇编·食货典·蚕桑部》

法为两头细中间粗，以表现出衣服是由粗质材料制成；买蚕茧的人
身穿长衫，垂感很强，其用线无顿挫，粗细变化明显。书中插图通

图9 选自《经济汇编·食货典·蚕桑部》

图10 选自《经济汇编·考工典·针部》

图11—12 《天工开物》原图

过刻画人物服饰以及动态向我们展现了当时的农村人民风貌。

木刻版画中的造型刻画展现了中国古代画家及工匠对于事物的理解，具有强烈的华夏符号风格，同时也是我们研究古代服饰的重要文献资料。不过遗憾的是，随着清朝后期社会的动荡以及国力的衰退等因素，清朝版画逐渐走向衰退。

看到《抽线琢针图》（图10）估计读者会感到眼熟，这是《古今图书集成》对《天工开物》中《抽线琢针图》的二度创作。清代画匠把《天工开物》原书的两幅图合并为一幅，增添了具有清代建筑特点的环境描绘，并将人物位置进行了调换，使得画面更为紧凑而简洁。图10下面是《天工开物》原图（图11—12），请互相比较鉴赏。此图描绘了中国古代制作缝衣针的场景，将人们制作缝衣针的工序流程一一展现。本书《经济汇编·考工典》中考证道："针，《内传》云大昊制九针之始，《礼记·内则》有纫箴请缝之事。当是制衣裳则有针线矣。"然后详细描述了制造缝衣针的全部过程。并且解释道："凡引线成衣与刺绣者，其质皆刚，唯马尾刺工为冠者则用柳条软针。分别之妙在于水火健法云。"实际上这是根据不同的刺绣缝纫方法，采用淬火的方法造出不同种类的缝纫工具。

我国服饰研究以探讨冠冕制度、风格样式居多，往往忽略缝纫工具的考证。在古代文献中也较少有诸如熨斗、剪刀等裁剪工具的记载，据报道曾经有唐代熨斗出土过。古人云：工欲善其事，必先利其器。因此这幅图应该引起研究者重视。假如我们的研究更微观一些，能够具体说明从系带到纽扣、从纽扣到子母扣的演变，能够把缝纫工具的来龙去脉弄个明白，必将对服饰的历史研究提供更充分的佐证。

以下两幅图均是《络车图》（图13—14），前者出自《经济汇编·食货典·蚕桑部》，后者出自《经济汇编·考工典·机杼部》。因为不同的典所表达的重点不同、含义各异，所以虽同为《络车图》，二者的表现内容却存在差异。《蚕桑部》的图中增加了场景的刻画，

图 13　选自《经济汇编·食货典·蚕桑部》　　图 14　选自《经济汇编·考工典·机杼部》

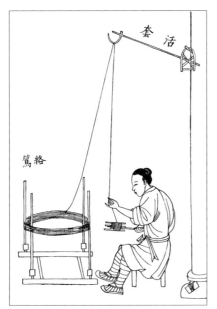

图 15—16　《古今图书集成》与《天工开物》调丝图的比较

使人们进一步了解此络车在社会生活环境中的作用。此图比较详细地交代了织工所处的环境，绿荫掩映，山石秀丽，窗明几净，将观者带入一种恬静的劳动氛围之中。而《机杼部》的图是近景，简单

图 17—18 《古今图书集成》与《天工开物》腰机图的比较

图 19—20 《古今图书集成》与《天工开物》弹棉图的比较

明了，重点在于让读者看清楚络车的结构，主要表现对象是劳动工具，所以略去了多余的环境，把人物和工具放大给读者，使得这个劳作环节一目了然。可以看出，《食货典》偏重于人文的描述，例如：《织机图考》引用了一段黄帝元妃西陵氏嫘祖的故事，而《考工典》更强调形制的详细说明。

从图 15 至图 20 可以看到《古今图书集成》与《天工开物》插

图 21　选自《经济汇编·考工典·机杼部》　　图 22　选自《经济汇编·考工典·机杼部》

图的差异，虽然两书相隔不足百年，可是毕竟是改朝换代了，因此仔细观察人物的衣冠发式还是有区别的，画面的装饰感和笔触的运用也截然不同。《天工开物》重于实用性，《古今图书集成》强调渲染效果。

　　不同的理念带来了不同的风格，清代画匠的笔下功夫十分精细，这一点在弹棉图中体现得淋漓尽致（图 19—20）。

　　在重视视觉美感的同时，《古今图书集成》插图的创作者并没有忽略对劳动过程的细致描绘，上面这幅《经架图》（图 21）就是将原作的两幅图合二为一，目的在于方便读者有一个直观的感受。

　　上面右图为《考工典》之《小纺车图》（图 22）。小纺车并不稀奇，正如图考所说："此车之制，凡麻苎之乡，在在有之。"可是在记述这种古老的纺织工具以后，作者还讲了一个颇有寓意的故事："郑善

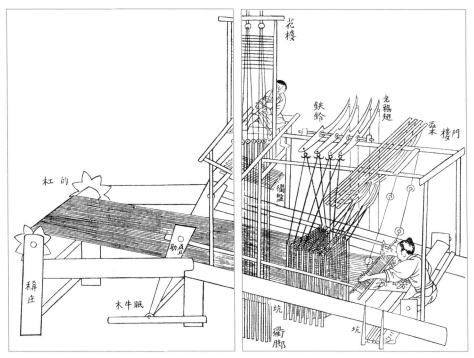

图 23　花楼织机

果母，清河崔氏，恒自纺绩。善果曰:母何自勤如是耶？答曰:纺绩，妇人之务，上自王后，下至大夫妻，各有所制。若惰业者，是为骄逸。吾虽不知礼，其可自败名乎？今士大夫妻妾衣被纤美，曾不知纺绩之事。闻此郑母之言，当自悟也。"

　　这个故事出自《隋书·列女传》。郑善果历任多处州郡官，在母亲的教诲下，郑善果廉政清明，隋炀帝派遣御史大夫张衡前去慰劳他，考评他的政绩为天下第一，授予他光禄卿官衔。由此可见,《古今图书集成》在记录纺织工具的同时，也重视教化的作用。

　　此种纺车手脚并用，轮动弦转，经纬之线，随之纺出。目前这种曾经家喻户晓的纺车已经搬进了博物馆，曾几何时它可是农村家家户户不可缺少的工具。

　　上图（图 23）中的花本式提花机最初出现于东汉，又称花楼，是我国古代织造技术最高成就的代表。此图应为明代宋应星《天工开物》原图的翻刻版。图中可看出织造时上下两人配合，一人为挽花工，坐在高高的花楼上挽花提综，一人踏杆引纬织造。东汉王逸《机妇赋》中，用"纤纤静女，经之络之……动摇多容，俯仰生姿"来形容织工和提花工合作操纵提花机的场面。

提花的工艺源于原始腰机挑花，这种工艺在西汉时就广泛应用于斜织机和水平织机上。原始的腰机、斜织机及水平织机织制的是没有花纹的平纹织物。为了使织物更好看，古人常用挑花杆在其上挑织图案。挑花的方法有两种，一是挑一纬线织一纬织，二是挑一个循环纬线织一个循环，这两种方法虽然应用较普遍，但效率很低。为此，聪明的古人想到两个改进的妙法，一是用综线来代替挑花杆，发明了多综多蹑式提花机；二是仍然保持挑花杆挑纬线的功能不变，但能使它有规律反复地传递给经丝，这就是花本式提花机，又称花楼或束综提花机。《西京杂记》曾记载巨鹿人陈宝光妻善织散花绫，她的织机上用一百二十蹑。可以想象，纵使陈宝光的妻子再手巧，这么多综蹑在织造时要理清可不是那么容易，织造起来十分烦琐。到了三国时期，马钧以旧绫机"丧功费日"，"乃思绫机之变"，改六十综蹑为十二综蹑，采用束综提花的方法，既方便了操作又提高了效率。

马钧，字德衡，扶风（今陕西兴平）人，是中国古代科技史上最负盛名的机械发明家之一。其传见于《三国志·杜夔传》。

提花机后经丝绸之路传入西方，英国科学家李约瑟认为，西方使用的提花机是由中国传过去的，其使用时间要比中国晚四百年。花本式提花机对现代电子计算机发展中过程控制与存储技术的发明有启示作用。

图24为两种巾的图示。冠冕巾帻统称为首服。巾帻今称头巾，过去是文武百官乃至平民百姓都可以戴的首服，只是官吏奉行公事的时候要与冠配在一起使用，单独戴帻往往是家居之时。先秦时帻只是武士的头箍，系在前额防止头发披散挡住视线妨碍战事，之后

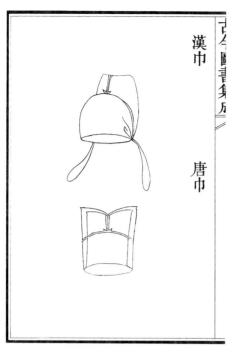

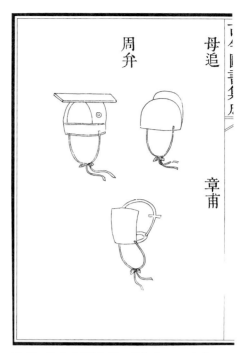

图 24　选自《经济汇编·礼仪典·冠冕部》　　图 25　选自《经济汇编·礼仪典·冠冕部》

演变为较宽并缠裹住头的样式。汉前称帻，汉后由于种类增加而称某某帻。帻实为巾的一种特殊形式，故常与头巾连起来称为巾帻。

　　此幅《汉巾、唐巾图》载于《经济汇编·礼仪典·冠冕部》。对汉巾有说明："汉时衣服多从古制，未有此巾。疑厌常喜新者之所为，假以汉名耳。"由此可见对于前人的记载我们也应当认真考究，不可人云亦云。对于唐巾，书中则写道："其制类古母追，尝见唐人画像，帝王多冠此，则固非士大夫服也，今率为士人服矣。""母追"为古制，此书另有图版（图 25），与此图相异，并加以说明："夏曰母追，殷曰章甫，周曰委貌，后代转以巧意改新而易其名耳。其制相比皆以漆布为壳，以缁缝其上，前广四寸高五寸，后广四寸高三寸。"

　　下面的《头鍪顿项图》（图 26）是书中十幅兜鍪图像之中最为

图26　选自《经济汇编·戎政典·甲胄部》　　　图27　选自《经济汇编·礼仪典·衣服部》

华丽英俊的一幅。鍪，盔也，是古代重要的防卫甲胄。头鍪前端翘起，顶端一束红缨，左右两侧为夸张的凤翅装饰。顿项卷起，绦带系于颏下，当是怎样一副威风凛凛的威武形象。

还有一幅比较独特的《藤兜牟图》，此处作者对"藤兜牟"解释道："盔顶上俱用红缨，一则壮观，一则顺南方之色。"

所谓南方之色来源于五行五色的学说。在服饰研究之中尤其应该注意古人的色彩观。一个民族色彩观念的形成，总是受这个民族所处的地域地理环境、历史、民俗习惯和传统文化观念等方面的影响，这些因素左右着一个民族的人们对色彩的观察和认识，从而影响着这个民族色彩审美和应用的方式。

古代中华民族色彩之所以能够在世界上独树一帜，是因中国国土所处地球经纬度的位置而产生的气象与物产荣枯的自然状态，古人据以为说。其中涉及色彩与金、木、水、火、土等物质的关系，色彩与天、地、东、西、南、北、中等方位的关系，色彩与春、夏、秋、冬季节的关系，色彩与青龙、白虎、朱雀、玄武等星座及其标识等天象的关系，色彩与甲、乙、丙、丁、戊、己、庚、辛、壬、癸等天干纪年的关系，还有历朝历代的色彩崇尚情况等。中国古代将青、赤、黄、白、黑称为"正色"，认为正色的地位尊贵，而将两正色相合所生的颜色，称之为"间色"，认为其色卑，并由此而派生出色彩使用的等级观念。

与纺织相应，中国的染色业发展得也较早。据古书记载，早在二三千年前我国的染色技术就已具备了很高的水平，并且有了专门从事染色的染匠。丝绸染色对文字的影响，是产生了一系列以糸部为义符的颜色字。《说文》记载的糸部颜色字如缛、缟、绿、缥、缙、练、纁、缁、总、细、绛、缩、缙、缇、紫、绀等，都需要一一区分澄清。

至于盋的材质，据古代文献所载，盋可用多种材料制成，有藤制的，有铁制的，还有用旧棉花做成的。

图 27 出自《经济汇编·礼仪典·衣服部》，为僧衣。对于宗教服装多数人都有些雾里看花，总感觉蒙着一层神秘的面纱。宗教服饰文化确实有着自己的独特性，而且与大众服饰的距离较大。

此图图说记载："《僧史略》曰：后魏宫中见僧自恣偏袒右肩，乃施一边衣，号偏衫。故其两肩衿袖，失衹支之体。"

偏衫，汉传僧衣。周叔迦先生在《漫谈汉族僧服》中曾写道："佛法传入中国近两千年，但是在汉族、藏族、傣族等民族间存在着不同的佛教系统，传流时间也有先后。因此各族的僧侣服装各不相同。特别是在汉族中由于地区太广，南与热带接壤，北与寒带相邻，而且流传时间也最久，以致汉族僧侣的服装在各时代中变迁很大，在形色上也最复杂，与印度原始的僧侣服制差别很大。"

《大唐西域记》中说："沙门法服，惟有三衣。"但是，正像前面说到的，三衣是佛祖释迦牟尼根据印度特有的热带、亚热带气候，亲自试穿后而制定的，对于印度佛家僧众来说比较适合。可是佛教

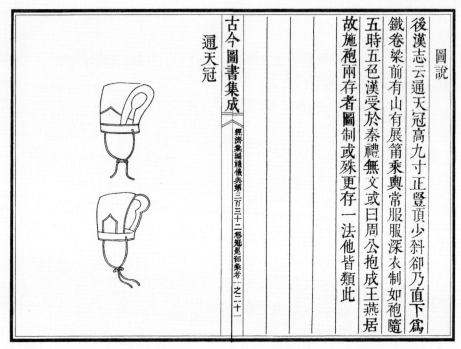

圖說

後漢志云通天冠高九寸正豎頂少斜卻乃直下爲

鐵卷梁前有山有展筒乘輿常服服深衣制如袍隨

五時五色漢受於秦禮無文或曰周公抱成王燕居

故施袍兩存者圖制或殊更存一法他皆類此

古今圖書集成

通天冠

經濟彙編禮儀典第三百三十二卷冠冕部彙考一之二十一

图28 《古今图书集成》版式

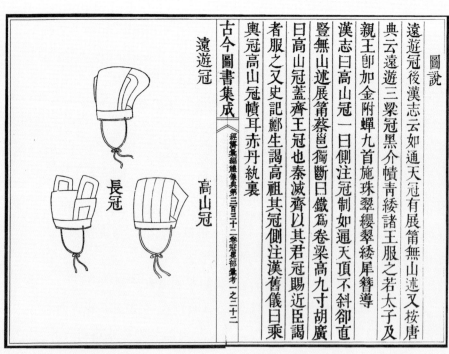

圖說

遠遊冠後漢志云如通天冠有展筒無山述又按唐

典云遠遊三梁冠黑介幘青緌諸王服之若太子及

親王卽加金附蟬九首施珠翠緌翠犀簪導

漢志曰高山冠一曰側注冠制如通天頂不斜卻直

豎無山述展筒蔡邕獨斷曰鐵爲卷梁高九寸胡廣

曰高山冠蓋齊王冠也秦滅齊以其君冠賜近臣謁

者服之又史記酈生謁高祖其冠側注漢舊儀曰乘

輿冠高山冠幘耳赤丹紈裏

古今圖書集成

遠遊冠

長冠 高山冠

經濟彙編禮儀典第三百三十二卷冠冕部彙考一之二十二

图29 《古今图书集成》版式

传入了我国之后，这种服制规定就差强人意了。于是，僧侣们就根据本土情况，改制或创制了一些新的僧衣，偏衫就是其中之一。《释氏要览》引竺道祖《魏录》云："魏宫人见僧袒一肘，不以为善，乃作偏袒，缝于僧祇支上相从，因名偏衫。"

那么佛家为什么要袒露右肩呢？对于这点有着多种的解释，主要有表示尊敬和便于劳作两点。下面的说法更具内涵：佛是具足自觉、觉他、觉行圆满。自己觉悟即上求佛道，觉悟他人即下化众生。因此，袈裟乃披向一边，披向左边即自觉实智（上求佛道、以求智慧）；偏袒右肩即觉他权智（方便智），即下化众生，以求福报之义。自觉是慧，觉他是福，依福而觉故。"福慧两足尊"即福慧功德圆满，毫不欠缺义。

《古今图书集成》依照旧制，采用左图右文的方式排版（图28—29），读起来十分顺畅方便。更为重要的是，作为我国最大的类书之一，《古今图书集成》分门别类地整理保存了众多古代文献，是我们研究工作不可或缺的重要工具书。

参考文献：

[1]　陈寿，裴松之．三国志 [M]．长沙：岳麓书社，1990．

[2]　郭若虚，邓椿．图画见闻志　画继 [M]．杭州：浙江人民美术出版社，2013．

[3]　郭味蕖．中国版画史略 [M]．北京：朝花美术出版社，1962．

[4]　刘静．浅谈《绘事指蒙》与明代壁画 [J]．美术教育研究，2013（15）：31—32．

[5]　刘歆，等．西京杂记（外五种）[M]．王根林，校点．上海：上海古籍出版社，2012．

[6]　清实录 [M]．北京：中华书局，2008．

[7]　释道诚．释氏要览校注 [M]．富世平，校注．北京：中华书局，2014．

[8]　魏徵，令狐德棻．隋书 [M]．北京：中华书局，1997．

[9]　万新华．汤垕《画鉴》泛论 [J]．南京艺术学院学报（美术与设计版），2002（01）：91—96．

[10]　xingguotaipingsi．袈裟偏袒右肩之义 [EB/OL]．http://blog.sina.com.cn/s/blog_74f4664501018w5g.html．

[11]　周叔迦．法苑谈丛 [M]．上海：上海辞书出版社，1999．

《水衣全论》[清]

说人

徐寿（1818—1884），字雪村，号生元，《水衣全论》笔述者。如果对于徐寿你还比较陌生，那么你现在一定还记得中学时所背诵的化学元素周期表，这个化学元素周期表就是徐寿翻译并命名的。徐寿取化学元素的英文读音中第一个音节译成汉字，作为这个元素的汉字名称，配以标识元素常态的偏旁。例如，对固体金属元素的命名，一律用"金"字旁。创造了"锌""锰""镁"等元素的中文名称，而"气"字头指代的则是常温下气体形态的元素，如"氧""氮""氢"等（当然也有一些特殊的情况，如"汞"）。这是非常重要的创新，大大降低了学习的复杂性。日本得知后，立即派学者来中国学习，并引回日本使用。徐寿对中国近代化学的发展起着先驱的作用。

清嘉庆二十三年（1818）徐寿出生于江苏无锡县社岗里一个比较贫苦的农民家庭。《清史稿·徐寿传》曰："徐寿，字雪村，江苏无锡人。生于僻乡，幼孤，事母以孝闻。性质直无华。"徐寿的祖父审发务农的同时兼作商贩，家境日渐富裕。徐寿的父亲文标大概是徐家的第一个读书人，但不幸的是年仅二十六岁便早早去世了，徐寿当时年仅四岁。母亲宋氏含辛茹苦，将他和两个妹妹抚养成人。在他十七岁那年，他的母亲也去世了。在此之前，他已经娶妻，并有了一个儿子。

白寿彝主编的《中国通史·近代前编》中介绍说：

> 徐寿早年也习举子业，"尝一应童子试，以为无裨实用，弃去"。显然，八股诗文无法解决他一家人的生计问题。为了养家糊口，他不得不一面务农，一面经商，往上海贩运粮食。难能可贵的是，徐寿并没有就此放弃对知识的追求。生活的磨难和务农经商的实际经验，使他痛感时文词章毫无用处，因此，他在很年轻的时候就转向了经世致用之学。那时正是鸦片战争前夜，清皇朝已经走向衰亡，社会矛盾日益突出，青年徐寿立下了"不二色，不妄语，接人以诚"和"毋谈无稽之言，毋谈不经之语，毋谈星命风水，毋谈巫觋谶纬"的座右铭，抱定了经世致用的宗旨，开始在经籍中学习研究有用之学。他研读《诗经》和《禹贡》等经书时，将书中记载的山川、物产等列之为表，研读《春秋》、《汉书》、《水经注》等历史、地理著作，则注意古今地理的沿革变迁。凡是有用之学，他无不喜好。

徐寿的家乡无锡不但是众所周知的鱼米之乡，同时也是闻名于世的手工业之乡。在这里能工巧匠的精湛技艺和钻研精神给年少的徐寿以深深的印记和影响。他从小就爱好工艺制作，"少好攻金之事，手制器械甚多"。随着年龄的增长，对于手工艺的爱好使青年时代的徐寿由博览群书逐渐转为致力于科学技术的研究。《清史稿·徐寿传》记载："时泰西学术流传中国者，尚未昌明，试验诸器绝鲜。寿与金匮华蘅芳讨论搜求，始得十一，苦心研索，每以意求之，而得其真。"

兴趣的动力是巨大而持久的，如同《论语》所说"知之者不如好之者，好之者不如乐之者"。徐寿在科技方面的兴趣极为广泛，举凡数学、天文历法、物理、音律、医学、矿学等，他无一不喜，无一不好。他不仅潜心研究中国历代的科技典籍，而且对于明末清初从欧洲翻译过来的西方科技著作也认真加以研究，例如英国医生合信编著的《博物新编》的中译本就引起徐寿极大的兴趣。他认为工艺制造是以科学知识为基础的，而科学的原理又借工艺制造体现出来，提出了"格致之理纤且微，非借制器不克显其用"的观点。

鸦片战争失败的耻辱，以及太平天国的打击，促使清朝统治集团内部兴起一股兴办洋务的热潮，所谓洋务运动实质上是一场自救。洋务运动主要指导思想就是"中学为体，西学为用"八个字，"师夷长技以制夷"是其基本的策略，即走学习西方的长技用以抵制西方侵略的道路。于是购买洋枪洋炮、兵船战舰，学习西方的办法兴建工厂、开发矿山、修筑铁路、兴办学堂等。可是作为封建官僚权贵，洋务派大都不懂这些洋学问。在这种时代背景下，博学多才的徐寿自然会引起洋务派的重视，曾国藩、左宗棠、张之洞都很赏识他。

同治元年（1862）三月，徐寿和比他年少十五岁的同乡、学友华蘅芳（近代著名的科学家，擅长数学）进入了曾国藩创办的安庆内军械所。安庆内军械所又称"安庆军械所"，这是清末洋务运动最早官办的新式兵工厂。徐寿和华蘅芳眼看着当时外国轮船在中国的内河横冲直撞，十分愤慨，他们通力合作，决心为中国制造蒸汽机。但是，一无图纸，二无资料，他们仅仅从《博物新编》这本书上看到一张蒸汽机的略图，又到停泊在安庆长江边的一艘外国小轮船上观察一天，经过反复研究、精心设计，花了三个月的时间，终于在同治元年七月制成中国第一台蒸汽机，这是中国近代工业的开端。曾国藩观看后在同治元年七月初四日的日记中记道："中饭后，华衡芳、徐寿所作火轮船之机来此试演。其法以火蒸水，气贯入筒。筒中三窍，闭前二窍则气入前窍，其机自退而轮行上弦；闭后二窍则气入后窍，其机自进而轮行下弦。火愈大则气愈盛，机之进退如飞，轮行亦如飞。约试演一时。"

曾国藩非常满意，感叹道："窃喜洋人之智巧，我中国人亦能为之，彼不能傲我以其所不知矣。"（《曾文正公手书日记》卷十四）

同治五年（1866）四月，在徐寿、华蘅芳的主持下，南京金陵机器制造局（今晨光机器厂）制造出中国海军的第一艘蒸汽动力船——"黄鹄号"。曾国藩、曾纪泽父子出席了"黄鹄号"首航仪式。在解释船名的意义时，曾国藩说："古书说，黄鹄，大鸟也，一举千里者。"

中国军队的第一艘蒸汽船自此诞生，中国近代的造船工业正是从这里启航。

同治五年（1866）底，李鸿章、曾国藩要在上海兴建主要从事军工生产的江南机器制造总局。徐寿因其出众的才识，被派到上海襄办江南机器制造总局事务。徐寿到任后，根据自己的认识，提出了办好江南机器制造总局的四项建议：一为译书，二为采煤炼铁，三为自造枪炮，四为操练轮船水师。

徐寿的才学得到了清廷的赞许和认同，同治帝钦赐牌匾"天下第一巧匠"，这个称号对徐寿来说可谓实至名归。李鸿章、丁宝桢、丁日昌等官僚都争相以高官厚禄来邀请他去主持他们自己操办的企业，但是徐寿都婉言谢绝了，他决心把自己的全部精力都投入到译书和传播科技知识的工作中去。

《清史稿·徐寿传》对其有全面的记载和精当的评述：

> 寿与蘅芳及吴嘉廉、龚芸棠试造木质轮船，推求动理，测算汽机，蘅芳之力为多；造器置机，皆出寿手制，不假西人，数年而成。长五十余尺，每一时能行四十余里，名之曰黄鹄。国藩激赏之，招入幕府，以奇才异能荐。既而设制造局于上海，百事草创，寿于船炮枪弹，多所发明。自制强水棉花药、汞爆药。
>
> 创议翻译西书，以求制造根本。于是聘西士伟力亚利、傅兰雅、林乐知、金楷理等，寿与同志华蘅芳、李凤苞、王德均、赵元益孳孳研究，先后成书数百种。寿所译述者，曰《西艺知新》及续编，《化学鉴原》及续编、补编，《化学考质》，《化学求数》，《物体遇热改易说》，《汽机发轫》，

《营阵揭要》,《测地绘图》,《宝藏兴焉》。法律、医学,刊行者凡十三种,《西艺知新》《化学鉴原》二书,尤称善本。

同治末,与傅兰雅设格致书院于上海,风气渐开,成就甚众,寿名益播。山东、四川仿设机器局,争延聘寿主其事,以译书事尤急,皆谢不往,而使其子建寅、华封代行。大冶煤铁矿、开平煤矿、漠河金矿经始之际,寿皆为擘画规制。购器选匠,资其力焉。无锡产桑宜蚕,西商购茧夺民利,寿考求烘茧法,倡设烘灶,及机器缫丝法,育蚕者利骤增。

徐寿一生创造了多项第一:建造了中国第一台蒸汽机;建造了中国第一艘蒸汽轮船"黄鹄"轮;建造了中国第一艘铁甲军舰"金瓯"号;创办了中国第一个翻译馆,翻译了第一批化学翻译本;第一个为门捷列夫化学元素周期表符号确定中文名;主理中国第一个机器制造局——江南机器制造总局;创办了中国第一个家庭化学实验室;创办了第一所科技学堂"格致书院";创办了中国第一种科技期刊《格致汇编》;并且成为第一个在著名国际刊物 Nature 上发表文章的中国人,这篇文章的题目是《考证律吕说》。

光绪十年（1884）徐寿病逝于上海格致书院,享年六十七岁。徐寿一生不图科举功名,不求显官厚禄,勤勤恳恳地致力于引进和传播国外的科学技术,他是近代化学的启蒙者,对近代科学技术在中国的发展做出了不朽的贡献,他的一生不愧为科学家的一生。

傅兰雅（John Fryer, 1839—1928）,英国人,《水衣全论》口译者。傅兰雅出生于苏格兰,自幼受作为传教士的父亲的影响,经常跟着父亲去听从中国回来的商人、传教士举行的报告会,从孩提时代起就十分向往中国。他在自传中回忆道:"在我的孩提时代,没有什么东西能比阅读我千方百计搞到的有关中国的书,更令我愉快。上课写作文,我的题目总是与中国有关;我太想去中国了,因而同学们给我取了一个绰号'中国迷'。"

咸丰十一年（1861），年仅二十二岁的傅兰雅终于申请到了去香港的一所教会小学——圣保罗书院任教员的职位。在中国的最初几年里，傅兰雅很快显示了自己的语言天赋，他不仅掌握了汉语，而且学会了说广东方言。两年后受聘任北京同文书馆英语教习，清同治四年（1865）转任上海英华学堂校长，并主编字林洋行的中文报纸《上海新报》。同治七年（1868），任上海江南制造局翻译馆译员，任职达二十八年，编译《西国近书汇编》。清光绪二年（1876）创办格致书院，自费创刊科技杂志《格致汇编》。光绪三年（1877）被举为上海益智书会干事，从事科学普及工作。光绪二十二年（1896）去美国担任加利福尼亚大学东方语言文学教授，后加入美国籍。清政府曾授予其三品官衔和勋章，他也由此成为少有的几个带清政府官衔的洋人之一。傅兰雅1928年在加州大学寓所去世，享年八十九岁。

在洋务运动中，英国人傅兰雅口译各种科学著作达一百一十三种，是在华外国人中翻译西方书籍最多的一人。他以传教士传教布道一样的热忱和执着向中国人介绍、宣传科技知识，以至被传教士们称为"传科学之教的教士"。他把他最好的年华献给了中国。他说："半生心血，犹未为枉用于无何益之地矣。惟望中国多兴西法，推广格致，自强自富。"

徐寿与傅兰雅可谓是志同道合的合作者，徐寿年长傅兰雅二十岁，是徐寿发现和提携了傅兰雅。同治七年（1868），徐寿在江南机器制造总局内专门设立了翻译馆，现在的江南造船博物馆里，仍保存着一份由江南机器制造总局总管徐寿签发给傅兰雅的聘书，聘期为三年，然而，傅兰雅却在翻译馆工作了漫长的二十八年。傅兰雅创办格致书院及创刊科学杂志《格致汇编》的举动，正是在翻译馆期间完成的。徐寿父子经常在《格致汇编》上发表科技专论和回答读者提出的问题。在傅兰雅把西方近代科技知识输入中国的历史进程中，经常会看到徐寿的身影。

过去人们称民国译者林纾为"不会外文的翻译家"，其实徐寿才是当之无愧的翻译第一人。徐寿他们译书的过程，开始时大多是根据西文的较新版本，由傅兰雅口述，徐寿笔译，即傅兰雅把书中原意讲出来，徐寿用适当的汉语表达出来。《水衣全论》（图1）正是他们合作的产物。

说书

还记得徐寿提出办好江南机器制造总局的四项建议吧，其中第一条就是译书。之所以把译书放在首位是因为他认识到，办好这四件事，首先必须学习西方先进的科学技术，译书不仅能使更多的人学习到系统的科学技术知识，还能探求科学技术中的真谛，即科学的方法、科学的精神。为了组织好译书工作，同治七年（1868），徐寿在江南机器制造总局内专门设立了翻译馆，除了招聘傅兰雅、伟力亚力等几个西方学者外，还召集了华蘅芳、季凤苞、王德均、赵元益及徐建寅（徐寿次子）等略懂西学的人才。晚年，徐寿仍将自己的全部心血倾注于译书、科学教育及科学宣传普及事业上。在徐寿生活的年代，中国不仅没有外文字典，甚至连阿拉伯数字也没有用上。要把西方的科学技术的术语用中文表达出来是项开创性的工作，做起来实在是困难重重。就是在这种困难的情况下，凭着一腔热血、执着的信念和严谨的态度，徐寿与英国传教士伟力亚力、傅兰雅等人合作，翻译出版化学和工艺书籍及科技著作十三部。

图1　丛书集成本《水衣全论》

另有一说，徐振亚、阮慎康在《徐寿父

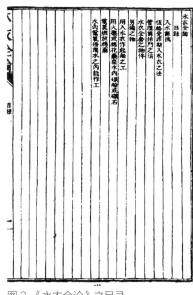

图2 《水衣全论》之目录

子、祖孙译著简介》一文中做了统计："徐寿在17年中译成书20部（107本，170卷，2272幅图），撰专论9篇，校阅书1部，共约计290多万字（有五部书尚未找到，字数未计入）。还有已译未刻书3部，未译全的书2部，共计35部。"难怪傅兰雅感叹："惟徐雪村一人，自开馆以来，尚未辞职，今虽年高，然考究格致之心，未尝少减。"

笔者并没有找到《水衣全论》的其他版本，只是在《丛书集成续编（新文丰）》中见到其复刻书影，可惜刻图十分模糊杂乱。此外，该书还有江南制造局本。

上图（图2）为《水衣全论》之目录。我们从第一节得到许多关于潜水由来的信息，《入水源流》部分则简明扼要地叙述了人类探索海底世界的艰难历程，从中可知人类的水下冒险早就开始了。

> 自古以来有人入水，或取出沉船之财货，或取得断链之铁猫，或觅得宝物并珍珠海绒等物。古人不用器具而裸体入水，习惯者固专能其事，然专家难得，故必设法而使无人不能入水，始为得之，但古书尚未言及者。

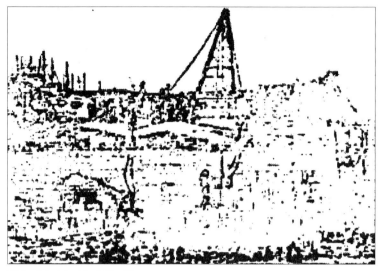

图3 《水衣全论》之第一图

另有法能穿甲入水工作……一千五百十一年，有战法书内画此图，其入水之人，头上戴大帽，并有长皮管通出水面。

约在一千六百二十年，有人名低布留勒造船能在水底行动。

西国初兴通商贸易之事，尚无指南针，故行船不敢离岸甚远。设有船沉没，亦不难入水取物。但必常常出水吸气。以致水内工作甚少，所以必设器具，方能久在水内呼吸，即可工作甚多。

约在一千五百年之时，有人创制泳气钟。人在此钟之内入水工作。或云自古以来能知此法。即如古之希腊人，名阿里斯拖拖，著书曾言：当时之入水者，用器如水壶，能久在水底。又有英国格致家名培根，约在一千二百年之时，制器令人在水底工作，或即疑为泳气钟。

所谓的"泳气钟"，据记载"其器系水壶之形"，这在当时十分新奇，使用时常引起轰动，万人空巷，"一千五百三十八年，西班牙国拖里陀地方有希腊人二名，在国王之前，用器入水。旁观者有

图 4 《水衣全论》之打捞沉船场面

万余人"。这说明可能在中国的宋元时期，国外已出现潜水服雏形，明朝时已投入使用。不过严格的说法应该叫作潜水器。

风平浪静的陆地生活不是比波涛汹涌的大海更舒适吗？到底是什么吸引着人类非要到海中呢？书中给出的答案是：

> 希腊国王名阿利散达，围攻太尔城之时，使人入水毁坏河边码头与墙等物，又西拉古司人，特使入水者在敌船之底凿孔坏船。又路弟亚人有旧例，凡入水觅物者必依其物价给钱，如十二尺深者给价三分之一，如三十尺深者给半价，若近于海边而深不过一二尺者给价十分之一。

> 约在一千六百七十年后，西国因知沉没载银之船甚多，故多人设法入水。……一千六百八十七年，美国巴司敦有铁匠之子，名非普斯，闻知以斯班尼亚拉地方相近处有西班牙船多载银两沉没，设法入水查验，所得之物，不足补其费用。后再设法，始得金银，共值三十万圆。

看来，是战争与财富驱使人类到水下去冒险，战争在某种程度上是为了掠夺，财富是人类梦寐以求的目标，归根结底是利益的动能驱动人们走向海底。在潜水服发明之后，其功能范围不断扩大，

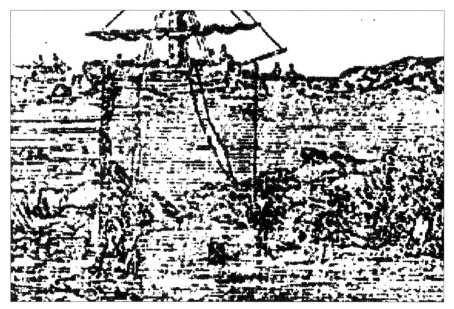

图 5 《水衣全论》之潜水图

舰船的底部清理、岸边设施的维修、水下救援，甚至矿山煤窑等都离不开"水衣"。

水下考古自然也是如此，从探查抚仙湖水下古城，到"南海一号"，再到"南澳一号"，水下考古既离不开经验丰富的考古队员，也离不开潜水服。水下考古学是考古学的一门分支学科，是陆地田野考古向水域的延伸。我国自 20 世纪 80 年代开始发展水下考古事业，1987 年底，中国历史博物馆水下考古研究室正式诞生。

此书还说"另有法能穿甲入水工作，比用水壶更好。其图人在水内，头上有套，与泳气钟略同"。书中进一步描述了穿甲入水的具体方法："入水之人头上戴大帽，并有长皮管通出水面。""一千六百六十九年，有人名布来里，用红铜套径约二尺套在人头，面前镶玻璃片，又用山羊皮作衣服，与人身同形，身上带抽气筒能通入铜套内，并有管自套通至空气，脚上有薄皮如鸭掌，便于水内行走并出水"，而且"入水有绳，便于拉作记号"。

看了这样的描述，会觉得 300 多年前的水衣与现在的潜水服基本无异，其实"泳气钟"不过是一种小型的潜水器。当然所谓"基

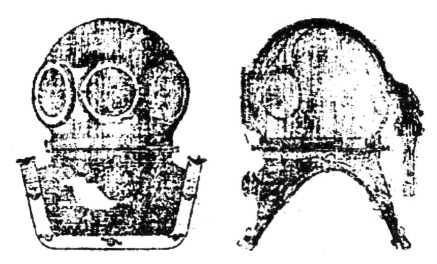

图6 《水衣全论》中的潜水帽

本无异"是就外观而言，现在的潜水服无论从材料还是性能来说都与古代水衣不可同日而语。

为了潜得更深、待得更久，人类不断积累经验，不断改进技术，一步步走进更深的海底，一点点在海底获得更多的时间。最初人类不用器具仅能在浅水中待上六七分钟，"考究人体之理者，始知人身在水内之时刻再不能多于前数矣"。

人类逐步认识到，"人在水内时刻甚长者，如真有其事，必用法与器"。书中记载有荷兰人能在水中待上一刻钟，已是奇人。经过无数次改进，到了1716年，采用一管进气、一管出气的方法深入海下，"十二尺至十五尺深者可用此法，更深至十八以外，此法难用。因水之压力渐大，人身不能当"。使用潜水器"又入水七十二尺，但难受水之压力"。

为了在水中获得氧气待得更久，人类也动了不少心思：

> 当年又有人名西门子，在英之南疆作器如小船，请众人看入水之事，沉至河底待三刻之久而出，亦不受害。

到了1786年，英国人使用"泳气钟"已经"能居水底八点钟

图 7 《水衣全论》中的潜水图

至十点钟"。法国化学家派尔那"欲以化学之法令人呼出之气变好，不必与水面上之空气相通"，这也许就是最早的压缩空气。

有奋斗就会有牺牲，书中也不乏失败的记录。常有"不合用""不可用""心亦糊涂，鼻与耳皆欲流血""不知其人如何"的字眼。

此外还有一条记载涉及中国："一千八百三十七年，英国兵船吞大触石受大伤，即驶至砂滩免其沉没。已酌定将其船上之物料送至岸上，而将船壳拆开，偶忆有入水衣在船内，木匠即着而入水，二十分时修好其孔。当时其船在一百二十尺深之水面修理，而开往中国。如无此水衣，定必沉没。"这应该是涉及中国与英国贸易或者战争的一条记录。

1837 年为清朝道光帝主政时期，处于第一次鸦片战争前夕，此时英国兵船前往中国似乎有些剑拔弩张的势头。也就是这一年六月，御史朱成烈奏《银价昂贵流弊日深请饬查办折》，指出：广东海口，每岁出银至三千余万；福建、浙江、江苏各海口，出银不下千万；天津海口，出银亦二千余万。一入外夷，不与中国流通，又何怪银

图 8—9 《天工开物》崇祯年间版本采珠图

图 10—11 《天工开物》翻刻版本采珠图

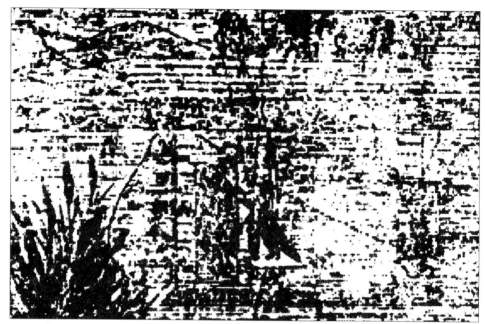

图 12 《水衣全论》之书影

之日短，钱之日贱？初五日，道光帝谕令各沿海督抚并海口各监督，严行稽查，勿使白银偷漏出洋。同样是这一年林则徐出任湖广总督。

纵观有关潜水内容的古籍，可以清晰地看出人类摸索、探求、改进、提高潜水技术的步伐和脉络，这是人类不断进步的一个缩影。

本书附有线描图十幅，详述恒格兑非斯入水衣操作规程二十九条，并有十条前活门管理法以及水衣全套物品清单。有兴趣者不妨读一读。

参考文献：

[1]　白寿彝.中国通史 [M].上海：上海人民出版社，南昌：江西教育出版社，2015.

[2]　王扬宗.傅兰雅与近代中国的科学启蒙 [M].北京：科学出版社，2000.

[3]　徐振亚，阮慎康.徐寿父子、祖孙译著简介 [J].中国科技史料，1986（01）：48—56.

[4]　中国第一历史档案馆.鸦片战争档案史料：第一册 [M].上海：上海人民出版社，1987.

[5]　赵尔巽.清史稿 [M].北京：中华书局，1977.

[6]　曾国藩.曾文正公手书日记 [M].南京：凤凰出版社，2010.

图书在版编目(CIP)数据

中国古代服饰文献图解/谢大勇主编;周锦,郑嵘副主编.—长沙:岳麓书社,2021.12(2024.1重印)

ISBN 978-7-5538-1585-5

Ⅰ.①中… Ⅱ.①谢…②周…③郑… Ⅲ.①服饰—中国—古代—图解 Ⅳ.①K875.22

中国版本图书馆 CIP 数据核字(2021)第 221281 号

ZHONGGUO GUDAI FUSHI WENXIAN TUJIE

中国古代服饰文献图解

主　　编:谢大勇

副 主 编:周　锦　郑　嵘

责任编辑:饶　毅　黄金武

责任校对:舒　舍

封面设计:谢　颖

内文设计:胡　斌

岳麓书社出版发行

地址:湖南省长沙市爱民路47号

直销电话:0731-88804152　0731-88885616

邮编:410006

版次:2021年12月第1版

印次:2024年1月第2次印刷

开本:710mm×1000mm　1/16

印张:76.75

字数:800千字

书号:ISBN 978-7-5538-1585-5

定价:900.00元

承印:湖南天闻新华印务有限公司

如有印装质量问题,请与本社印务部联系

电话:0731-88884129